표본조사방법

신민웅 · 신동윤 지음

KYOWOOSA 敎友社

머리말

이 책에서는 표본조사의 기초개념에서 표본설계까지 짧은 시간 내에 쉽게 접근할 수 있도록 친절히 표본조사의 기초개념을 다루었다.

오랜 기간 표본조사를 강의하고, 연구한 경험으로는 표본이론은 기초개념을 철저히 파악하고, 차근차근 공부해 나가야 한다고 생각한다.

그리고 간명하고 알기 쉽게 설명하여 공부해 나가는데 지루하지 않도록 하였다.

이 책을 읽어 나가는 데 유의할 점은 다음과 같다.

1. 학부학생들에게는 제1장부터 제9장까지가 강의에 적합한 부분이다.
2. 제10장부터는 석사과정의 학생들에게 강의하기에 알맞은 부분이다.
3. 처음 표본조사를 공부하거나 통계학과가 아닌 학생들은 증명을 생략하고 공부하여도 좋다.

2011년 12월

저자 일동

차 례

Chapter 01 표본조사 / 1

Chapter 02 단순랜덤추출 / 11

Chapter 06 비추정 / 59

Chapter 07 회귀추정량 / 73

Chapter 08 계통 표본추출 / 85

Chapter 09 일단계 집락 추출 / 93

Chapter 10 같은 크기의 단위로부터 부차표본추출 / 117

Chapter 12 이중 샘플링 / 179

Chapter 13 무응답 / 205

Chapter 14 교체표본 / 239

Chapter

1 표본조사

1.1 서론

모집단은 조사대상이 되는 단위들의 집합이다. 모집단은 구성하는 단위가 유한할 때 유한 모집단(finite population)이라 하고, 무한개의 단위로 구성되면 무한 모집단(infinite population)이라고 한다. 표본론에서는 유한모집단을 많이 다루고, 수리통계학에서는 무한모집단을 많이 다룬다.

표본을 추출할 때 한 번 뽑힌 단위는 다시 뽑지 않도록 제거하고 추출하는 방법을 비복원 추출(without replacement)방법이라고 한다. 복원추출(with replacement)은 한번 뽑힌 단위를 다시 복원시키고, 추출하는 방법을 말한다. 표본론에서는 비복원추출을 주로 다루지만, 수리통계학에서는 복원추출을 주로 다룬다.

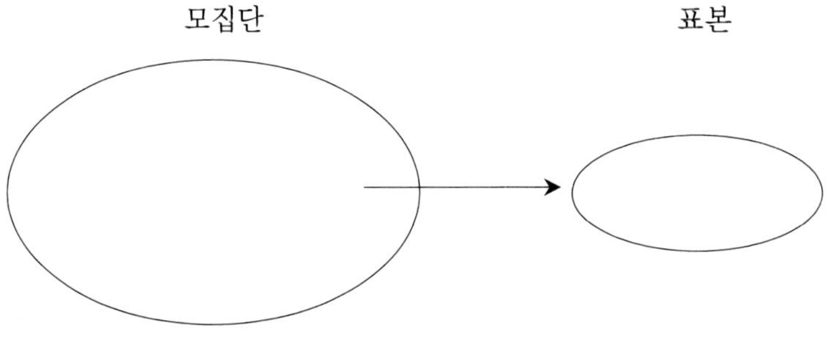

모집단에 대한 평균, 비율, 총계, 분산 같은 요약된 통계값들은 정치가, 기업가, 사회사업가들에게 중요한 정보이다. 적은 비용이나 신속하게 정보를 얻기 위하여 표본조사를 한다.

모집단에 관한 어떤 특성을 알고 싶을 때, 모집단 전체에 대해 전수조사를 할 수 있으나, 비용, 시간, 신속성 등을 고려하여 표본조사(sample survey)를 실시하는 경우가 더 흔하다. 예를 들면, 방송국에서 어느 프로에 대한 TV 시청률 조사, 선거 때 어떤 성낭에 대한 지지도 조사, 어느 회사의 냉장고의 만족도 조사, 또 어느 회사의 에어컨의 시장 점유율 등이 있다.

표본조사를 통하여 모집단의 평균, 모집단의 총계, 모비율 등을 추정한다. 예를 들면, 어느 회사의 냉장고에 대하여

① 냉장고의 평균 사용 시간
② 그 회사의 냉장고의 시장 점유율
③ 일년 안에 고장난 냉장고의 총 대수 등에 관한 조사를 한다.

- **전수조사** : 모집단 전체를 모두 조사하는 것을 말하고, 센서스(census)라고도 한다.
- **표본조사** : 모집단을 대표하는 일부의 표본을 추출하여 조사하는 것을 말한다.

1.2 표본추출 방법의 유용성

우리의 지식, 태도, 그리고 행위는 광범위하게 표본에 기초하고 있다. 이것은 일상생활이나 과학적 연구에도 해당된다.

전수 조사(센서스)에 비하여 표본조사의 이점은 다음과 같다.

(1) 비용절감

모집단의 일부를 조사하므로 전체를 조사하는 것보다 비용이 적게 든다.

(2) 시간단축

표본조사는 전체를 조사하는 것보다 실제 자료수집과 분석이 신속히 이루어진다. 따라서, 시의성(timeliness) 있는 결과를 얻는다.

(3) 더 큰 범위의 조사(greater scope)

표본조사는 훈련된 조사원과 특수장비로 더 복잡하고 어려운 조사를 할 수 있다.

(4) 정확성

표본조사는 센서스보다 훈련된 조사원을 써서 엄격한 감독 아래서 시행하므로 더 정확한 조사를 할 수 있다.

1.3 표본조사의 사용

표본조사가 사용되는 분야는 아래와 같다.

(1) 통계조사

통계청에서는 경제활동 인구조사, 도시가계조사, 인구동태 조사 등 통계자료의 수집을 위한 조사를 하고 있다.

(2) 마케팅 조사

소비자의 상품에 대한 선호도나 광고의 효과 측정은 시장조사를 한다.

(3) 사회조사

국민의 의식구조, 선거에서 지지율 등 사회여론 조사 등을 한다.

(4) 품질조사

공장에서 생산된 제품의 품질관리를 위한 조사를 한다.

1.4 표본조사의 주요단계

표본조사를 계획하고 실시하는데 중요한 절차는 다음과 같다.

(1) 표본조사의 목적

조사의 목적을 명확히 설정하여야 한다.

(2) 모집단의 정의

모집단(population)이란 표본이 어떤 집단으로부터 추출될 때 그 집단을 모집단이라 한다. 즉 모집단은 조사 대상이 되는 단위들의 집합이다.

표본이 추출되는 모집단 즉, 조사 모집단(sampled population)은 우리가 정보를 알려고 하는 목표 모집단(target population)과 일치하여야 한다. 그러나 실제로 표본이 추출되는 모집단이 더 제한되어 있다.

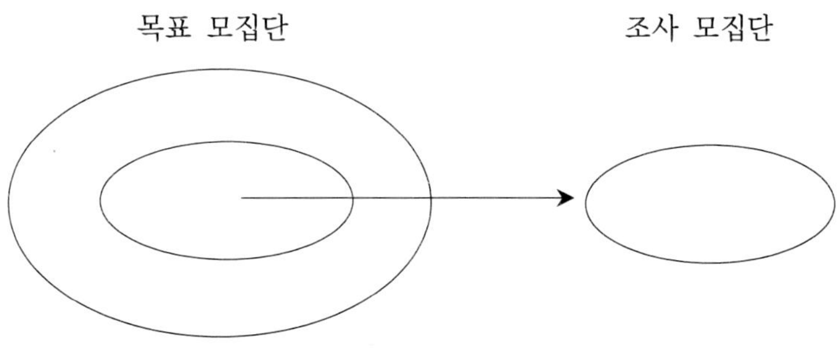

〈그림 1.1〉

(3) 자료 수집 방법

연구와 관련된 자료를 수집하는 방법은 다음과 같다.

▌자료의 수집방법

1. 표본조사(sample survery)
2. 직접측정(direct measurement)
3. 관찰(observation)
4. 이차적 정보(secondary information)

직접측정은 자료를 직접 세거나 측정하는 것이다. 콜레스테롤의 수준측정, 선거에서 투표인 총수의 조사 등이다. 관찰은 어떤 연설에서 청중의 반응을 관찰하여 정보를 얻는 것이다. 이차적 정보는 통계청, 도서관, 정부기관 등에서 얻을 수 있다.

표본조사를 실시하는데 사용되는 방법은 다음과 같다.

▌표본조사 실시방법

1. 우편조사
2. 면접조사
3. 전화조사
4. 인터넷조사

우편조사는 응답자에게 우편을 통하여 설문지를 보내는 것이다. 우편조사의 장점은 비용절감, 편리성, 충분한 시간, 익명성이 보장된다는 것이다. 우편조사의 단점은 낮은 회수율, 비교적 긴 시간이 걸리는 것 등이다.

면접조사는 개인 면접을 통해 정보를 얻는 것이다. 면접조사의 장점은 조사원이 설문지에 대한 보충 설명을 할 수 있고, 응답율이 높은 것이다. 면접조사의 단점은 조사비용이 많이 들고, 조사원의 편견이 일어날 수도 있고, 우편조사보다 익명성이 떨어지는 것이다.

전화조사는 훈련된 조사원이 전화면접을 통하여 정보를 수집하는 방법이다. 전화조사의 장점은 신속한 자료수집, 적은 비용, 익명성, 광범위한 접근성 등이다. 전화조사의 단점은 신뢰성의 감소, 응답자의 제한성 등이다.

자료가 수집된 후에 코팅(coding)과 에디팅(editing)을 한다. 코팅은 자료 입력을 위해 숫자를 부여하는 과정이고, 에디팅은 오류인 자료를 재조사나 대체법 등으로 보정하는 과정이다.

(4) 표본추출틀

모집단에서 표본을 추출할 때 추출단위가 되는 것을 표본추출단위(sampling unit)라 하는데, 개인, 가구, 병원 또는 기업체 등이 될 수가 있다. 가령 어떤 학교의 학생들을 모집단으로 하여 학생들의 몸무게를 알아보고자 할 때 각 학생이 표본추출단위가 된다.

어떤 마을의 각 가구들의 수입을 알아보고자 할 때에 표본추출단위는 가구(household)가 된다.

▌표본추출단위(sampling unit)

모집단으로부터 표본을 추출할 때 기본이 되는 추출단위를 표본추출단위라고 부른다.

서울시에서 시장선거를 위하여 선거인 명부를 작성할 때, 목표 모집단은 서울시에 거주하는 모든 유권자들로 구성된다. 이들 유권자들의 전체 모임을 목표모집단이라고 부른다. 이때 실제로 목표 모집단의 유권자 중에서 신원을 확인할 수 있는 유권자의 명부를 작성한다. 이 명부(list)를 표본추출틀(sampling frame)이라고 한다.

▌표본추출틀

모집단을 구성하는 표본 추출 단위들의 명부를 말한다. 즉, 조사대상이 되는 모든 객체를 포함하고 있는 모집단을 말한다.

1.5 표본오차와 비표본오차

모평균 μ를 측정하는데 측정오차 등 다른 오차가 발생하지 않아도 표본추정치 $\overline{x}$를 사용하면, $\overline{x}-\mu$만큼의 오차가 발생한다. 이것은 표본이 모집단의 일부분이기 때문에 발생하는 오차이다. 이러한 오차를 표본오차(sampling error)라고 부른다.

▌표본오차

모집단의 일부분인 표본으로부터 모수 θ를 추정하므로 생기는 오차, $\theta-\hat{\theta}$를 표본오차라 부른다.

표본오차가 작다는 것은 추정량이 참값인 모수에 가깝다는 것이다. 즉 추정량이 정확하다는 것이다. 추정량의 정확성(accuracy)의 정도를 MSE(mean square error)로 나타낸다.

표본오차는 표본의 크기가 증가함에 따라 감소한다. 다음 그림을 보면 표본의 크기가 작은 경우에는 표본의 크기를 조금만 증가시켜도 표본오차가 크게 감소하고, 표본의 크기가 큰 경우에는 표본오차는 큰 변동이 없음을 알 수 있다.

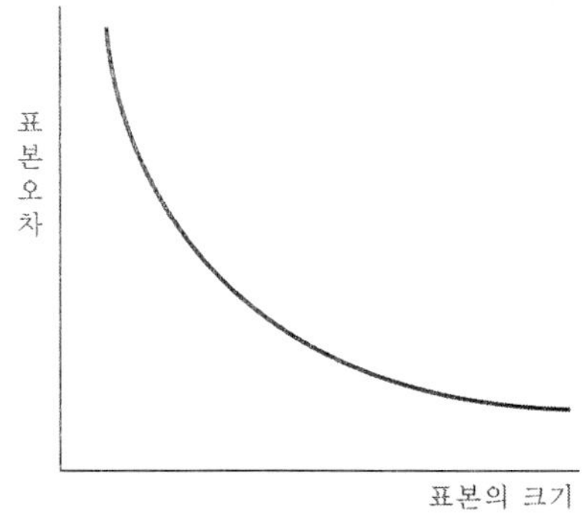

〈그림 1.2〉

표본을 추출하여 조사하는 과정이나 집계과정에서 일어나는 오차를 비표본오차(non-sampling error)라고 부른다. 비표본오차가 일어나는 요인들을 열거하면 다음과 같다.

① 자료처리 과정에서의 과오
② 추출단위를 누락시키거나 중복시키는 경우
③ 응답자의 착오
④ 면접원이 잘못 기재
⑤ 조사항목이 조사목적과 불일치

1.6 확률표본 추출과 비확률표본 추출

확률표본추출은 표본추출단위가 독립적으로 그리고 같은 확률(same probability)로 추출되는 것을 말한다. 예를 들어, 모집단이 1000가구인데, 50가구를 표본으로 추출한다고 하자. 1000가구의 명단을 써서 상자에 넣고, 50가구를 단순랜덤표본추출(SRS)로 뽑는다면 이것이 바로 확률표본 추출이다.

▌확률표본추출(probability sampling)

확률표본추출은 모집단에서 표본을 추출할 때에 각 표본추출단위가 추출될 확률을 알고 있어서, 추출과정 모든 단계에서 표본추출단위가 동일한 확률로 또 독립적으로 추출되는 것을 말한다.

비확률 표본추출은 모집단에서 표본을 추출할 때에 각 표본추출단위가 추출된 확률을 모르는 경우이다. 예를 들어 어느 백화점에 들어오는 사람들을 면접 조사하는 경우에는 어떤 사람이 표본으로 추출될 확률을 모르고 면접하게 된다.

Chapter

2 단순랜덤추출

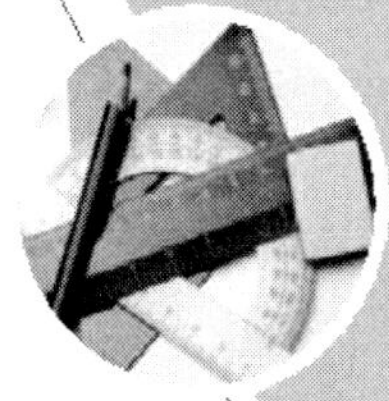

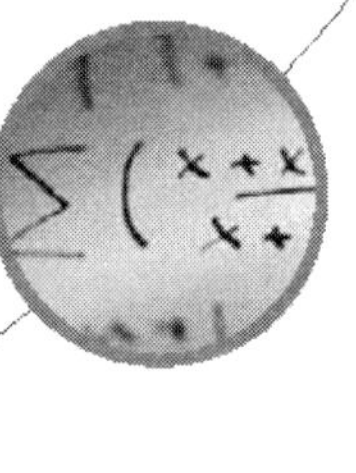

2.1 단순랜덤표본추출

표본추출 방법에서 가장 단순하면서도 기본이 되는 방법이 단순랜덤표본추출(simple random sampling, SRS)이다. 앞으로 단순랜덤 표본추출을 간단히 SRS로 표시하기로 한다.

▌단순랜덤표본추출(SRS)

모집단의 크기가 N일 때에 크기가 n인 표본을 추출한다고 하자. 그런데 크기가 n인 모든 가능한 표본들이 같은 확률로 추출될 때에 그 표본추출 과정을 단순랜덤 표본추출이라고 부른다. 그리고 그 표본을 단순랜덤표본이라고 부른다.

예제 2.1 모집단의 크기가 N일 때에 크기가 n인 표본을 비복원으로 추출하는 경우에 모두 ${}_N C_n$가지로 표본을 뽑을 수가 있다. 만일 모집단이 $\{1, 2, 3\}$이라고 하고 비복원으로 크기가 2인 표본을 SRS로 추출한다고 하자. 그러면 $N=3$, $n=2$이므로 ${}_3 C_2 = 3$가지 방법이 있다. 즉, $\{1, 2\}$, $\{1, 3\}$, $\{2, 3\}$의 세 가지 표본이 있다.

2.2 단순랜덤표본의 추출

난수표(table of random numbers)는 0, 1, 2, …, 9의 숫자로 이루어졌는데, 우리가 난수표에서 숫자를 추출할 때 모든 숫자가 뽑힐 확률이 모두 같도록 만들어 졌다.

단순랜덤표본추출을 할 때에 카드를 만들어 뽑는 방법은 1에서 N까지의 일련번호를 매긴 카드에서 n개의 카드를 비복원으로 랜덤하게 뽑는다. 만일 N의 크기가 너무 클 때는 이 작업을 난수표를 이용하여 뽑을 수가 있다. 만약 $N=90$이고 $n=5$라고 하자. 부록의 난수표에서 다음과 같은 두 자리의 난수가 나왔다면

10, 37, 08, 99, 12, 66, 31, 85, 63, 73, ⋯

이 가운데 90이 넘는 숫자는 버리고 다음의 $n=5$인 표본이 뽑힌다.

10, 37, 8, 12, 66

▌표본설계(sampling design)

모집단으로부터 표본을 추출하는 과정을 표본설계라고 한다.

표본설계는 각각의 가능한 표본 s에 대하여 그 표본이 추출될 확률 P(s)를 할당함으로써 결정된다.

예제 2.2 모집단 $S=\{1, 2, 3\}$으로부터 표본의 크기 $n=2$인 표본을 SRS로 추출하는 표본설계를 하여라.

풀이 모든 가능한 표본은 (1, 2), (1, 3), (2, 3)이다. 그리고 각 표본 s가 추출될 확률을 $P(s)=\dfrac{1}{3}$로 할당한다.

모든 가능한 표본과 추출될 확률

s(표본)	$P(s)$
(1, 2)	1/3
(1, 3)	1/3
(2, 3)	1/3

2.3 모평균과 표본평균

모집단이 N개의 단위로 이루어졌다고 하자. 이 N개의 단위들을 $y_1, y_2, \cdots, y_N$으로 표시한다. 이 모집단으로부터 n개의 표본을 단순랜덤 추출하였을 때, 이 표본을 $y_1, y_2, \cdots, y_n$으로 표시한다.

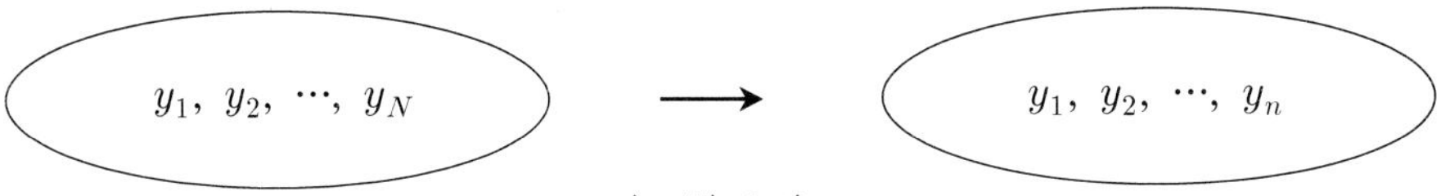

〈그림 2.1〉

〈표 2.1〉

	추정량
모평균 $\overline{Y} = \sum^{N} y_i / N$	$\hat{\overline{Y}} = \overline{y}$
모총계 $Y = \sum^{N} y_i$	$\hat{Y} = N\overline{y}$
모비 $R = Y/X$	$\hat{R} = \overline{y}/\overline{x}$

▌표본추출률(sampling fraction)

모집단의 크기 N에 대한 표본의 크기 n의 비를 표본추출율이라고 하고, $f = n/N$으로 나타낸다.

2.4 추정치의 성질

이 절에서는 단순랜덤추출에서 $\bar{y}$는 $\bar{Y}$의 불편추정치임을 보인다.

예제 2.3 모집단이 1, 2, 3으로 이루어진 매우 작은 모집단을 생각한다. 표본의 크기가 $n=2$인 경우에 모든 가능한 표본(all possible samples)을 단순 비복원 추출하므로서, $E(\bar{y})=\bar{Y}$임을 보여라.

풀이 먼저 가능한 표본들과 표본평균은 아래 표와 같다.

모집단	모든 가능한 표본들	$\bar{y}$	모평균($\bar{Y}$)
(1, 2, 3)	(1, 2)	1.5	2
	(1, 3)	2	
	(2, 3)	2.5	

각 표본이 추출된 확률이 1/3이므로

$$E(\bar{y})=\frac{1}{3}(1.5)+\frac{1}{3}(2)+\frac{1}{3}(2.5)=2=\bar{Y}$$

정리 2.1 *Theorem*

표본 평균 $\bar{y}$는 $\bar{Y}$의 불편추정치이다.

증명

$$E(\bar{y})=\frac{1}{n}\sum_{i=1}^{n}E(y_i)=\frac{1}{n}\sum_{i=1}^{n}\bar{Y}=\bar{Y}$$

보조 정리 *Theorem*

$\hat{Y}=N\bar{y}$는 모총계 Y의 불편추정치이다.

유한 모집단에 있어서 y_i의 분산은

$$\sigma^2 = \frac{\sum_{i=1}^{N}(y_i - \overline{Y})^2}{N}$$

으로 정의한다.

또한 y_i의 분산을 여러 가지 편리성으로 다음과 같이 정의한다.

$$S^2 = \frac{\sum_{i=1}^{N}(y_i - \overline{Y})^2}{N-1} \tag{2.1}$$

정리 2.2는 핵심정리로 가장 중요한 정리이다.

정리 2.2 *Theorem*

크기가 N인 모집단에서 n개의 표본을 SRS로 추출한다. 그런데, 비복원 단순랜덤추출을 하면 $\overline{y}$의 분산은

$$V(\overline{y}) = E(\overline{y} - \overline{Y})^2 = \frac{S^2}{n} \cdot \frac{(N-n)}{N} = \frac{S^2}{n}(1-f) \tag{2.2}$$

이다. 단, $f = n/N$은 표본추출율이다.

증명 만일 복원추출이면 $V(\overline{y}) = S^2/n$이다.

a_i는 i번째 단위가 표본에 속하면 1, 그렇지 않으면 0인 확률변수라고 하자. 그러면

$$\Pr(a_i = 1) = \frac{n}{N}$$

이다. 또한

$$E(a_i) = P(a_i = 1) = \frac{n}{N}$$

$$\begin{aligned} V(a_i) &= E(a_i^2) - [E(a_i)]^2 \\ &= \frac{n}{N} - \left(\frac{n}{N}\right)^2 \\ &= \frac{n}{N}(1-f) \end{aligned}$$

$$\begin{aligned} cov(a_i,\ a_j) &= E(a_i a_j) - E(a_i)E(a_j) \\ &= \frac{n(n-1)}{N(N-1)} - \left(\frac{n}{N}\right)^2 \\ &= -\frac{n(1-f)}{N(N-1)} \end{aligned}$$

이다. 따라서

$$\begin{aligned} V(\overline{y}) &= V\left(\frac{1}{n}\sum_{i=1}^{n} y_i\right) \\ &= V\left(\frac{1}{n}\sum_{i=1}^{N} a_i y_i\right) \\ &= \frac{1}{n^2}\left[\sum_{i=1}^{N} y_i^2\, V(a_i) + 2\sum_{i<j}^{N} y_i y_j Cov(a_i a_j)\right] \\ &= \frac{1-f}{nN}\left(\sum y_i^2 - \frac{2}{N-1}\sum_{i<j}^{N} y_i y_j\right) \\ &= \frac{1-f}{nN}\left(\sum y_i^2 - \frac{1}{N-1}\sum_{i=1}^{N}\sum_{i\neq j}^{N} y_i y_j\right) \\ &= \frac{1-f}{n(N-1)}\sum_{i=1}^{N}(y_i - \overline{Y})^2 \\ &= \frac{(1-f)}{n} S^2 \end{aligned}$$

보조 정리 1 *Theorem*

$\overline{y}$의 표준오차는

$$\sigma_{\overline{y}} = \frac{S}{\sqrt{n}}\sqrt{(N-n)/N} = \frac{S}{\sqrt{n}}\sqrt{1-f} \tag{2.3}$$

보조 정리 2 *Theorem*

$\hat{Y} = N\overline{y}$의 분산은

$$V(\hat{Y}) = V(N\overline{y}) = \frac{N^2 S^2}{n}\frac{(N-n)}{N} = \frac{N^2 S^2}{n}(1-f) \tag{2.4}$$

이다.

보조 정리 3 *Theorem*

$\hat{Y}$의 표준오차는

$$\sigma_{\hat{Y}} = \frac{NS}{\sqrt{n}}\sqrt{(N-n)/N} = \frac{NS}{\sqrt{n}}\sqrt{1-f} \tag{2.5}$$

2.5 유한모집단 수정계수(fpc)

무한 모집단으로부터 표본의 크기 n인 랜덤 표본을 추출했을 때에 표본 평균 $\bar{y}$의 분산은 σ^2/n이다. 그런데 유한 모집단일 때에는 표본 평균 $\bar{y}$의 분산은 $\frac{S^2}{n}\frac{(N-n)}{N}$ 이다.

이 때에 $\frac{(N-n)}{N} = 1-f$를 유한모집단 수정계수(finite population correction)라고 부르고, 간단히 fpc라고 한다.

정리 2.3 *Theorem*

단순랜덤 추출로 크기가 n인 표본을 추출했을 때, 두 변량 y_i와 x_i의 평균을 $\bar{y}$, $\bar{x}$라고 하면, 그 공분산은

$$\begin{aligned} E(\bar{y}-\bar{Y})(\bar{x}-\bar{X}) &= \frac{N-n}{nN}\frac{1}{N-1}\sum_{i=1}^{N}(y_i-\bar{Y})(x_i-\bar{X}) \\ &= \left(\frac{1}{n}-\frac{1}{N}\right)\frac{1}{N-1}\sum_{i}^{N}(y_i-\bar{Y})(x_i-\bar{X}) \end{aligned} \tag{2.6}$$

이다.

증명 정리 2-2와 유사한 방법으로 증명된다.

2.6 표본으로부터 표준오차의 추정

각 추정치의 표준오차에 대한 공식은 다음 목적으로 사용된다.

① 단순랜덤추출 방법과 다른 추출방법의 정밀도를 비교하기 위하여
② 표본의 크기를 추정하기 위하여

정리 2.4 *Theorem*

단순랜덤추출을 했을 때에

$$s^2 = \frac{\sum_1^n (y_i - \overline{y})^2}{n-1}$$

은

$$S^2 = \frac{\sum_1^N (y_i - \overline{Y})^2}{N-1}$$

의 불편추정치이다.

증명

$$\begin{aligned} E(s^2) &= E\left[\left(\frac{1}{n-1}\right)\sum_{i=1}^n (y_i - \overline{y})^2\right] \\ &= \frac{1}{n-1} E\left[\sum_{i=1}^n (y_i - \overline{Y})^2 - n(\overline{y} - \overline{Y})^2\right] \\ &= \frac{1}{n-1}\left[\frac{n}{N}\sum_{i=1}^N (y_i - \overline{Y})^2 - \frac{N-n}{N} S^2\right] \\ &= \frac{1}{n-1}\left[\frac{n(N-1)}{N} S^2 - \frac{N-n}{N} S^2\right] = S^2 \end{aligned}$$

보조 정리 *Theorem*

분산 $V(\bar{y})$의 불편추정치는

$$\hat{V}(\bar{y}) = v(\bar{y}) = s_{\bar{y}}^2 = \frac{s^2}{n}\left(\frac{N-n}{N}\right) = \frac{s^2}{n}(1-f) \tag{2.7}$$

주의 $\hat{V}$, v, s^2은 같은 기호로 쓰인다.

분산 $V(\hat{Y})$의 불편추정치는

$$v(\hat{Y}) = s_{\hat{Y}}^2 = \frac{N^2 s^2}{n}\left(\frac{N-n}{N}\right) = \frac{N^2 s^2}{n}(1-f) \tag{2.8}$$

$\bar{y}$와 $\hat{Y}$의 표본표준오차는

$$s_{\bar{y}} = \frac{s}{\sqrt{n}}\sqrt{(1-f)}$$

$$s_{\hat{y}} = \frac{Ns}{\sqrt{n}}\sqrt{1-f} \tag{2.9}$$

2.7 신뢰구간

모평균과 모총계의 신뢰구간은

평균 : $\hat{\bar{Y}}_L = \bar{y} - \frac{ts}{\sqrt{n}}\sqrt{1-f}$ $\qquad \hat{\bar{Y}}_U = \bar{y} + \frac{ts}{\sqrt{n}}\sqrt{1-f}$

총계 : $\hat{Y}_L = N\bar{y} - \frac{tNs}{\sqrt{n}}\sqrt{1-f}$ $\qquad \hat{Y}_U = N\bar{y} + \frac{tNs}{\sqrt{n}}\sqrt{1-f}$

2.8 비의 추정

모비(population ratio)는

$$R = \frac{\sum_{1}^{N} y_i}{\sum_{1}^{N} x_i} \tag{2.10}$$

이다. 모비 R의 추정치는 다음 식과 같다.

$$\hat{R} = \frac{\sum_{1}^{n} y_i}{\sum_{1}^{n} x_i} = \frac{\overline{y}}{\overline{x}} \tag{2.11}$$

정리 2.5 *Theorem*

표본의 크기가 n인 단순랜덤 표본에서, $\hat{R} = \overline{y}/\overline{x}$의 MSE와 분산은 근사적으로

$$MSE(\hat{R}) \doteq V(\hat{R}) = \frac{1-f}{n\overline{X}^2} \frac{\sum_{i=1}^{n} (y_i - Rx_i)^2}{N-1} \tag{2.12}$$

이다. 여기서 $R = \overline{Y}/\overline{X}$이고, $f = n/N$이다.

증명

$$\hat{R} - R = \frac{\overline{y}}{\overline{x}} - R = \frac{\overline{y} - R\overline{x}}{\overline{x}}$$

n이 충분히 크면 $\overline{x}$와 $\overline{X}$는 크게 다르지 않으므로

$$\hat{R} - R \doteq \frac{\overline{y} - R\overline{x}}{\overline{X}} \tag{2.13}$$

이다. 또한

$$E(\hat{R} - R) \doteq \frac{E(\overline{y} - R\overline{x})}{\overline{X}} = \frac{\overline{Y} - R\overline{X}}{\overline{X}} = 0$$

이다. 식 (2.13)에서

$$MSE(\hat{R}) = E(\hat{R} - R)^2 \doteq \frac{1}{\overline{X}^2} E(\overline{y} - R\overline{x})^2$$

이다. $d_i = y_i - Rx_i$라 놓자. 그러면 d_i의 모평균은 $\overline{D} = \overline{Y} - R\overline{X} = 0$이고, 표본평균은 $\overline{y} - R\overline{x}$이다. $\hat{R}$의 분산은

$$V(\hat{R}) \doteq \frac{1}{\overline{X}^2} E(\overline{y} - R\overline{x})^2 \tag{2.14}$$

$$= \frac{1}{\overline{X}^2} \frac{S_d^2}{n} (1-f)$$

$$= \frac{1-f}{n\overline{X}^2} \frac{\sum_1^N (d_i - \overline{D})^2}{N-1}$$

$$= \frac{1-f}{n\overline{X}^2} \frac{\sum_1^N (y_i - Rx_i)^2}{N-1}$$

이다.

$\hat{R}$의 표준오차의 추정치는

$$s(\hat{R}) = \frac{\sqrt{1-f}}{\sqrt{n}\,\overline{X}} \sqrt{\frac{\sum (y_i - \hat{R}x_i)^2}{n-1}}$$

이다.

2.9 변동계수(Coefficient of Variation)

표준편차 S를 $\overline{Y}$로 나눈 비를 모변동계수라고 부른다. 즉, 모변동계수는 $C = S/\overline{Y}$이다. 표본으로부터 추정된 변동계수는 $c = s/\overline{y}$이다. 이를 추정된 변동계수(estimated coefficient of variation)라고 한다.

상대분산은 S^2을 $\overline{Y}^2$으로 나눈 비이다. 즉, 상대분산은

$$C^2 = \frac{S^2}{\overline{Y}^2} \text{ 이고, 표본상대분산은 } c^2 = \frac{s^2}{\overline{y}^2} \text{ 이다.}$$

추정량 $\hat{\theta}$의 표준오차는 $\sigma(\hat{\theta})$이다. $\sigma(\hat{\theta})$을 $\hat{\theta}$의 기대값으로 나눈 비를 $\hat{\theta}$의 상대 표준오차(relative standard error)라고 한다. 또는 변동계수라고 한다.

여기서, $\sqrt{Var(\hat{\theta})} = \sigma(\hat{\theta}) = SE(\hat{\theta})$이다. 그리고 $V(\hat{\theta}) = \sigma^2_{\hat{\theta}}$이다.

$\hat{\theta}$의 변동계수 $CV(\hat{\theta})$는

$$CV(\hat{\theta}) = \frac{\sigma(\hat{\theta})}{E(\hat{\theta})} = \frac{SE(\hat{\theta})}{E(\hat{\theta})}$$

이다. 그리고 표본으로부터 구한 변동계수는

$$cv(\hat{\theta}) = \frac{se(\hat{\theta})}{\hat{\theta}} \quad \text{여기서, } s(\hat{\theta}) = \sqrt{V(\hat{\theta})} = se(\hat{\theta})$$

이다. 이를 추정된 변동계수라고도 부른다.

(예) 추정치가 $\hat{\theta} = \bar{y}$이면, $\bar{y}$의 변동계수는

$CV(\bar{y}) = \dfrac{SE(\bar{y})}{E(\bar{y})}$이다. 이를 $\bar{y}$의 상대표준오차라고 부르기도 한다.

표본으로부터 구한 $\bar{y}$의 변동계수는

$$cv(\bar{y}) = \frac{se(\bar{y})}{\bar{y}}$$

이다. $se(\bar{y}) = \sqrt{var(\bar{y})}$이다.

$\hat{\theta}$의 상대분산(relative variance)은

$$CV^2(\hat{\theta}) = \frac{\sigma^2(\hat{\theta})}{[E(\hat{\theta})]^2} = \frac{Var(\hat{\theta})}{[E(\hat{\theta})]^2}$$

이다. $\hat{\theta}$의 표본상대분산은

$$cv^2(\hat{\theta}) = \frac{var(\hat{\theta})}{(\hat{\theta})^2}$$

이다.

(예) $\hat{\theta} = \bar{y}$이면

$$CV^2(\bar{Y}) = \frac{Var(\bar{y})}{\bar{Y}^2} \quad \text{그리고} \quad cv^2(\bar{y}) = \frac{var(\bar{y})}{\bar{y}^2}$$

연습 문제

2.1 모집단 S={1, 2, 3, 4}로부터 표본 크기 $n = 2$인 표본을 SRS로 추출하는 표본설계를 하여라.

2.2 문제 (2.1)에서 $E(\bar{y}) = \overline{Y}$임을 보여라.
단, 단순 비복원 추출이다.

2.3 문제 (2.1)에서 $E(s^2) = S^2$임을 보여라.

Chapter 3

표본비율

3.1 기호

모집단의 각 원소가 2개의 집단 C나 C''에 속한다고 가정하자. 기호는 다음과 같다.

C에 속하는 단위의 수		C에 속하는 단위의 비율	
모집단	표본	모집단	표본
A	a	$P=A/N$	$p=a/n$

P의 표본 추정치는 p이고, A의 표본 추정치는 Np 또는 Na/n이다.

3.2 표본추정치의 분산

모집단이 두 개의 집단 C와 C'으로 나누어진다고 하자. 어떤 원소가 C에 속하면 $y_i=1$ 그리고 원소가 C'에 속하면 $y_i=0$이라고 하자. 그러면 모집단에 대해서는

$$Y=\sum_i^N y_i = A$$

$$\overline{Y}=\frac{\sum y_i}{N}=\frac{A}{N}=P$$

또, 표본에 대해서는

$$\overline{y}=\frac{\sum_{i=1}^n y_i}{n}=\frac{a}{n}=p$$

이다. 그리고

$$\sum_{i=1}^{N} y_i^2 = NP, \qquad \sum_{i=1}^{n} y_i^2 = np$$

이므로

$$S^2 = \frac{\sum (y_i - \overline{Y})^2}{N-1} = \frac{\sum y_i^2 - N\overline{Y}^2}{N-1}$$

$$= \frac{1}{N-1}(NP - NP^2) = \frac{N}{N-1}PQ \tag{3.1}$$

단, $Q = 1 - P$이다. 마찬가지로

$$s^2 = \frac{\sum (y_i - \overline{y})^2}{n-1} = \frac{n}{n-1}pq \tag{3.2}$$

정리 3.1 *Theorem*

표본비율 p는 모비율 P의 불편추정치이다.

풀이 $$E(p) = E\left(\sum^{n} \frac{y_i}{n}\right) = \frac{1}{n} \cdot n\ E(y_i) = \sum^{N} \frac{y_i}{N} = P\text{이다.}$$

정리 3.2 *Theorem*

표본비율 p의 분산은

$$V(p) = E(p-P)^2 = \frac{S^2}{n}\frac{(N-n)}{N} = \frac{PQ}{n}\left(\frac{N-n}{N-1}\right) \tag{3.3}$$

이다.

보조 정리 *Theorem*

$\hat{A} = Np$의 분산은

$$V(Np) = \frac{N^2PQ}{n}\left(\frac{N-n}{N-1}\right)$$

이다.

정리 3.3 *Theorem*

p의 분산의 불편 추정치는

$$v(p) = s_p^2 = \frac{N-n}{(n-1)N}pq \tag{3.4}$$

증명 (정리 2.4)의 보조정리로부터

$$v(\bar{y}) = \frac{s^2}{n}\frac{(N-n)}{N}$$

식 (3.2)로부터

$$s^2 = \frac{n}{n-1}pq$$

이므로

$$v(p) = s_p^2 = \frac{N-n}{(n-1)N}pq$$

이다.

보조 정리 *Theorem*

$\hat{A} = Np$의 분산의 불편 추정치는

$$v(\hat{A}) = s_{Np}^2 = \frac{N(N-n)}{n-1}pq$$

이다.

연습 문제

3.1 본문에서 $s^2 = \frac{n}{n-1}pq$임을 보여라.

3.2 $N = 3042,\ n = 200,\ a = 38,\ p = 0.19$일 때 $\hat{A}$과 $S_{\hat{A}}$을 구하라.

답 ($\hat{A} = 578,\ S_{\hat{A}} = 81.8$)

3.3 모집단은 2000개의 대학으로 이루어졌다. SRS로 200 대학을 비복원으로 추출하였다. 그 중에 140개 대학이 새로운 입시제도를 찬성하였다.

(1) 찬성율에 대한 95% 신뢰구간을 구하라.

답 (1279, 1521)

3.4 식 (3.2)에서 $s^2 = \frac{\sum(y_i - \bar{y})^2}{n-1} = \frac{n}{n-1}pq$임을 보여라.

❖ 메모

Chapter

4 표본크기의 추정

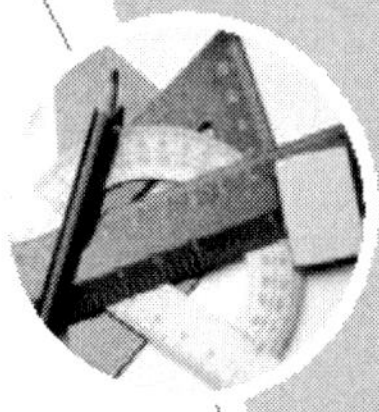

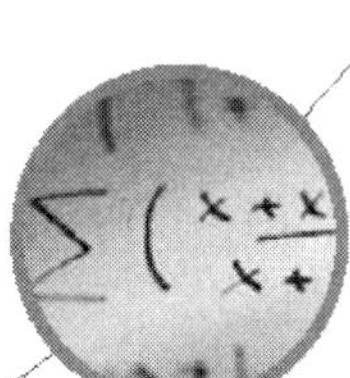

4.1 서론

표본조사를 계획할 때에는 먼저 표본의 크기를 결정하여야 한다. 표본의 크기가 너무 크다면 자원의 낭비를 의미하고, 표본의 크기가 작다면 표본조사 결과의 유용성이 감소한다.

예를 들어서 인류학자가 어떤 섬에 거주하는 주민들의 혈액형을 조사한다고 하자. 전 주민 중에서 O형을 가진 주민은 몇 퍼센트인가를 조사하려고 한다. 표본의 크기는 얼마이어야 하는가?

그런데 p가 95% 신뢰수준에서 범위 $(P \pm 0.05)$ 이내에 들도록 한다고 하자.

$$\sigma_p \doteq \sqrt{PQ/n} \qquad \sqrt{V(p)} = \sigma_p$$

이므로, $2\sqrt{PQ/n} = 0.05$ 또는 $n = 4PQ/0.0025$이다. 즉 $P = 0.5$라고 하면 $n = 400$이다.

4.2 문제의 분석

표본의 크기를 결정하는 데 중요한 단계는 다음과 같다.

① 표본으로부터 무엇을 기대하는지에 대한 언급이 있어야 한다. 오차의 한계에 대한 언급을 하고, 표본의 결과를 알 때에 어떤 결정을 내릴 것인가를 밝혀야 한다.

② 표본의 크기를 정하는 데 때때로 부모집단(subpopulation) 각각에 대한 정밀도가 요구되므로 부모집단 별로 표본의 크기를 구한다. 이 부모집단 각각의 표본의 크기를 합하여 전체 표본의 크기 n을 구한다.

③ 표본조사에서 조사할 항목이 많을 때에는 각 항목 별로 정밀도가 다를 수 있고, 따라서 필요한 표본의 크기가 항목 별로 다를 수 있다. 이 때에는 비용과 시간 들을 고려하여 적절히 결정하여야 한다.

4.3 정밀도의 결정

정밀도를 언급하는 데는 표본 추정치가 허용할 수 있는 오차의 크기를 밝혀야 한다. 때때로 얼마의 크기로 오차가 허용될 수 있는 지를 결정하는 것은 어렵다. 특히 그 표본 추출의 결과가 몇 개의 서로 다른 용도에 사용될 때에는 더욱 그렇다.

4.4 비율 추정에 있어서 표본의 크기

비율을 추정하는데 100(1-α)%의 신뢰도를 가지고 허용 오차의 크기가 d이하가 되도록 표본의 크기를 정하기 위해서는

$$P_r(|p-P| \geq d) = \alpha$$

가 성립되어야 한다. 그러면 (정리 3.2)에서

$$\sigma_p = \sqrt{\frac{N-n}{N-1}}\sqrt{\frac{PQ}{n}}$$

이다. 그러므로

$$d = t\sqrt{\frac{N-n}{N-1}}\sqrt{\frac{PQ}{n}}$$

이다. 따라서,

$$n = \frac{t^2PQ}{d^2} \Big/ \left[1 + \frac{1}{N}\left(\frac{t^2PQ}{d^2} - 1\right)\right] \tag{4.1}$$

이다. P 대신에 추정치 p를 대치시키고, N이 충분히 크다면, 식 (4.1)의 n의 근사치는

$$n_0 = \frac{t^2pq}{d^2} \tag{4.2}$$

이다. 그러면 n은 다음과 같이 나타낼 수 있다.

$$n = \frac{n_0}{1 + (n_0 - 1)/N} = \frac{n_0}{1 + (n_0/N)} \tag{4.3}$$

예제 4.1 95% 신뢰수준으로 허용오차가 0.05가 되도록 표본의 크기를 정하고자 한다. 즉 $d = 0.05$, $p = 0.5$, $\alpha = 0.05$, $t = 2$이라면

$$n_0 = \frac{(4)(0.5)(0.5)}{0.0025} = 400$$

이다(단, $p = 0.5$일 때에 n_0는 최대값을 갖는다).

그리고 모집단의 크기가 $N = 3200$이라면

$$n = \frac{n_0}{1 + (n_0 - 1)/N} = \frac{400}{1 + (399/3200)} = 356$$

4.5 P가 작을 때의 역표본 추출

Haldane(1945)은 일어날 확률이 작은 항목 즉, 드문 항목(rare item)에 대해서는 요구되는 만큼의 표본을 계속해서 추출하였다. 이것을 역 표본 추출(inverse sampling)이라고 부른다.

만일 드문 항목이 m개 일어날 때까지의 필요한 표본의 크기가 n이라면 P의 불편

치는 $p=(m-1)/(n-1)$이다. N이 충분히 크고, P가 작고, $m \geq 10$이면 $V(p)$의 좋은 근사치는 $mP^2Q/(m-1)^2$이다. 그러므로 P가 작다면 P의 변이계수 cv

$$cv(p)=\frac{\sqrt{mP^2Q/(m-1)^2}}{P}$$

$$=\frac{(mQ)^{\frac{1}{2}}}{(m-1)}<\frac{\sqrt{m}}{(m-1)}$$

은 상한(upper limit)이 될 것이다. 이와 같이 미리 m을 고정하므로서 P를 사전에 모르더라도 $cv(p)$의 값을 조절할 수 있다. 예를 들면, $m=27$이면 $cv(p)<20\%$이고, $m=102$이면 $cv(p)<10\%$이다.

4.6 연속자료에 대한 표본의 크기

단순 랜덤 추출을 할 때에, 우리는 상대오차 r를 관리하고자 한다. 즉, 모총계나 모표본 평균 추정에서

$$P_r\left(\left|\frac{\bar{y}-\bar{Y}}{\bar{Y}}\right|\geq r\right)=P_r\left(\left|\frac{N\bar{y}-N\bar{Y}}{N\bar{Y}}\right|\geq r\right)$$

$$=P_r(|\bar{y}-\bar{Y}|\geq r\bar{Y})=\alpha$$

가 되도록 하고자 한다. 여기서 α는 작은 확률이고 r는 상대 오차이다. 우리는 $\bar{y}$가 정규분포를 한다고 가정한다. 그러면 표준오차는

$$\sigma_{\bar{y}}=\sqrt{\frac{N-n}{N}}\frac{S}{\sqrt{n}}$$

이다. 따라서

$$r\bar{Y}=ta_{\bar{y}}=t\sqrt{\frac{N-n}{N}}\frac{S}{\sqrt{n}} \tag{4.4}$$

이다. n에 대하여 풀어서

$$n = \left(\frac{tS}{r\overline{Y}}\right)^2 \Big/ \left[1 + \frac{1}{N}\left(\frac{tS}{r\overline{Y}}\right)^2\right]$$

이다. 특히 주목할 점은 n이 변이계수 $S/\overline{Y}$에 의존한다는 것이다.

첫 번째 근사치로서

$$n_0 = \left(\frac{tS}{r\overline{Y}}\right)^2 = \frac{1}{C}\left(\frac{S}{\overline{Y}}\right)^2 \tag{4.5}$$

을 취한다. C는 원하는 표본 추정치의 $(cv)^2$이다. 그러면 n은 식 (4.3)에서 구할 수 있다. 즉

$$n = \frac{n_0}{1 + (n_0/N)} \tag{4.6}$$

식 (4.4)에서 $\frac{\sigma_{\bar{y}}}{\overline{Y}} = \frac{r}{t}$이므로 $C = \frac{r}{t}$이 되어 r의 크기에 따라 $(cv)^2$의 크기가 결정된다.

4.7 모분산의 예비 추정

실제로 표본크기를 결정하기 위하여 모분산을 추정하는 데는 4가지 방법이 있다.

① 2단계로 표본을 추출하는데, 첫 번째 표본에서 n_1개를 추출하여 s_1^2이나 p_1을 구한다.

② 예비조사(pilot survey)를 하여 분산을 추정한다.

③ 과거에 이루어진 표본조사 자료로부터 구한 분산을 이용한다.

④ 모집단의 구조를 수학적 계산을 통하여 분석하여 분산을 구한다.

✿ $cv = \sqrt{C}$가 주어졌을 때 $\overline{Y}$의 추정

y_i가 정규분포를 한다고 가정하자. 만일 s_1^2이 표본의 크기가 n_1인 첫 번째 표본으

로부터 추정된 분산이라면, 추가로 표본을 추출하여 최종의 표본의 크기 n은

$$n = \frac{s_1^2}{C\overline{y_1}^2}\left(1 + 8C + \frac{s_1^2}{n_1\overline{y_1}^2} + \frac{2}{n_1}\right)$$

이 된다. 그러면 $\hat{\overline{Y}} = \overline{y}(1-2C)$로 취하라. 여기서, $\overline{y}$는 표본의 크기가 n인 최종표본(final sample)의 평균이다.

✿ 분산 V로 $\overline{Y}$의 추정

표본의 크기가 n_1인 첫 번째 표본의 분산이 s_1^2이라면, 총 표본의 크기는

$$n = \frac{s_1^2}{V}\left(1 + \frac{2}{n_1}\right) \qquad (4.7)$$

이다. 만일 S가 알려져 있다면 표본의 크기는

$$n = \frac{S^2}{V}$$

가 된다. 즉, S를 모름으로서 표본의 크기가 $\left(1 + \frac{2}{n_1}\right)$배만큼 증가한다.

✿ 분산 V로 P의 추정

p_1이 첫 번째 표본으로부터 P의 추정치라고 하자. 그러면 총 표본의 크기는

$$n = \frac{p_1 q_1}{V} + \frac{3 - 8p_1 q_1}{p_1 q_1} + \frac{1 - 3p_1 q_1}{V n_1} \qquad (4.8)$$

이다. 그러면 표본의 크기 n으로부터 추정치 p는 약간 편향되었다. 편향추정량을 수정하기 위하여

$$\hat{P} = p + \frac{V(1-2p)}{pq}$$

를 취하라.

✿ $cv=\sqrt{C}$가 주어졌을 때 P의 추정

$$n=\frac{q_1}{Cp_1}+\frac{3}{p_1q_1}+\frac{1}{Cp_1n_1} \tag{4.9}$$

를 취하라. 추정치는 $\hat{P}=p-Cp/q$이다. 위의 모든 결과에서 fpc가 무시되었다.

예제 4.2 표본 추출자(sampler)는 변이계수가 0.1(10%)이 되도록 P를 추정하려고 한다. 그는 P가 5%에서 20% 사이에 있다고 가정하였다. P의 cv는

$$\frac{\sigma_p}{P}=\frac{\sqrt{PQ/n}}{P}=\sqrt{Q/nP}$$

이므로 $P=20\%$에 대해서는 $n=400$이 적절하지만, P가 5%이면 $n=1900$이 필요하다. 따라서, 첫 번째 표본으로 $n_1=396$인 표본을 추출하여 $p_1=0.101$를 얻었다. 그런데 $\sqrt{C}=0.1$, $C=0.01$이므로 식 (4.9)에서

$$n=\frac{0.899}{(0.01)(0.101)}+\frac{3}{0.0908}+\frac{1}{(0.01)(40)}=926$$

이다. 결합 표본에서 $np=88$, $p=88/926=0.095$이다.

4.8 항목이 많을 때에 표본의 크기

대부분의 조사(survey)에서 여러 개의 항목을 조사하게 된다. 먼저 중요한 항목들에 대하여 항목별로 필요한 표본의 크기를 추정한다.

항목별로 표본의 크기를 구한 다음 이 중에서 가장 큰 값 n을 구하여, 이 값이 예산 범위 안에 들면 이 n을 표본의 크기로 정한다. 그러나 항목별로 요구되는 표본의 크기가 크게 다를 때에는 가장 큰 값 n을 잡는 것은 예산상의 문제라든가 또 어떤 항목은 원래 예상되는 정밀도보다 필요 이상으로 높아지므로 가장 큰 값 n을 잡는

것을 꺼리게 된다. 이 경우에는 어떤 항목에 대해서는 요구되는 정밀도를 낮추고, 더 작은 n의 값을 허용한다. 여러 다른 항목들에 대해서 요구되는 각각의 n들이 일치하지 않아서 어떤 항목은 질문지에서 누락시켜야한다. 그러한 항목들에 대해서는 기대되는 정밀도에 대한 예산이 적절하지 않기 때문이다. 어떤 항목은 다른 항목과 다른 표본 추출 방법이 요구된다.

〈표 4.1〉 지역조사에서 다른 형태의 항목

형태	항목의 특성	표본추출 방법
1	• 전지역에서 일어나는 빈도수가 적절하다	• 낮은 표본 추출비로서 조사(low sampling ratio)
2	• 전지역에서 일어나는 빈도수가 낮다.	• 높은 표본 추출비로서 조사(higher sampling ratio)
3	• 대부분의 지역에서는 빈도수가 적절하지만 일부지역은 빈도수가 높기도 하고 낮은 지역도 있다.	• 층화 표본추출이 적절하다.
4	• 작은 일부지역에서 분포가 집중되어 있다.	• 일반 표본조사가 적절치 않다. 분포에 따라 지역별 표본 크기를 달리한다.

연습 문제

4.1 어느 지역에 $N = 4000$가구가 거주하고 있다. 표본을 추출하여 가구당 월 평균의료비 지출액을 추정하려고 한다. 95% 신뢰도로 허용오차 $d = 500$원으로 추정하려고 할 때 필요한 표본의 크기를 구하라. $S = 3000$원이고, 정규분포를 따른다고 가정하여라.($t = 2$로 잡아라.)

답 $(n_0 = 144,\ n_1 = 125)$

4.2 문제 4.1에서 변이계수 $C = 0.6$이라고 하자. $\bar{y}$의 변이계수를 5% 이하가 되도록 추정하려고 할 때 표본의 크기를 구하라.

답 $(n_0 = 144,\ n_1 = 125)$

4.3 과거조사에서 표본크기가 $n' = 500$이고, 가구당 교육비 지출액의 $cv = 0.07$이다. 현재 조사의 허용오차가 $cv = 0.05$ 이하가 되도록 추정하려고 하면 현재 조사의 표본의 크기는 얼마이어야 하는가?

답 $(n = 980)$

Chapter

5 층화표본추출

5.1 서론

층화표본추출은 모집단의 추출단위들을 층(stratum)이라고 부르는 서로 중복되지 않는 몇 개의 그룹으로 나누어서, 이들 각 층에서 확률표본을 추출하는 것이다. 각 층의 크기는 N_1, N_2, $\cdots$, N_L개의 단위로 이루어진다. 즉,

$$N_1 + N_2 + \cdots + N_L = N$$

이다. 그리고 각 층에서 각각 크기 n_1, n_2, $\cdots$, n_L인 표본을 추출한다. 즉,

$$n_1 + n_2 + \cdots + n_L = n$$

이다. 이렇게 모집단을 몇 개의 층으로 분리하고, 각 층에서 단순랜덤표본을 추출하는 것을 층화랜덤표본추출(stratified random sampling)이라고 부른다.

모집단(N)	N_1 (층 1)	N_2 (층 2)	$\cdots$	N_L (층 L)
	↓	↓		↓
표본(n)	n_1	n_2		n_L

우리가 사전에 모집단에 대한 어떤 정보를 갖고 있다면, 이 정보를 이용하여 모집단을 층화할 수 있다. 층화의 목적은 같은 성질을 갖는 원소들을 그룹으로 묶어서 분석하는 데 있다. 기본적 법칙은 층안에 있는 원소들은 가능한 한 같은 성질을 가져야 하고, 서로 다른 층에 있는 원소들은 가능한 한 서로 달라야 한다. 대부분의 조사는 다목적으로 시행되므로 같은 층안에 원소들은 어떤 중요한 특성에 대하여 같아야 한다. 다른 특성에 대해서는 다를 수도 있다. 대부분의 경우 층화하므로서 주어진 비용에 대하여 정보의 양을 증가시킬 수 있다. 즉 층화하므로서 허용오차를 줄일 수 있다.

층화랜덤표본(stratified random sample)

층화랜덤 표본은 모집단을 층이라고 불리우는 몇 개의 군(group)으로 분리하고, 각 층에서 단순랜덤표본을 추출함으로서 얻어진다.

층화를 하는 이유는 다음과 같다.

① 어떤 부모집단에 대한 정밀도를 높이기 위해서는 각 부모집단을 모집단으로 간주하여 분석한다. 부모집단이란 예를 들면, 어떤 도시에 거주하는 모든 가구들로 이루어진 모집단에서 자녀를 갖고 있는 가구들만의 집합이 부모집단(subpopulation)이다.

② 행정상의 편의성을 위하여 층화를 사용한다. 시.도와 같이 행정구역을 층으로 하여 층화추출을 하면 행정조직을 이용할 수 있으므로 편리하다.

③ 모집단의 서로 다른 부분들은 표본추출방법을 달리하여야 한다. 예를 들어 가정에 거주하는 사람들과 가정에 거주하지 않는 사람들(호텔, 병원등)은 서로 다른 층에 속한다. 그리고 표본추출시에는 다른 접근을 하여야 한다.

④ 층화는 모집단의 모수를 추정하는데 정밀도를 높일 수 있다. 층화는 이질적인 모집단을 내부적으로 동질적인 부모집단으로 나눈다.

5.2 기호

첨자 h는 층을 나타내고, i는 층내의 단위를 나타낸다.

L	층의 총 수
N_h	h층의 총 단위수
$N_1 + N_2 + \cdots + N_L = N$	

n_h	h층의 표본 단위의 수
y_{hi}	h층의 i번째 단위의 값
$W_h = \dfrac{N_h}{N}$	h층의 무게
$f_h = \dfrac{n_h}{N_h}$	h층의 표본추출율
$\overline{Y_h} = \sum_{i=1}^{N_h} \dfrac{y_{hi}}{N_h}$	h층이 모평균
$\overline{y_h} = \sum_{i=1}^{n_h} \dfrac{y_{hi}}{n_h}$	h층의 표본평균
$S_h^2 = \dfrac{\sum_{i=1}^{N_h} (y_{hi} - \overline{Y}_h)^2}{N_h - 1}$	h층의 모분산
Y_i	i층에 대한 모총계

5.3 추정치의 성질

층화추출에서 모평균 $\overline{Y}$의 추정치는

$$\overline{y}_{st} = \frac{\sum_{h=1}^{L} N_h \overline{y}_h}{N} = \sum_{h=1}^{L} W_h \overline{y}_h \tag{5.1}$$

이다(st는 stratified를 의미한다).

여기서, $N_1 + N_2 + \cdots + N_L = N$이다. 그리고 표본 평균 $\overline{y}$는

$$\overline{y} = \frac{\sum_{h=1}^{L} n_h \overline{y}_h}{n} \tag{5.2}$$

이다.

비례할당(proportional allocation)

만약 각 층에서

$$\frac{n_h}{n}=\frac{N_h}{N} \text{ 또는 } \frac{n_h}{N_h}=\frac{n}{N} \text{ 또는 } f_h=f$$

이라고 하면 $\bar{y}$와 $\bar{y}_{st}$는 일치한다. 이것은 모든 층에서 표본추출율(sampling fraction)이 같음을 의미한다. 이와 같이, 표본 크기 n을 각 층의 크기 N_h에 비례하여 할당하는 방법을 비례할당법이라고 한다.

만약 비례할당으로 표본을 추출하면, 자체-가중(self-weighting)표본이 된다. (자체-가중에 대해서는 뒤에 자세히 설명한다.)

정리 5.1 *Theorem*

각 층에서 표본추정치 $\bar{y}_h$가 불편추정치이면, $\bar{y}_{st}$는 모평균 $\bar{Y}$의 불편추정치이다.

증명

$$E(\bar{y}_{st})=E\left(\sum_{h=1}^{L} W_h\bar{y}_h\right)=\sum W_h\bar{Y}_h=\bar{Y}$$

정리 5.2 *Theorem*

서로 다른 각 층에서 표본을 독립적으로 추출하면

$$V(\bar{y}_{st})=\sum_{h=1}^{L} W_h^2\, V(\bar{y}_h)$$

이다.

증명

$$\begin{aligned} V(\bar{y}_{st}) &= V\left(\sum W_h\bar{y}_h\right) \\ &= \sum_h W_h^2\, V(\bar{y}_h)+2\sum_h^L\sum_{j>h}^L W_h W_j Cov(\bar{y}_h,\ \bar{y}_j) \end{aligned}$$

그런데 $Cov(\bar{y}_h, \bar{y}_j)=0$이다.

정리 5.3 *Theorem*

층화랜덤 표본추출에서, $\bar{y}_{st}$의 분산은

$$V(\bar{y}_{st})=\frac{1}{N^2}\sum_{h=1}^{L} N_h(N_h-n_h)\frac{S_h^2}{n_h}$$

$$=\sum W_h^2\frac{S_h^2}{n_h}(1-f_h) \tag{5.3}$$

증명 $\bar{y}_h$는 $\bar{Y}_h$의 불편추정치이고, (정리 5-2)에 의하여

$$V(\bar{y}_h)=\frac{S_h^2}{n_h}\frac{N_h-n_h}{N_h}$$

이다. 그러면 (정리 5-2)에 대치시켜서

$$V(\bar{y}_{st})=\frac{1}{N^2}\sum_{H=1}^{L} N_h^2\, V(\bar{y}_h)$$

$$=\frac{1}{N^2}\sum N_h(N_h-n_h)\frac{S_h^2}{n_h}$$

$$=\sum W_h^2\frac{S_h^2}{n_h}(1-f_h)$$

이다.

다음 보조 정리는 위의 정리의 특수한 경우이다.

보조 정리 1 *Theorem*

만일 표본추출율 $f_h=n_h/N_h$를 모든 층에서 무시할 수 있다면

$$V(\bar{y}_{st})=\frac{1}{N^2}\sum\frac{N_h^2 S_h^2}{n_h}=\sum\frac{W_h^2 S_h^2}{n_h}$$

이다.

보조 정리 2 *Theorem*

비례할당을 하면, 즉 식 (5.3)에

$$n_h = \frac{nN_h}{N}$$

를 대입하면

$$\begin{aligned} V(\bar{y}_{st}) &= \sum \frac{N_h}{N}\frac{S_h^2}{n}\left(\frac{N-n}{N}\right) \\ &= \frac{1-f}{n}\sum W_h S_h^2 \end{aligned} \tag{5.4}$$

이다.

보조 정리 3 *Theorem*

표본추출이 비례할당이고, 모든 층의 분산이 같은 값, S_w^2 을 갖는다면

$$V(\bar{y}_{st}) = \frac{S_w^2}{n}\left(\frac{N-n}{N}\right)$$

이다. (보조 정리 2)에서 유도된다.

정리 5.4 *Theorem*

만일 $\hat{Y}_{st} = N\bar{y}_{st}$가 모총계 Y의 추정치라고 하면

$$V(\hat{Y}_{st}) = \sum N_h(N_h - n_h)\frac{S_h^2}{n_h}$$

이다.

증명 이 정리는 (정리 5-3)으로부터 유도된다.

5.4 신뢰구간

각 층에서 단순랜덤 추출을 한다면, S_h^2의 불편추정치는

$$s_h^2 = \frac{1}{n_h - 1}\sum_{i=1}^{n_k}(y_{hi} - \overline{y}_h)^2 \tag{5.5}$$

이다. 따라서 다음의 정리가 유도된다.

정리 5.5 *Theorem*

층화랜덤추출에서 $\overline{y}_{st}$의 분산의 불편 추정치는

$$v(\overline{y}_{st}) = s^2(\overline{y}_{st}) = \frac{1}{N^2}\sum_{h=1}^{L} N_h(N_h - n_h)\frac{s_h^2}{n_h}$$

이다. 또는,

$$s^2(\overline{y}_{st}) = \sum_{h=1}^{L}\frac{W_h^2 s_h^2}{n_h} - \sum_{h=1}^{L}\frac{W_h^2 s_h^2}{N}$$

이다. 따라서 신뢰구간은 다음과 같다.

모평균 : $\overline{y}_{st} \pm ts(\overline{y}_{st})$

모총계 : $N\overline{y}_{st} \pm tNs(\overline{y}_{st})$

특히, Satterthwaite(1946)에 의하면

$$s^2(\overline{y}_{st}) = \frac{1}{N^2} = \sum_{h=1}^{L} g_h s_h^2$$

여기서

$$g_h = \frac{N_h(N_h - n_h)}{n_h}$$

로 쓸 수가 있다. 그리고 자유도 n_e의 효율적 크기는

$$n_h = \frac{(\sum g_h s_h^2)^2}{\sum \frac{g_h^2 s_h^2}{n_h - 1}}$$

이다.

5.5 최적 할당

층화 표본추출에서는 각 층별 표본크기 $n_1,\ n_2,\ \cdots,\ n_L$을 결정해야 한다. 층화 추출에 있어서 가장 단순한 비용함수는

$$C = c_0 + \sum_{h=1}^{L} c_h n_h \tag{5.6}$$

이다. 여기서 c_0는 고정비용이고, c_h는 h층의 단위당 비용이다.

정리 5.6 *Theorem*

비용함수가 (5.6)인 층화랜덤추출을 생각하자. 그러면 n_h가 $W_h S_h / \sqrt{c_h}$에 비례할 때에 $\overline{y}_{st}$의 분산은 주어진 비용 C에 대하여 최소화되고, 비용은 주어진 분산 $V(\overline{y}_{st})$에 대하여 최소화된다.

증명 비용함수와 $\overline{y}_{st}$의 분산은 (정리 5-3)에 의하여

$$C = c_0 + \sum c_h n_h$$

$$V = V(\overline{y}_{st}) = \sum_{h=1}^{L} \frac{W_h^2 S_h^2}{n_h}(1 - f_h)$$

$$= \sum_{h=1}^{L} \frac{W_h^2 S_h^2}{n_h} - \sum_{h=1}^{L} \frac{W_h^2 S_h^2}{N_h}$$

이다.

주어진 C에 대하여 V를 또는 주어진 V에 대하여 C를 최소화시키는 n_h를 선택하는 것은 곱 $V'C'$를 최소화시키는 것과 동치이다. 여기서

$$V' = \left(V + \sum \frac{W_h^2 S_h^2}{N_h} \right), \quad C' = (C - c_0)$$

이다.

$$V'C' = \left(V + \sum \frac{W_h^2 S_h^2}{N_h}\right)(C - c_0)$$
$$= \left(\sum \frac{W_h^2 S_h^2}{n_h}\right)\left(\sum c_h n_h\right) \qquad (5.7)$$

Cauchy-Schwarz 부등식을 사용하여 식 (5.7)을 최소화시킬 수 있다. 만일 a_h와 b_h가 양수이면, 이 부등식은

$$\left(\sum a_h^2\right)\left(\sum b_h^2\right) - \left(\sum a_h b_h\right)^2 = \sum_i \sum_{j>i} (a_i b_j - a_j b_j)^2 \qquad (5.8)$$

로부터 나온다. 식 (5.8)로부터

$$\left(\sum a_h^2\right)\left(\sum b_h^2\right) \geq \left(\sum a_h b_h\right)^2 \qquad (5.9)$$

이고, 등식은 모든 h에 대해서 b_h/a_h가 상수일 때 성립한다.

식 (5.9)에서 다음과 같이 놓자.

$$a_h = \frac{W_h S_h}{\sqrt{n_h}} \qquad b_h = \sqrt{c_h n_h} \qquad a_h b_h = W_h S_h \sqrt{c_h}$$

부등식 (5.9)로부터

$$V'C' = \left(\sum \frac{W_h^2 S_h^2}{n_h}\right)\left(\sum c_h n_h\right)$$
$$= \left(\sum a_h^2\right)\left(\sum b_h^2\right) \geq \left(\sum W_h S_h \sqrt{c_h}\right)^2$$

이 성립한다. 따라서 어떤 n_h값을 취해도 $V'C'$이 $\left(\sum W_h S_h \sqrt{c_h}\right)^2$ 보다 작게 할 수 없다. 최소값은 $\sum\sum (a_i b_j - a_j b_i)^2 = 0$일 때, 즉

$$\frac{b_h}{a_h} = \frac{n_h \sqrt{c_h}}{W_h S_h} = \text{상수}$$

일 때 일어난다. 그러면 $n_h = k\dfrac{W_h S_h}{\sqrt{c_h}}$이므로

$$\frac{n_h}{n} = \frac{W_h S_h / \sqrt{c_h}}{\sum(W_h S_h / \sqrt{c_h})}$$

또는

$$n_h = n\frac{N_h S_h / \sqrt{c_h}}{\sum(N_h S_h / \sqrt{c_h})} \tag{5.10}$$

$$C = c_0 + \sum c_h n_h$$

이다.

이 정리에 의하여 다음 사실이 유도된다. 주어진 층에서 더 큰 표본을 추출하는 것은 다음이 일어날 때이다.

① 층이 클수록 더 큰 표본을 추출한다.
② 층이 내부적으로 더 변이가 클수록 더 큰 표본을 추출한다.
③ 표본 추출 비용이 더 저렴한 층에서 더 큰 표본을 추출한다.

식 (5.10)에서는 n의 값을 알아야 n_h 값을 알 수 있다.

그러나 우리는 n의 값을 아직 모르고 있다. 비용 C가 주어졌다면 (5.6)과 (5.10)으로부터 다음과 같이 n을 구할 수 있다.

만일 비용이 고정되었다면, n_h의 최적값들을 대치시켜서 n을 구한다.

$$n = (C - c_0)\frac{\sum(N_h S_h / \sqrt{c_h})}{\sum(N_h S_h \sqrt{c_h})}$$

이다.

만일 V가 주어졌다면 최적의 n_h를 $V(\bar{y}_{st})$에 대한 공식에 대입하여 구한다. 즉

$$n = \frac{\sum(W_h S_h \sqrt{c_h})\sum(W_h S_h / \sqrt{c_h})}{V + (1/N)\sum(W_h S_h^2)}$$

이다. 여기서 $W_h = \dfrac{N_h}{N}$이다.

Neyman 할당

층화 표본추출에서 주어진 표본의 크기 n에 대하여

$$n_h = n\frac{W_h S_h}{\sum W_h S_h} = n\frac{N_h S_h}{\sum N_h S_h} \tag{5.11}$$

이면, $V(\bar{y}_{st})$가 최소가 된다. 이와 같이, 각 층별로 표본의 크기를 할당하는 것을 Neyman 할당이라고 부른다.

고정된 n에 대한 최소 분산에 대한 공식은 식 (5.11)의 n_h의 값을 $V(\bar{y}_{st})$의 공식에 대입하므로서 얻을 수 있다. 그 결과는

$$V_{\min}(\bar{y}_{st}) = \frac{(\sum W_h S_h)^2}{n} - \frac{\sum W_h S_h^2}{N}$$

이다.

5.6 표본 추출 후에 층화

표본을 추출한 후에 중요한 변수에 대하여 층화하는 것을 사후층화(Post stratification)라고 한다. 여론조사를 하는데 전화번호를 추출하여 통화하기전 까지는 응답자가 남자인지 여자인지 알 수가 없다. SRS로 n명을 추출하여 인터뷰를 한 후에 남자가 n_1명, 여자가 n_2명이었다고 하자. 우리가 N_1과 N_2를 알고 있다면 모평균 μ의 추정치로 $\bar{y}_{post} = \sum_{h=1}^{2} W_h \bar{y}_h$를 사용하는 것이 더 효율적이다. 여기서 $\bar{y}_h$는 h층에서의 표본평균, $W_h = N_h/N$이다. 그러면 n이 고정되어 있지만 n_1과 n_2는 확률변수이다. 우리는 W_h와 N_h는 알고 있다고 가정한다. 즉,

$$\bar{y}_{post} = \left(\frac{N_1}{N}\right)\bar{y}_1 + \left(\frac{N_2}{N}\right)\bar{y}_{2} + \cdots + \left(\frac{N_L}{N}\right)\bar{y}_L$$

이다. 그리고 $N_h/N = W_h$, $h = 1, 2, \cdots L$이라고 하자. n_h가 h층에 속하는 표본의 크기라고 하자. 만일 n_h가 고정되었다면,

$$V(\bar{y}_{post}) = \sum_{h=1}^{L} W_h^2 \frac{S_h^2}{n_h}\left(\frac{N_h - n_h}{N_h}\right)$$

$$= \sum_{h=1}^{L} W_h^2 \frac{S_h^2}{n_h} - \frac{1}{N}\sum W_h S_h^2$$

이다. 그러나 n_h가 확률변수이므로 근사적으로

$$E\left(\frac{1}{n_h}\right) = \frac{1}{nW_h} + \frac{1-W_h}{n^2 W_h^2}$$

이다. 그러면 $\bar{y}_{post}$의 분산은 다음과 같다.

$$E[V(\bar{y}_{post})] = \frac{N-n}{Nn}\sum_{h=1}^{L} W_h S_h^2 + \frac{1}{n^2}\sum_{h=1}^{L}(1-W_h)S_h^2$$

정리 5.7 *Theorem*

광고회사에서 어느 시골 마을에 거주하는 65세 이상된 노인들의 일주일간 TV시청기간을 조사하였다. 조사 후에 남자와 여자의 두 층으로 사후층화한 결과 다음과 같았다.

즉, SRS로 $n = 40$명을 추출하여 인터뷰를 한 결과 남자 10명, 여자 30명이었다.

〈표 5.1〉

층 1(남자)	층 2(여자)
$n_1 = 10$	$n_2 = 30$
$\bar{y}_1 = 25$(시간)	$\bar{y}_2 = 20$(시간)
$s_1^2 = 200$	$s_2^2 = 100$
$N_1 = 100$	$N_2 = 200$

위의 표에서 $\bar{y}_{post}$와 $v(\bar{y}_{post})$를 구하라.

풀이 $$\bar{y}_{post} = \left(\frac{N_1}{N}\right)\bar{y}_1 + \left(\frac{N_2}{N}\right)\bar{y}_2 = \left(\frac{1}{3}\right)(25) + \left(\frac{2}{3}\right)(20)$$

fpc를 무시하면

$$\begin{aligned} v(\bar{y}_w) &= \frac{1}{n}\sum W_h s_h^2 + \frac{1}{n^2}\sum(1 - W_h)s_h^2 \\ &= \frac{1}{40}\left[\left(\frac{1}{3}\right)(200) + \left(\frac{2}{3}\right)(100)\right] + \frac{1}{(40)^2}\left[\frac{2}{3}(200) + \frac{1}{3}(100)\right] \\ &= \frac{165}{48} \end{aligned}$$

5.7 비율에 대한 층화표본추출

모집단이 몇 개의 층으로 나누어지고, 각 층에서 SRS를 한다고 하자. P_i를 i번째 층의 모비율이라고 하고, p_i는 P_i의 불편 추정량이라고 하자. 모비율 P의 추정량은 다음과 같다.

$$\begin{aligned} p_{st} &= \frac{1}{N}(N_1 p_1 + N_2 p_2 + \cdots + N_L p_L) \\ &= \frac{1}{N}\sum_{i=1}^{L} N_i p_i \end{aligned}$$

정리 5.8 *Theorem*

층화랜덤 추출을 할 때, p_{st}의 분산은

$$V(p_{st}) = \frac{1}{N^2}\sum \frac{N_h^2(N_h - n_h)}{N_h - 1}\frac{P_h Q_h}{n_h}$$

이다.

증명 (정리 5-3)으로부터

$$V(\bar{y}_{st}) = \frac{1}{N^2}\sum N_h(N_h - n_h)\frac{S_h^2}{n_h}$$

이다. 그런데 3.2절에서

$$S_h^2 = \frac{N_h}{N_h - 1}P_h Q_h$$

이므로, 정리가 성립한다.

주의 만일 $1/N_k$이 무시할 수 있도록 작으면 다음과 같다.

$$V(p_{st}) = \frac{1}{N^2}\sum N_h(N_h - n_h)\frac{P_h Q_h}{n_h}$$

$$= \sum \frac{W_h^2 P_h Q_h}{n_h}(1 - f_h)$$

보조 정리 1 *Theorem*

fpc를 무시할 수 있다면 $V(p_{st})$는 아래와 같다.

$$V(p_{st}) = \sum W_h^2 \frac{P_h Q_h}{n_h}$$

보조 정리 2 *Theorem*

비례할당(proportional allocation)을 하면,

$$V(p_{st}) = \frac{N-n}{N}\frac{1}{nN}\sum\frac{N_h^2 P_h Q_h}{N_h - 1}$$

$$= \frac{1-f}{n}\sum W_h P_h Q_h$$

이다.

표본의 크기 n이 주어졌을 때 최소분산은

$$n_h \propto N_h\sqrt{N_h/(N_h - 1)}\sqrt{P_h Q_h} = N_h\sqrt{P_h Q_h}$$

즉,

$$n_h = n\frac{N_h\sqrt{P_hQ_h}}{\sum N_h\sqrt{P_hQ_h}}$$

비용이 주어졌을 때 최소분산, $C = c_0 + \sum c_h n_h$

$$n_h = n\frac{N_h\sqrt{P_hQ_h/c_h}}{\sum N_h\sqrt{P_hQ_h/c_h}}$$

표본의 크기 n은 5.5절에서 구한다.

연습 문제

5.1 층화 랜덤 표본추출을 하려고 한다. 비용함수는 $\sum c_h n_h$라고 하자. 2개의 층에 관해서 다음과 같은 예비 정보를 갖고 있다.

층	W_h	S_h	c_h
1	0.4	10	4
2	0.6	20	6

(1) $V(\bar{y}_{st})$가 주어졌을 때, 총 조사 비용을 최소로 하게 하는 $\frac{n_1}{n}$과 $\frac{n_2}{n}$을 구하라.

(2) 이러한 최적 배정에서 $V(\bar{y}_{st})=1$이 되도록 하는 표본크기 n을 구하라.

(3) 총 조사 비용은 얼마가 될 것인가?

답 (1) $\frac{n_1}{n}=0.29$, $\frac{n_2}{n}=0.71$

(2) $n=258$, $n_1=75$, $n_2=183$

(3) 1,398

5.2 2개의 층에 대하여 다음과 같은 정보를 갖고 있다.

층	W_h	S_h
1	0.8	2
2	0.2	4

2개의 층에서 다음 조건을 만족시키는 n_1과 n_2를 구하라.

(1) $\bar{y}_{st}$의 표준오차는 0.1이 되고, n을 최소로 한다.

(2) 각 층의 평균추정량의 표준오차가 0.1이 되도록 한다.

답 (1) $n_1=384$, $n_2=192$

(2) $n_1=400$, $n_2=1600$

5.3 다음의 2개의 모집단에서 각각 비례배정과 최적 배정을 했을 때에 $V(p_{st})$를 구하라. 각 층의 크기는 같고 fpc는 무시한다.

층	p_h
1	0.01
2	0.05
3	0.1

모집단 1

층	p_h
1	0.1
2	0.5
3	0.9

모집단 2

답 모집단 1 : $V_{prop} = \dfrac{0.143}{n}$

$V_{opt} = \dfrac{0.134}{n}$

최적배분에 의한 분산의 감소효과 6%

모집단 2 : $V_{prop} = \dfrac{0.0491}{n}$

$V_{opt} = \dfrac{0.0423}{n}$

최적배분에 의한 분산의 감소효과 14%

Chapter

6 비추정

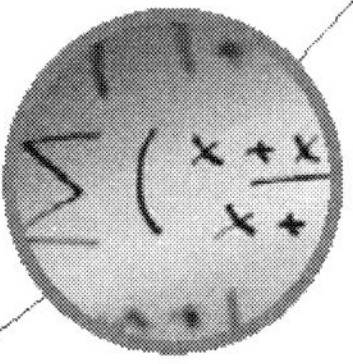

6.1 추정의 방법

우리는 SRS나, 층화 표본추출로부터 표본 y_1, y_2, $\cdots$, y_n의 자료를 얻었을 때, 이 자료로부터 모평균이나 모총계를 추정하였다. 때때로 다른 변량 x_i가 y_i와 밀접한 관련이 있다. 그러면 이 보조 변량 x_i를 통하여 모평균을 추정하는 데 추가정보를 얻을 수 있다. 즉 회귀분석과 같은 방법을 통하여 추가정보를 이용한다.

또한 우리는 모비(population ratio)에 관심을 갖는다. 예를 들어 작년의 자동차 판매 대수(X)와 금년의 자동차 판매 대수(Y)의 비를 추정하려 한다고 하자. 즉, 우리는 비

$$R = \frac{Y}{X}$$

를 추정하는 데 관심이 있다.

6.2 비추정량

y_i와 상관이 있는 보조 변량 x_i에 대하여 이미 정보를 갖고 있다고 하자. x_i에 관한 모총계 $X = \sum^{N} x_i$를 알고 있다고 가정한다. 이 방법의 목적은 x_i와 y_i의 상관관계를 이용하여 정밀도를 높이는 것이다. 먼저 SRS로 표본을 얻었다고 하자. 우리는

$$\frac{\overline{Y}}{\overline{\overline{X}}} = \frac{N\overline{Y}}{N\overline{\overline{X}}} = \frac{Y}{X}$$

로부터

$$Y = \frac{\overline{Y}}{\overline{\overline{X}}}(X)$$

이 성립함을 쉽게 알 수 있다. 따라서 y_i의 모총계 Y의 비추정치는

$$\hat{Y}_R = \frac{y}{x} X = \frac{\bar{y}}{\bar{x}} X$$

이다. y와 x는 각각 y_i와 x_i의 표본 총계이다.

y_i의 모평균 $\bar{Y}$를 추정하기 위한 추정량은

$$\hat{\bar{Y}}_R = \frac{y}{x} \bar{X} \tag{6.1}$$

이다. 우리가 비(ratio)를 추정하려고 할 때에 표본추정치는

$$\hat{R} = y/x = \sum^{n} y_i / \sum^{n} x_i$$

이다.

예제 6.1 <표 6.1>은 197개의 도시로 이루어진 모집단으로부터 표본으로 추출한 49개의 도시의 거주자 수를 나타내었다. x_i는 i번째 도시의 1920년도 거주자 수이고, y_i는 1930년도의 거주자 수이다. 196개 도시의 인구 Y를 추정하고자 한다. 1920년도의 인구 X는 22,919이다.

<표 6.1>로부터

$$\sum y_i = 6262, \ \sum x_i = 5054$$

이다. Y의 비추정량은

$$\hat{Y}_R = \frac{y}{x} X = \frac{6262}{5054}(22,919) = 28,397$$

이다. 도시당 표본 평균은

$$\hat{Y} = N\bar{y} = \frac{(196)(6262)}{49} = 25,048$$

이다. 정확한 인구는 29,351이었다.

〈표 6.1〉 미국 49개 대도시의 인구수, 1920년(x_i), 1930년(y_i)

x_i	y_i	x_i	y_i	x_i	y_i
76	80	2	50	243	291
138	143	507	634	87	105
67	67	179	260	30	11
29	50	121	113	71	79
381	464	50	64	256	288
23	48	44	58	43	61
37	63	77	89	25	57
120	115	64	63	94	85
161	69	64	77	43	50
387	459	56	142	298	317
93	104	40	60	36	46
172	183	40	64	161	232
78	106	38	52	74	93
66	86	136	139	45	53
60	57	116	130	36	54
46	65	46	53	50	58
				48	75

6.3 비추정치의 분산

비추정치는 일치(consistent) 추정치이다. 비추정치는 특별한 경우를 제외하고는 편의(biased)되었다. 그러나 대 표본에서는 편의를 무시할 수 있다. n이 커짐에 따라서 비추정치의 표본분포는 정규분포를 한다. 표본의 크기가 30보다 크면 대표본의 결과를 이용할 수 있다.

모총계 Y의 비추정치는 $\hat{Y}_R = \dfrac{\overline{y}}{\overline{x}} X$, 모평균 $\overline{Y}$의 비추정치는 $\hat{\overline{Y}}_R = \dfrac{\overline{y}}{\overline{x}} \overline{X}$, 그리고 모비 Y/X의 비추정치는 $\hat{R} = \dfrac{\hat{\overline{y}}}{\overline{x}}$이다.

정리 6.1 *Theorem*

표본의 크기 n이 클 때 단순랜덤 표본에서

$$V(\hat{Y}_R) \doteq \frac{N^2(1-f)}{n}\left[\frac{\sum_{i=1}^{N}(y_i - Rx_i)^2}{N-1}\right] \tag{6.2}$$

$$V(\hat{\overline{Y}}_R) = \frac{1-f}{n}\left[\frac{\sum_{i=1}^{N}(y_i - Rx_i)^2}{N-1}\right] \tag{6.3}$$

$$V(\hat{R}) = \frac{1-f}{n\overline{X}^2}\left[\frac{\sum_{i=1}^{N}(y_i - Rx_i)^2}{N-1}\right] \tag{6.4}$$

여기서 $f = n/N$은 표본 추출율이다. 이 정리의 증명은 (정리 2.5)를 써서 할 수 있다.

보조 정리 *Theorem*

$\overline{Y} = R\overline{X}$로부터

$$V(\hat{Y}_R) = \frac{N^2(1-f)}{n}(S_y^2 + R^2 S_x^2 - 2R\rho S_y S_x)$$

증명 $\overline{Y} = R\overline{X}$이므로 식 (6.2)에서

$$V(\hat{Y}_R) = \frac{N^2(1-f)}{n(N-1)}\sum_{i=1}^{N}[(y_i - \overline{Y}) - R(x_i - \overline{X})]^2$$

$$= \frac{N^2(1-f)}{n(N-1)}[\sum(y_1 - \overline{Y})^2 + R^2\sum(x_i - \overline{X})^2 - 2R\sum(y_i - \overline{Y})(x_i - \overline{X})]$$

y_i와 x_i 간에 상관계수 ρ는

$$\rho = \frac{E(y_i - \overline{Y})(x_i - \overline{X})}{\sqrt{E(y_i - \overline{Y})^2 E(x_i - \overline{X})^2}} = \frac{\sum^n (y_i - \overline{Y})(x_i - \overline{X})}{(N-1)S_y S_x}$$

이다. 따라서

$$V(\hat{Y}_R) = \frac{N^2(1-f)}{n}(S_y^2 + R^2 S_x^2 - 2R\rho S_y S_x) \tag{6.5}$$

똑같은 형으로 $Y = N\overline{Y}$이므로 식 (6.5)에서 $\frac{Y}{N\overline{Y}}$를 곱하여,

$$V(\hat{Y}_R) = \frac{(1-f)Y^2}{n}\left(\frac{S_y^2}{\overline{Y}^2} + \frac{S_x^2}{\overline{X}^2} - \frac{2S_y S_x}{\overline{Y}\overline{X}}\right) \tag{6.6}$$

여기서 $S_{yx} = \rho S_y S_x$는 공분산이다. 또는

$$C_{yy} = S_y^2 / \overline{Y}^2,\ C_{yx} = S_{yx} / \overline{Y}\overline{X}$$

이므로

$$V(\hat{Y}_R) = (1-f)\frac{Y^2}{n}(C_{yy} + C_{xx} - 2C_{yx}) \tag{6.7}$$

여기서 C_{yy}, C_{xx}는 y_i와 x_i의 변이 계수(cv)의 제곱이고, C_{yx}는 상대공분산이다. $C_{\overline{y}\overline{y}}$의 추정치 $c_{\overline{y}\overline{y}}$는 다음과 같다.

$$c_{\overline{y}\overline{y}} = \frac{1-f}{n}\frac{s_y^2}{\overline{y}^2}$$

보조 정리 *Theorem*

> 식 (6.7)로부터 y_i와 x_i의 상대분산은 cv의 제곱으로
>
> $$(cv)^2 = \frac{V(\hat{Y}_R)}{Y^2} = \frac{1-f}{n}(C_{yy} + C_{xx} - 2C_{yx})$$
>
> 이다. $(cv)^2$을 상대분산이라고 부른다.

6.4 분산의 추정

식 (6.2)로부터

$$V(\hat{Y}_R) = \frac{N^2(1-f)}{n} \frac{\sum_{i=1}^{N}(y_i - Rx_i)^2}{N-1}$$

2.11절에서 $\sum_{i=1}^{N} \frac{(y_i - Rx_i)^2}{(N-1)}$ 의 표본 추정치로

$$\frac{\sum^{n}(y_i - \hat{R}x_i)^2}{(n-1)}$$

를 택한다. 표본분산은

$$v(\hat{Y}_R) = \frac{N^2(1-f)}{n(n-1)} \sum_{i=1}^{n}(y_i - \hat{R}x_i)^2$$

이다.

$$v(\hat{R}) = \frac{(1-f)}{n\overline{X}^2}(s_y^2 + \hat{R}^2 s_x^2 - 2\hat{R}s_{yx})$$

그리고 $\hat{R}= \overline{y}/\overline{x}$ 이므로 $\overline{X}$ 대신에 $\overline{x}$로 놓아서

$$v(\hat{R}) = \frac{(1-f)}{n\overline{x}^2}(s_y^2 + \hat{R}^2 s_x^2 - 2\hat{R}s_{yx})$$

이다. 또한, $\hat{Y}_R = \hat{R}X$이므로 $v(\hat{Y}_R) = X^2 v(\hat{R})$이다.

6.5 신뢰 구간

표본의 크기가 충분히 크다면, 정규 근사법을 써서 Y와 R에 대한 신뢰구간은

$$Y : \overline{Y}_R \pm z\sqrt{v(\hat{Y}_R)}$$

$$R : \hat{R} \pm z\sqrt{v(\hat{R})}$$

여기서, z는 정규 편차이다.

6.3절에서 표본의 크기가 적어도 30이상이면 정규 조사가 됨을 보였다. 또한 $\overline{y}$와 $\overline{x}$가 이변량 정규분포를 하면, $(\overline{y} - R\overline{x})$는 정규분포를 한다. 단순랜덤추출을 하면

$$\frac{\overline{y} - R\overline{x}}{\sqrt{(N-n)/Nn}\sqrt{s_y^2 + R^2 s_x^2 - 2Rs_{yx}}}$$

는 표준정규분포를 한다.

6.6 비추정치의 비교

다음의 정리는 비추정치 $\hat{Y}_R$와 $\hat{Y} = N\overline{y}$의 분산을 비교한다.

정리 6.2 Theorem

단순랜덤추출의 대 표본에서 만일

$$\rho > \frac{1}{2}\left(\frac{S_x}{\overline{X}}\right) / \left(\frac{S_y}{\overline{Y}}\right) = \frac{x_i \text{의 변이계수}}{2(y_i \text{의 변이계수})}$$

이면, 비추정치 $\hat{Y}_R$은 추정치 $\hat{Y} = N\overline{y}$ 보다 더 작은 분산을 갖는다.

증명 $\hat{Y}$에 대하여

$$V(\hat{Y}) = \frac{N^2(1-f)}{n} S_y^2$$

비추정치에 대하여 (6.5)로부터

$$V(\hat{Y}_R) = \frac{N^2(1-f)}{n}(S_y^2 + R^2 S_x^2 - 2R\rho S_y S_x)$$

그러므로 만일

$$S_y^2 + R^2 S_x^2 - 2R\rho S_y S_x < S_y^2$$

이면, 비추정치가 더 작은 분산을 갖는다.

만일 $R = \overline{Y}/\overline{X} > 0$이면, 이 조건은 다음과 같이 된다.

$$\rho > \frac{RS_x}{2S_y} = \frac{1}{2}\left(\frac{S_x}{\overline{X}}\right) / \left(\frac{S_y}{\overline{Y}}\right) = \frac{1}{2}\frac{cv(x)}{cv(y)}$$

6.7 층화 표본추출에서 비추정치(ratio estimate)

층화 표본추출에서 비추정량을 구하는 방법은 분리 비추정과 결합 비추정의 두가지 방법이 있다. 분리 비추정(separate ratio estimate)은 각 층에서 비를 구한 후 가중평균을 구하여 모비를 추정하는 것이다. 결합비추정(combined ratio estimate)은 $\overline{y}_{st}$와 $\overline{x}_{st}$를 구한 후에 $\overline{y}_{st}/\overline{x}_{st}$를 추정치로 사용하는 것이다. 모 총계 Y의 분리 비추정은

$$\hat{Y}_{RS} = \sum_h \frac{\overline{y_h}}{\overline{x_h}} X_h = \sum_h \hat{Y}_{Rh}$$

이다. 여기서, $\overline{y}_h$, $\overline{x}_h$는 h번째 층의 표본 평균이고, X_h는 x_{hi}들의 층 총계이다.

정리 6.3 *Theorem*

각 층에서 충분히 큰 표본을 독립적으로 SRS한다면

$$V(\hat{Y}_{RS}) = \sum_h \frac{N_h^2(1-f_h)}{n_h}(S_{yh}^2 + R_h^2 S_{xh}^2 - 2R_h \rho_h S_{yh} S_{xh}) \qquad (6.8)$$

이다. 여기서, $R_h = Y_h/X_h$는 h층의 비이다.

증명 식 (6.5)를 응용하여

$$V(\hat{Y}_{Rh})=\frac{N_h^2(1-f_h)}{n_h}(S_{yh}^2+R_h^2S_{xh}^2-2R_h\rho_hS_{yh}S_{xh})$$

그런데 $\hat{Y}_{RS}=\sum_h \hat{Y}_{Rh}$이므로 $V(\hat{Y}_{RS})=\sum V(\hat{Y}_{Rh})$이다.

따라서, 식 (6.8)이 유도된다.

6.8 결합 비추정치

모 총계 Y의 비추정은

$$\hat{Y}_{RC}=\frac{\hat{Y}_{st}}{\hat{X}_{st}}X$$

이다. 여기서 $\hat{Y}_{st}=\sum_h N_h\bar{y}_h$, $\hat{X}_{st}=\sum_h N_h\bar{x}_h$이다. 또한,

$$\bar{y}_{st}=\hat{Y}_{st}/N=\sum_h N_h\bar{y}_h/N,\quad \bar{x}_{st}=\hat{X}_{st}/N$$

은 픙화 표본으로부터 추정된 모평균이다.

정리 6.4 *Theorem*

> 표본의 크기 n이 충분히 크면
>
> $$V(\hat{Y}_{RC})=\sum_h\frac{N_h^2(1-f_h)}{n_h}(S_{yh}^2+R^2S_{xh}-2R\rho_hS_{yh}S_{xh})$$

증명 (정리 2-5)와 같은 방법으로 증명한다. 먼저

$$(\hat{Y}_{RC}-Y)=\frac{N\bar{X}}{\bar{x}_{st}}(\bar{y}_{st}-R\bar{x}_{st})\doteq N(\bar{y}_{st}-R\bar{x}_{st})$$

이다. 이제, $u_{hi}=y_{hi}-Rx_{hi}$이라고 하면,

$$(\overline{y}_{st} - R\overline{x}_{st}) = \overline{u}_{st}$$

이다. 여기서, $\overline{u}_{st}$는 층화 표본에서 변량 u_{hi}의 가중평균이다. 그리고 $R=\overline{Y}/\overline{X}$ 이므로 u_{hi}의 모평균 $\overline{U}$는 0이다. 왜냐하면

$$\sum_h\sum_i u_{hi} = \sum_h\sum_i y_{hi} - \sum\sum Rx_{hi} = Y - RX = 0$$

$$U = Y - RX$$

$$\overline{U} = \overline{Y} - R\overline{X} = 0$$

그러므로 (정리 5-3)에 $\overline{u}_{st}$를 적용하면

$$V(\hat{Y}_{RC}) = N^2 V(\overline{u}_{st}) = \sum_h \frac{N_h(N_h - u_h)}{n_h} S_{uh}^2$$

이다. 단,

$$S_{uh}^2 = \frac{1}{N_h - 1}\sum_{i=1}^{N_h}(u_{hi} - \overline{U}_h)^2$$

$$= \frac{1}{N_h - 1}\sum_{i=1}^{N_h}[(y_{hi} - \overline{Y}_h) - R(x_{hi} - \overline{X}_h)]^2$$

이다. 이 식을 전개하여 정리가 증명된다.

6.9 비추정치로 최적 할당

먼저 변량 $\hat{Y}_{RC}$을 생각하자. (정리 6-5)로부터 $\hat{Y}_{RC}$의 분산은

$$V(\hat{Y}_{RC}) = \sum_h \frac{N_h(N_h - n_h)}{n_h}(S_{yh}^2 + R_h^2 S_{xh}^2 - 2R_h\rho_h S_{yh}S_{xh})$$

$$= \sum_h \frac{N_h(N_h - n_h)}{n_h} S_{dh}^2 \tag{6.9}$$

이다. 단, $S_{dh}^2 = \dfrac{1}{N_h - 1}\displaystyle\sum_{i=1}^{N_h} d_{hi}^2$이다. 그리고 $d_{hi} = y_{hi} - R_h x_{hi}$는 $R_h x_{hi}$로부터 y_{hi}의 편

차이다.

총 비용이 $\sum c_h n_h$인 조건 아래서 식 (6.9)를 최소가 되게 하는 최적 할당을 구하자. 그러면

$$n_h = \frac{N_h S_{dh} / \sqrt{c_h}}{\sum N_h S_{dh} / \sqrt{c_h}} \cdot n$$

이다. 즉

$$n_h \propto \frac{N_h S_{dh}}{\sqrt{c_h}}$$

이다. 특히, 다음의 두 가지 법칙이 도움이 된다. 비추정이 BLUE인 모집단에서는 S_{dh}가 대략 $\sqrt{\overline{X}_h}$에 비례한다. (정리 6-3)의 경우에

$$n_h \propto \frac{N_h \sqrt{\overline{X}_h}}{\sqrt{c_h}}$$

이다. 어떤 경우에는 d_{hi}는 $\overline{X}_h^2$에 비례한다. 이 경우는 다음과 같다.

$$n_h \propto \frac{N_h \overline{X}_h}{\sqrt{c_h}}$$

연습 문제

6.1 다음과 같은 2개 층으로 구성된 모집단이 있다($N=8$). $n_1 = n_2 = 2$인 층화 SRS 표본에서 $\hat{Y}_{RS}$와 $\hat{Y}_{RC}$의 MSE를 구하라.

층 1

x_{1i}	y_{1i}
2	6
5	3
9	7
15	10

층 2

x_{2i}	y_{2i}
10	7
18	15
21	10
25	16

답 $MSE(\hat{Y}_{RS}) = 465$, $MSE(\hat{Y}_{RC}) = 40.6$

6.2 $\bar{x}=10$, $\bar{y}=20$, $\bar{X}=11$일 때, $\hat{\bar{Y}}_R$을 구하라.

6.3 $\hat{Y}_R$은 $\hat{Y}=N\bar{y}$ 보다 언제 더 작은 분산을 갖는가?

6.4 층화 분리 비추정치와 층화 결합 비추정치는 어느 경우에 적합한 추정치인가?

❖ 메모

Chapter **7**

회귀추정량

7.1 선형회구 추정치

선형회귀 추정치란 변량 y_i와 상관이 있는 보조변량 x_i를 사용함으로서 추정량의 정밀도를 높이는 것을 의미한다.

y_i와 x_i 사이에 관계가 원점을 지나는 선형일 때에는 비추정량이 더 적절한 추정량이지만, y_i와 x_i의 선형관계가 원점을 지나지 않을 때는 회귀추정량이 더 적절한 추정량이다.

y_i의 모평균 $\overline{Y}$의 선형회귀 추정치는

$$\overline{y}_{lr} = \overline{y} + b(\overline{X} - \overline{x}) \tag{7.1}$$

이다. 여기서 x_i의 모평균 $\overline{X}$는 알고 있다고 가정한다. 모 총계 Y의 추정치는 $\hat{Y}_{lr} = N\overline{y}_{lr}$이다.

Watson(1937)은 어떤 식물 잎의 평균 면적 ($\overline{Y}$)을 추정하기 위하여 잎의 무게 (x)에 대한 회귀를 이용하였다. 여기서, 잎의 무게와 잎의 면적은 선형관계가 있다. 잎의 무게를 측정하는 것은 쉬우나 잎의 면적을 측정하기는 쉽지 않다. 즉 X는 쉽게 알 수 있다.

7.2 사전에 b값을 알 때에 회귀추정

대부분의 경우에, b는 표본으로부터 추정되지만, 사전에 b값을 알 수도 있다. 또한 반복해서 조사(survey)를 할 때에 b의 값은 변하지 않을 수도 있다. 만일 x가 이미 조사된 센서스 값이고, y는 그에 대응하는 최근의 표본조사 값이라면, $b=1$이라고 할 수 있다.

정리 7.1 *Theorem*

SRS에서 b_0를 미리 알고 있다면, 선형회귀 추정치는

$$\bar{y}_{lr} = \bar{y} + b_0(\bar{X} - \bar{x}) \tag{7.2}$$

이다. 이 추정치는 불편 추정치이고, $\bar{y}_{lr}$의 분산은

$$\begin{aligned} V(\bar{y}_{lr}) &= \frac{1-f}{n} \frac{\sum_{i=1}^{N} [(y_i - \bar{Y}) - b_0(x_i - \bar{X})]^2}{N-1} \\ &= \frac{1-f}{n}(s_y^2 - 2b_0 S_{yx} + b_0^2 S_x^2) \end{aligned} \tag{7.3}$$

증명 반복 표본추출에서 b_0가 상수라고 가정하였으므로

$$E(\bar{y}_{lr}) = E(\bar{y}) + b_0 E(\bar{X} - \bar{x}) = \bar{Y}$$

이다. $\bar{y}_{lr}$은 $[y_i - b_0(x_i - \bar{X})]$의 표본평균이고, 모평균은 $\bar{Y}$이다. 그러므로 (정리 2-2)에 의하여

$$\begin{aligned} V(\bar{y}_{lr}) &= \frac{1-f}{n} \frac{\sum_{i=1}^{N} [y_i - b_0(x_i - \bar{X}) - \bar{Y}]^2}{N-1} \\ &= \frac{1-f}{n} \frac{\sum_{i=1}^{N} [(y_i - \bar{Y}) - b_0(x_i - \bar{X})]^2}{N-1} \\ &= \frac{1-f}{n}(S_y^2 - 2b_0 S_{yx} + b_0^2 S_x^2) \end{aligned} \tag{7.4}$$

보조 정리 *Theorem*

$V(\bar{y}_{lr})$의 불편표본 추정치는

$$\begin{aligned} v(\bar{y}_{lr}) &= \frac{1-f}{n} \frac{\sum_{i=1}^{n} [(y_i - \bar{y}) - b_0(x_i - \bar{x})]^2}{n-1} \\ &= \frac{1-f}{n}(s_y^2 - 2b_0 s_{yx} + b_0^2 s_x^2) \end{aligned}$$

이다. 이 보조 정리는 (정리 2-4)에서 유도된다.

정리 7.2 *Theorem*

$V(\overline{y}_{lr})$을 최소화시키는 b_0의 값은 B이다. 즉,

$$b_0 = B = \frac{S_{yx}}{S_x^2} = \frac{\sum_{i=1}^{N}(y_i - \overline{Y})(x_i - \overline{X})}{\sum_{i=1}^{N}(x_i - \overline{X})^2} \tag{7.5}$$

이다. 그러한 B에 대한 최소분산은

$$V_{\min}(\overline{y}_{lr}) = \frac{1-f}{n} S_y^2 (1-\rho^2) \tag{7.6}$$

이다. 단, ρ는 y와 x 사이에 모상관계수이다.

증명 식 (7.3)에서

$$b_0 = B + d = \frac{S_{yx}}{S_x^2} + d$$

라 하자. 그러면 (7.4)에서

$$\begin{aligned} V(\overline{y}_{lr}) &= \frac{1-f}{n}\left[S_y^2 - 2S_{yx}\left(\frac{S_{yx}}{S_x^2} + d\right) + S_x^2\left(\frac{S_{yx}^2}{S_x^4} + 2d\frac{S_{yx}}{S_x^2} + d^2\right)\right] \\ &= \frac{1-f}{n}\left[\left(S_y^2 - \frac{S_{yx}^2}{S_x^2}\right) + d^2 S_x^2\right] \end{aligned}$$

명백히, 이것은 $d = 0$이면 최소가 된다. 더욱이, $\rho^2 = \dfrac{S_{yx}^2}{S_y^2 S_x^2}$이므로

$$V_{\min}(\overline{y}_{lr}) = \frac{1-f}{n} S_y^2 (1-\rho^2)$$

이다.

7.3 b를 이용한 회귀 추정식

(정리 7-2)에서 B의 최소제곱추정치 b를 표본으로부터 추정한다면

$$b = \frac{\sum_{i=1}^{n}(y_i - \overline{y})(x_i - \overline{x})}{\sum_{i=1}^{n}(x_i - \overline{x})^2}$$

이다. 그러면 단순 랜덤 표본에서 $\overline{Y}$의 선형회귀 추정량은 다음과 같다.

$$\overline{y}_{lr} = \overline{y} + b(\overline{X} - \overline{x}) = \overline{y} - b(\overline{x} - \overline{X})$$

변량 e_i를 다음과 같이 정의한다.

$$e_i = y_i - \overline{Y} - B(x_i - \overline{X})$$

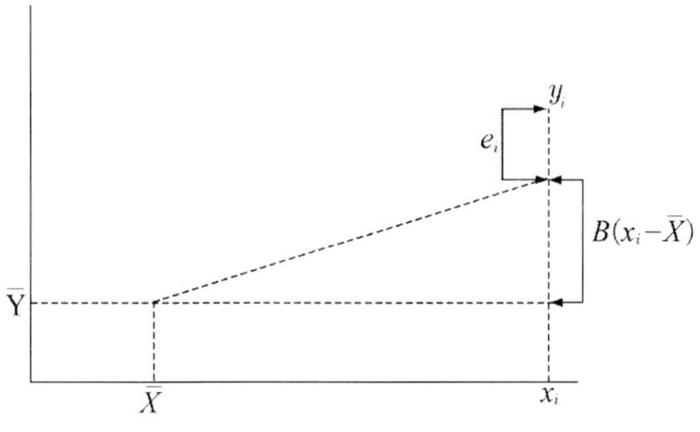

〈그림 7.1〉

변량 e_i는 다음과 같은 성질을 갖는다.

$$\sum^{N} e_i = 0 \tag{7.7}$$

또한, 식 (7.5)에서

$$\sum^{N} e_i(x_i - \overline{X}) = \sum^{N}(y_i - \overline{Y})(x_i - \overline{X}) - B\sum^{N}(x_i - \overline{X})^2 = 0$$

이다. 이제,

$$b=\frac{\sum^{n} y_i(x_i-\overline{x})}{\sum^{n}(x_i-\overline{x})^2}=\frac{\sum^{n}[\overline{Y}+B(x_i-\overline{X})+e_i](x_i-\overline{x})}{\sum^{n}(x_i-\overline{x})^2}$$

$$=B+\frac{\sum^{n} e_i(x_i-\overline{x})}{\sum^{n}(x_i-\overline{x})^2} \tag{7.8}$$

정리 7.3 *Theorem*

만일 b가 B의 최소 제곱 추정치이고,

$$\overline{y}_{lr}=\overline{y}+b(\overline{X}-\overline{x}) \tag{7.9}$$

이면, 표본의 크기가 n인 단순 랜덤 표본에서, n이 충분히 크면

$$V(\overline{y}_{lr})\doteq\frac{(1-f)}{n}S_y^2(1-\rho^2)$$

이다. 단, $\rho=S_{yx}/S_yS_x$이다. 즉, ρ는 x와 y 사이에 모상관계수이다.

증명 $\overline{y}_{lr}$의 표본오차는

$$\overline{y}_{lr}-\overline{Y}=\overline{y}-\overline{Y}+b(\overline{X}-\overline{x})$$

이다. $\overline{y}_{lr}$의 근사치로서

$$\widetilde{y_{lr}}=\overline{y}+B(\overline{X}-\overline{x}) \tag{7.10}$$

를 대치시킨다. 여기서, B는 x에 대한 y의 모 선형 회귀계수이다.

즉, $\overline{y}-b(\overline{x}-\overline{X})-\overline{Y}=[\overline{y}-B(\overline{x}-\overline{X})-\overline{Y}-(b-B)(\overline{x}-\overline{X}]$

따라서, 충분히 큰 n에 대하여

$$\overline{y}-b(\overline{x}-\overline{X})-\overline{Y}=\overline{y}-B(\overline{x}-\overline{X})-\overline{Y}$$

이 근사치에서 오차는 $(B-b)(\overline{X}-\overline{x})$으로 0으로 수렴한다.

$$V(\widetilde{y_{lr}})=E(\overline{y}_{lr}-\overline{Y})^2$$

$$=\frac{1-f}{n}(S_x^2+B^2S_x^2-2B\rho S_xS_y)$$

$$=\frac{1-f}{n}S_y^2(1-\rho^2) \tag{7.11}$$

이다.

7.4 분산의 표본추정치

$V(\bar{y}_{lr})$의 표본추정치로서

$$v(\bar{y}_{lr}) = \frac{1-f}{n(n-2)} \sum_{i=1}^{n} [(y_i - \bar{y}) - b(x_i - \bar{x})]^2$$
$$= \frac{1-f}{n(n-2)} \left[\sum_{i=1}^{n} (y_i - \bar{y})^2 - \frac{[\sum (y_i - \bar{y})(x_i - \bar{x})]^2}{\sum (x_i - \bar{x})^2} \right] \qquad (7.12)$$

를 사용한다. 이 식은 다음과 같이 유도된다.

방정식 (7.11)에서 $S_y^2(1-\rho^2) = S_e^2$을 대입하여

$$V(\bar{y}_{lr}) \doteq \frac{(1-f)}{n} S_e^2$$

을 얻는다. (정리 2-4)에서 S_e^2의 불편 추정치는

$$s_e^2 = \frac{1}{n-1} \sum_{i=1}^{n} (e_i - \bar{e})^2$$

이다. 그런데 $e_i = y_i - \bar{Y} - B(x_i - \bar{X})$이므로,

$$e_i - \bar{e} = (y_i - \bar{y}) - B(x_i - \bar{x})$$
$$= [(y_i - \bar{y}) - b(x_i - \bar{x})] + (b - B)(x_i - \bar{x})$$

이다. 대 표본(large sample)에서는 S_e^2의 추정치로

$$\frac{1}{n-1} \sum_{i=1}^{n} [(y_i - \bar{y}) - b(x_i - \bar{x})]^2$$

을 사용한다. 식 (7.12)에서 $(n-1)$ 대신에 $(n-2)$를 사용하는 것은 회귀이론으로 연유한다.

7.5 비추정과 회귀추정의 비교

$$V(\bar{y}_{lr}) = \frac{N-n}{Nn} S_y^2 (1-\rho^2) \quad -\text{회귀}$$

$$V(\bar{y}_R) = \frac{N-n}{Nn} (S_y^2 + R^2 S_x^2 - 2R\rho S_x S_y) \quad -\text{비}$$

$$V(\bar{y}) = \frac{N-n}{Nn} S_y^2 \quad -\text{평균}$$

명백히 $\rho = 0$가 되지 않는 한 회귀 추정치의 분산은 평균에 대한 분산보다 더 작다. 만일

$$-\rho^2 S_y^2 < R^2 S_x^2 - 2R\rho S_y S_x$$

이라고 하면, 회귀 추정치의 분산은 비추정치의 분산보다 작다.

7.6 층화 표본추출에서 회귀추정치

각 층의 평균에 대한 회귀추정치는

$$\bar{y}_{lrh} = \bar{y}_h + b_h(\bar{X}_h - \bar{x}_h)$$

이다. 그러면 분리 추정치는

$$\bar{y}_{lrs} = \sum W_h \bar{y}_{lrh}$$

이다. 여기서 $W_h = N_h/N$이다. 이 추정치는 회귀계수 B_h가 층별로 다를 때에 적절하다. 결합추정치 $\bar{y}_{lrc}$(c for combined)는 모든 층에서 B_h가 같을 때 적절한 추정치이다. $\bar{y}_{lrc}$를 계산하기 위해서는

$$\bar{y}_{st} = \sum W_h \bar{y}_h, \quad \bar{x}_{st} = \sum W_h \bar{x}_h$$

를 먼저 구한다. 그러면

$$\overline{y}_{lrc} = \overline{y}_{st} + b(\overline{X} - \overline{x}_{st}) \tag{7.13}$$

이다. $\overline{y}_{lrh}$는 $\overline{Y}_h$의 불편추정치이므로, $\overline{y}_{lrs}$는 $\overline{Y}$의 불편추정치이다. 표본추출이 각 층에서 독립적으로 이루어지므로 (정리 7.1)로부터

$$V(\overline{y}_{lrs}) = \sum_h \frac{W_h^2(1-f_h)}{n_h}(S_{yh}^2 - 2b_h S_{yxh} + b_h^2 S_{xh}^2)$$

이다. (정리 7-2)로부터 $V(\overline{y}_{lrs})$가 최소가 되는 것은 $b_h = B_h$일 때이다. 그 분산의 최소값은 $B_h = \dfrac{S_{yx}}{S_x^2}$이므로

$$V_{\min}(\overline{y}_{lrs}) = \sum_h \frac{W_h^2(1-f_h)}{n_h}\left(S_{yh}^2 - \frac{S_{yxh}^2}{S_{xh}^2}\right) \tag{7.14}$$

이다. b가 미리 정해졌다면, 식 (7.13)으로부터 $\overline{y}_{lrc} = \overline{y}_{st} + b(\overline{X} - \overline{x}_{st})$이므로, $\overline{y}_{lrc}$는 $\overline{Y}$의 불편추정치임을 알 수 있다.

$$E(\overline{y}_{lrc}) = E[\overline{y}_{st} + b(\overline{X} - \overline{x}_{st})] = \overline{Y}$$

$\overline{y}_{lrc}$는 변량 $y_{hi} + b(\overline{X} - x_{hi})$로부터의 추정치이므로 (정리 7-3)을 적용하면

$$V(\overline{y}_{lrc}) = \sum_h \frac{W_h^2(1-f_h)}{n_h}(S_{yh}^2 - 2bS_{yxh} + b^2 S_{xh}^2) \tag{7.15}$$

이다. 이 분산을 최소로 하는 b의 값은 식 (7.15)을 b에 관하여 미분하면

$$B_c = \frac{\displaystyle\sum_h \frac{W_h^2(1-f_h)S_{yxh}}{n_h}}{\displaystyle\sum_h \frac{W_h^2(1-f_h)S_{xh}^2}{n_h}} \tag{7.16}$$

이다. B_c는 층 회귀계수 $B_h = S_{yxh}/S_{yh}^2$ 의 가중평균이다.

만일 $a_h = \dfrac{W_h^2(1-f_h)}{n_h}S_{xh}^2$ 이라고 놓으면 $B_c = \dfrac{\sum a_h B_h}{\sum a_h}$이다.

식 (7.14)와 (7.15)에서 b 대신에 B_c를 대입하면

$$V_{\min}(\bar{y}_{lrc}) - V_{\min}(\bar{y}_{lrs}) = \sum a_h B_h^2 - \left(\sum a_h\right) B_c^2$$
$$= \sum a_h (B_h - B_c)^2$$

이다. 즉, 모든 층에서 B_h가 같지 않는 한 분리 추정치가 결합 추정치보다 작은 분산을 갖는다.

7.7 표본으로부터 회귀계수의 추정

분리추정을 할 때에 B_h의 최소제곱 추정치로서

$$b_h = \frac{\sum_h (y_{hi} - \bar{y}_h)(x_{hi} - \bar{x}_h)}{\sum_i (x_{hi} - \bar{x}_h)^2}$$

를 취한다. 모든 층에서 표본의 크기 n_h가 크면, (정리 7-3)을 각 층에 적용하여

$$V(\bar{y}_{lrs}) = \sum_i \frac{W_h^2(1-f_h)}{n_h} S_{yh}^2 (1-\rho_h^2)$$

을 얻는다. 분산의 표본 추정치를 얻기 위하여 (7.14)의 $S_{yh}^2(1-\rho_h^2)$ 대신에

$$s_{y \cdot xh}^2 = \frac{1}{n_h - 2}\left[\sum_h (y_{hi} - \bar{y}_h)^2 - b_h^2 \sum_i (x_{hi} - \bar{x}_h)^2\right]$$

을 대입한다. 결합 추정치에 있어서, 그 분산은 $b = B_c$일 때에 최소화된다. 즉 (7.16)에서 B_c의 표본 추정치로

$$b_c = \frac{\sum_h \frac{W_h^2(1-f_h)}{n_h(n_h-1)} \sum_i (y_{hi} - \bar{y}_h)(x_{hi} - \bar{x}_h)}{\sum_h \frac{W_h^2(1-f_h)}{n_h(n_h-1)} \sum_i (x_{hi} - \bar{x}_h)^2}$$

을 취한다.

연습 문제

7.1 어느 고등학교에서 총 486명이 고 3으로 진학하였을 때 수학성적을 조사한 결과 전체 평균은 $\overline{X}=52$점이었다. 이 학생들 중 10명을 SRS로 추출하여 학년 말 성적을 조사한 결과 다음 표와 같다. 학년 말 수학성적의 평균 $\overline{Y}$를 추정하여라.

	진학시 성적	학년말 성적
학생	x	y
1	39	65
2	43	78
3	21	52
4	64	82
5	57	92
6	47	89
7	28	73
8	75	98
9	34	56
10	52	75

답 $\hat{y}_i = \overline{y} + b(x_i - \overline{x})$

$\overline{y}_{lrs} = \overline{y} + b(\overline{X} - \overline{x}) = 76 + 0.766(52-46)$

$= 80.6$

7.2 변량 e_i가 $e_i = y_i - \overline{Y} + B(x - \overline{X})$이라고 정의할 때, $\sum e_i = 0$임을 증명하여라.

❖ 메모

Chapter 8

계통 표본추출

8.1 서론

모집단의 크기가 클 때 SRS로 표본을 추출하면 방대한 작업을 필요로 한다. 그러나 계통 추출을 하면 작업이 단순해 진다. 따라서, 계통 추출(systematic sampling)은 조사 모집단의 크기가 클 때 주로 사용하는데, 표본 추출 과정이 단순하다. 만약 조사모집단이 3,000,000명으로 구성되어 있고 1,500명을 표본으로 추출하기를 원한다면, 일련번호를 매기는 일이나 난수표에서 표본을 선정하는 작업이 매우 어려운 일이다. 계통 표본은 표본추출틀 또는 조사모집단 명부가 임의로 나열되어 있다고 가정하는 것이다. 표본의 선정과정은 임의로 선택된 출발점에서 시작하여 매 2,000번째마다의 표본추출단위를 선정하는 것이다. 이 때 출발점은 명부상에서 첫 번째와 2,000번째 사이의 표본추출단위 중에서 선정한다.

계통추출

표본추출 틀에서 첫 원소로부터 k번째 원소사이에서 한 원소를 랜덤추출하고 그 후에는 첫 번째 뽑힌 원소로부터 매 k번째가 되는 원소를 추출하는 방법이다.

예제 8.1 어느 지역의 총 가구 수는 5,000이다. 표본으로 100가구를 계통 표본추출로 추출하여 S신문 구독율을 추정하려고 한다. $N=5,000$, $n=100$이므로 추출 간격 $k=\dfrac{N}{n}=50$이다. $k=50$ 보다 작거나 같은 수 $r(1 \le r \le 50)$을 난수표에서 구하여, 만일 $r=15$라고 하면, 다음 번호에 해당되는 가구가 표본으로 추출된다.

즉 15, 65, 115, 165, ⋯, 4915, 4965이다.

×계통표본

15	65	115	165			4915	4965
×	×	×	×			×	×

$k=50$ $2k$ $3k$

〈그림 8.1〉 계통표본추출

계통추출은 모집단의 크기가 $N=kn$일 때 모집단을 k개의 군(group)으로 나눈 후 그 중 한 군을 SRS로 추출하는 것과 같다. 즉, 각 군의 크기는 n이고, 모두 k개의 군이 있다고 할 수 있다.

계통추출이 SRS보다 다음과 같은 장점이 있다.

① 표본을 추출하기가 쉽고, 실수 없이 표본을 추출할 수 있다.

② SRS보다 더 정밀도가 높을 수가 있다. 그리고 계통표본이 모집단 전체에 더 골고루 퍼져 있게 된다.

✿ Lahiri(1952) 순환계통추출

모집단의 N개 원소들을 원형으로 나열한다. 그리고 $\frac{N}{n}$에 가까운 정수 k를 취한다. 1부터 N 사이에서 하나의 난수를 추출하여, 그에 대응하는 원소로부터 매 k번째 원소를 n개의 원소가 추출될 때까지 원 둘레를 돌면서 추출한다.

예제 8.2 $N=23$, $n=5$라고 하면, $\frac{N}{n}=\frac{23}{5}=4.6$에 가까운 정수는 $k=5$이다. 난수 19가 추출되었다면, 우리는 19, 1, 6, 11, 16을 뽑는다.

8.2 계통표본의 평균

계통표본의 평균을 $\overline{y}_{sy}$로 표시한다. y_{ij}는 i번째 계통표본의 j번째 원소를 나타낸다고 하자. $j=1,\ 2,\ \cdots,\ n,\quad i=1,\ 2,\ \cdots,\ k$이다. i번째 표본의 평균을 $\overline{y}_{i.}$로 나타낸다. 그러면 i번째 계통표본은 $y_{i1},\ y_{i2},\ \cdots,\ y_{in}$이다.

〈표 8.1〉 k계통표본

	1	2	$\cdots$	i	$\cdots$	k
	y_{11}	y_{21}	$\cdots$	y_{i1}	$\cdots$	y_{k1}
	y_{12}	y_{22}	$\cdots$	y_{i2}	$\cdots$	y_{k2}
	$\vdots$					
	y_{1j}	y_{2j}	$\cdots$	y_{ij}	$\cdots$	y_{kj}
	$\vdots$					
	y_{1n}	y_{2n}	$\cdots$	y_{in}	$\cdots$	y_{kn}
평균	$\overline{y}_{1.}$	$\overline{y}_{2.}$	$\cdots$	$\overline{y}_{i.}$	$\cdots$	$\overline{y}_{k.}$

$N=nk$이므로 k개의 계통 표본이 있고, 각 계통표본의 크기는 n이고, k개의 계통 표본 중에서 하나가 추출될 확률은 $\frac{1}{k}$이다.

▌랜덤 모집단(random population)

모집단의 원소들이 랜덤순서(random order)로 배열되었을 때 모집단이 랜덤하다고 말한다.

정리 8.1 *Theorem*

랜덤 모집단에서 계통표본의 평균 $\overline{y}_{sy}$는 $\overline{Y}$의 불편추정량이다.

증명

$$E(\bar{y}_{sy}) = \frac{1}{k}\sum_{i=1}^{k}\bar{y}_{i.} = \frac{1}{k}\sum_{i=1}^{k}\frac{1}{n}\sum_{j=1}^{n}y_{ij}$$

$$= \frac{1}{nk}\sum_{i}\sum_{j}y_{ij} = \overline{Y}$$

▌모집단이 순서화되어 있다(population is ordered).

모집단내에 원소들이 어떤 scheme에 따라 크기로 순서화되어 있다면 모집단은 순서화되어 있다고 한다.

▌모집단이 주기성(periodic)**이 있다.**

모집단의 원소들이 순환적 변동을 갖고 있다면 모집단은 주기성이 있다고 한다.

일반적으로 모집단이 랜덤하게 배열되어 있을 때는 계통 추출이 문제가 없으나, 모집단이 순서화 되어 있거나 주기성이 있다면, 계통추출은 편향(biased)된 결과가 될 수도 있다.

8.3 $\bar{y}_{su}$의 분산

정리 8.2 *Theorem*

계통 표본의 평균 $\bar{y}_{sy}$의 분산은

$$V(\bar{y}_{sy}) = \frac{N-1}{N}S^2 - \frac{k(n-1)}{N}S^2{}_{wxy} \tag{8.1}$$

이다. 여기서

$$S^2{}_{wxy} = \frac{1}{k(n-1)}\sum_{i=1}^{k}\sum_{j=1}^{n}(y_{ij}-\bar{y}_{i.})^2 \tag{8.2}$$

이다.

증명 분산분석에 의하여

$$
\begin{aligned}
(N-1)S^2 &= \sum_i \sum_j (y_{ij} - \overline{Y})^2 \\
&= n\sum_i (\overline{y}_{i.} - \overline{Y})^2 + \sum_i \sum_j (y_{ij} - \overline{y}_{i.})^2
\end{aligned}
\tag{8.3}
$$

그러나 $\overline{y}_{sy}$의 분산은 정의에 의하여

$$
V(\overline{y}_{sy}) = \frac{1}{k}\sum_{i=1}^{k} (\overline{y}_{i.} - \overline{Y})^2 \tag{8.4}
$$

그러므로

$$
(N-1)S^2 = nkV(\overline{y}_{sy}) + k(n-1)S^2_{wxy} \tag{8.5}
$$

따라서 식 (8.1)이 성립한다.

보조 정리 *Theorem*

계통표본의 평균이 SRS의 평균보다 더 정밀도가 높은 것은 $S^2_{wxy} > S^2$일 때 뿐이다.

증명 $V(\overline{y}_{sy}) < V(\overline{y})$가 성립하는 것은

$$
\frac{N-1}{N}S^2 - \frac{k(n-1)}{N}S_{wxy} < \frac{N-n}{N}\frac{S^2}{n}
$$

이다. 즉,

$$
k(n-1)S^2_{wxy} > \left(N-1-\frac{N-n}{n}\right)S^2 = k(n-1)S^2
$$

계통표본 내의 급내상관계수(intra-cluster correlation coefficient) ρ_w는 다음과 같이 정의된다.

$$
\rho_w = \frac{E(y_{ij} - \overline{Y})(y_{iu} - \overline{Y})}{E(y_{ij} - \overline{Y})^2} \tag{8.6}
$$

그런데 $E(y_{ij} - \overline{Y})(y_{iu} - \overline{Y})$는 $kn(n-1)/2 = N(n-1)/2$개의 서로 다른 쌍(pair)들의 평균이므로

$$
\rho_w = \frac{2}{N(n-1)} \sum_{i=1}^{k} \sum_{j<u} (y_{ij} - \overline{Y})(y_{iu} - \overline{Y}) / \frac{(N-1)S^2}{N}
$$

$$= \frac{2}{(n-1)(N-1)S^2} \sum_{i=1}^{k} \sum_{j<u} (y_{ij} - \overline{Y})(y_{iu} - \overline{Y}) \tag{8.7}$$

이다.

정리 8.3 *Theorem*

$$V(\bar{y}_{sy}) = \frac{S^2_{wst}}{n} \frac{(N-1)}{N} [1 + (n-1)\rho_{wst}] \tag{8.8}$$

이다. 단, $S^2_{wst} = \frac{1}{n(k-1)} \sum_j \sum_i (y_{ij} - \bar{y}_{.j})^2$

증명 (정리 8.2)와 같은 방법으로 증명한다.

연습 문제

8.1 모집단은 1, 2, 3, ⋯, 11, 12이다. 즉, $\overline{Y}=6.5$, $S^2=13$이다. $N=12$, $n=4$, $k=3$으로 계통표본을 추출하고, 급내상관계수를 구하라.

답 $r=1$이면 1, 4, 7, 10

$$\rho_w=\frac{2}{4-1}\cdot(-16.5-22.5-16.5)\cdot\frac{1}{12-1}\cdot\frac{1}{13}$$
$$=-0.26$$

8.2 $E(y_{ij}-\overline{Y})(y_{ij}-\overline{Y})$는 $\dfrac{kn(n-1)}{2}$개의 서로 다른 쌍들의 평균임을 보여라.

답 i는 k개 있고, j와 k는 ${}_nC_2$개의 서로 다른 쌍이 있다.

Chapter

9 일단계 집락 추출

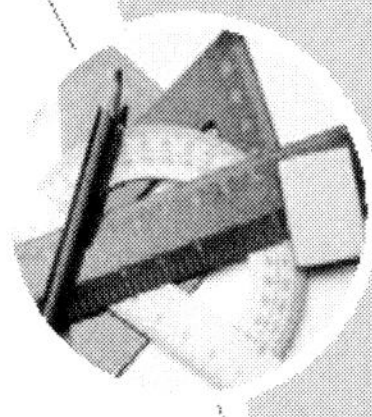

9.1 단순 집락 추출: 집락의 크기가 모두 동일할 때

9.2 모평균과 모분산의 추정

9.3 집락 추출과 SRS의 비교

9.4 단순 집락 추출: 집락의 크기가 같지 않을 때

9.5 확률 비례 추출

9.6 불균등 확률 추출

9.7 Horvitz-Thompson 추정량

9.1 단순 집락 추출: 집락의 크기가 모두 동일할 때

집락(cluster)이라 함은 원소 또는 부차단위(subunit)들의 집합을 의미한다. 가구를 집락으로 보면 가구원들은 부차단위가 된다.

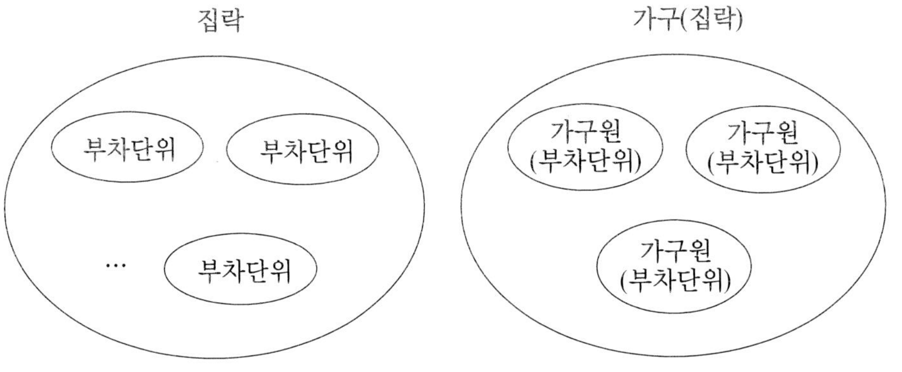

〈그림 9.1〉

통계청에서는 경제활동 인구조사나 가계조사를 위하여 전국의 가구를 약 60가구씩 묶어서 조사구를 만든다. 이 조사구를 ED(enumeration district)라고 부른다. 이 조사구들을 표본추출 단위로 하여 표본을 추출하여서 조사를 실시한다. 이 때에 이 조사구가 집락이 되고 각 가구는 부차단위가 된다.

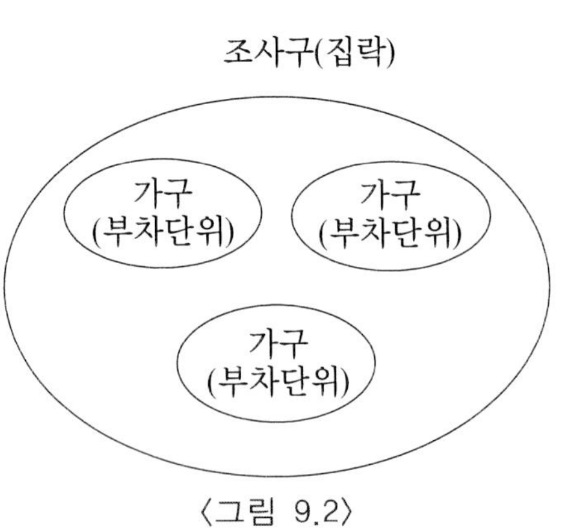

〈그림 9.2〉

집락 표본추출이 효율적인 이유는 다음과 같다.

① 부차단위를 표본추출단위로 하고자 하여도 원소들의 리스트를 작성할 수 없거나, 작성하는 데 비용이 많이 든다. 많은 나라에서 인구나 가구에 대한 완전한 최신 리스트가 없다.

② 인구나 가구에 대한 리스트가 있어도 SRS를 하여 조사를 한다면 각 가구가 전 도시에 널리 흩어져 있어 면접 비용이 많이 들고 교통비용이나 교통시간도 많이 든다.

▮ 집락 표본추출(cluster sampling)

집락 표본추출은 집락을 표본추출 단위로 하여 표본을 추출하는 방법이다.

집락 표본추출을 하는 방법에는 일단 집락 추출과 이단 집락 추출방법이 있는데 9장에서는 일단 집락 추출을 다루고 10장과 11장에서는 이단계 집락추출을 다룬다.

▮ 일단계 집락 추출(one-stage cluster sampling)

집락 표본 추출 시에 표본으로 추출된 집락 안에 있는 모든 부차단위를 조사하는 방법이다.

9.2 모평균과 모분산의 추정

이 절에서는 각 집락의 크기는 모두 M으로 동일하고 추출된 집락은 모두 조사하는 일단계 집락 추출(one-stage cluster sampling)을 다룬다. 모집단은 N개의 집락으로 이루어졌고, 표본으로 n개의 집락을 SRS로 추출한다.

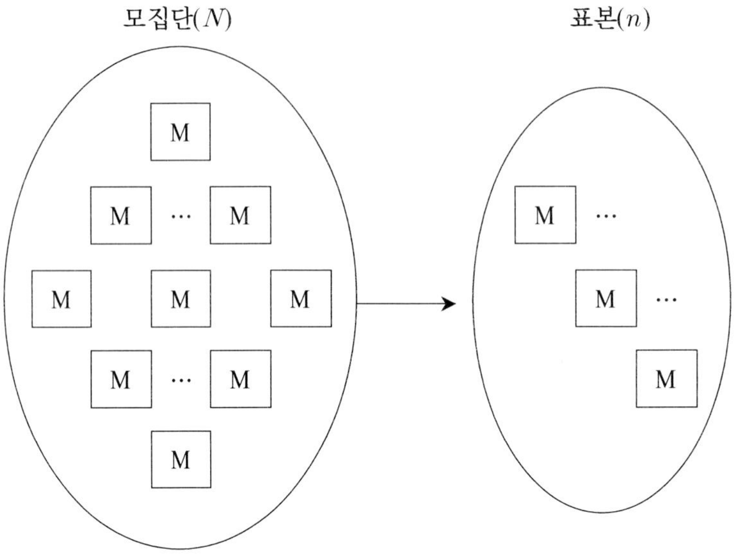

〈그림 9.3〉

다음은 이 절에서 사용되는 기호이다.

기 호

N 모집단의 집락의 총수

n SRS로 추출된 표본의 집락의 수

M 집락을 구성하는 원소의 수

y_{ij} i번째 집락의 j번째 원소의 값

$$y_i = \sum_{j=1}^{M} y_{ij}$$

$$\overline{Y} = \sum^{N} y_i / N$$

$$\overline{\overline{Y}} = \sum^{N} y_i / NM = \overline{Y}/M$$

$$\overline{y} = \frac{1}{n}\sum^{n} y_i$$

$$\overline{\overline{y}} = \frac{1}{M}\overline{y}$$

주의 9장에서는 i번째 집락의 모총합을 y_i로 나타낸다. 그러나 11장에서는 i번째 집락의 모총합을 Y_i로 나타내고, y_i는 표본총합을 나타낸다.

정리 9.1 *Theorem*

모집단이 N개의 집락으로 이루어졌고, 모집단으로부터 n개의 집락을 SRS로 추출한다. 모든 집락은 동일한 크기인 M개의 원소로 이루어졌다. 그러면 표본평균 $\bar{\bar{y}}$는 $\bar{\bar{Y}}$의 불편 추정치이다.

증명

$$E(\bar{\bar{y}}) = E\left(\frac{1}{M}\bar{y}\right) = \frac{1}{M}\bar{Y} = \bar{\bar{Y}} \tag{9.1}$$

분산 공식은 때때로 집락 안의 원소들 사이에 상관계수 ρ의 항으로 나타내진다. 이것은 이미 계통 표본추출에서 사용하였다. y_{ij}를 i번째 집락내에 j번째 원소에 대한 관찰값 y_i는 집락의 총합이라고 하자. 집락 표본추출에서, 집락에 대한 평균은 $\bar{Y} = \sum^{N} y_i / N$ 그리고 원소에 대한 평균은 $\bar{\bar{Y}} = \sum y_i / NM = \bar{Y}/M$이다.

i번째 집락의 평균은 $\bar{y}_i = \sum_{j=1}^{M} y_{ij}/M$이고, n개의 표본집락의 부차단위에 대한 평균은 $\bar{\bar{y}} = \sum_{i=1}^{n} \bar{y}_i / n$이다.

원소들 사이에 분산은 다음과 같다.

$$S^2 = \frac{\sum_i^N \sum_j^M (y_{ij} - \bar{\bar{Y}})^2}{NM - 1}$$

집락 내 상관계수(intracluster correlation coefficient) ρ는 다음과 같이 정의된다.

$$\rho = \frac{E(y_{ij} - \bar{\bar{Y}})(y_{ik} - \bar{\bar{Y}})}{E(y_{ij} - \bar{\bar{Y}})^2} = \frac{2\sum_i \sum_{j<k} (y_{ij} - \bar{\bar{Y}})(y_{ik} - \bar{\bar{Y}})}{(M-1)(NM-1)S^2} \tag{9.2}$$

왜냐하면, 분자에 있어서 i번째 집락 내의 M개 부차단위에서 2개를 선출하는 조합수는 $M(M-1)/2$이므로

$$E(y_{ij}-\overline{\overline{Y}})(y_{ik}-\overline{\overline{Y}})=\frac{1}{N}\sum_{i}^{N}\frac{2}{M(M-1)}\sum_{j<k}^{M}(y_{ij}-\overline{\overline{Y}})(y_{ik}-\overline{\overline{Y}})$$

$$E(y_{ij}-\overline{\overline{Y}})^2=S^2(NM-1)/NM=\frac{\sum^{N}\sum^{M}(y_{ij}-\overline{\overline{Y}})^2}{NM}$$

$$S^2(NM-1)=\sum(y_{ij}-\overline{\overline{Y}})^2$$

이다.

정리 9.2 *Theorem*

N개의 집락으로 된 모집단으로부터 단순랜덤표본으로 n개의 집락을 추출한다. 각 집락은 M개의 원소를 포함하고 있다. 그러면 원소에 대한 표본평균 $\overline{\overline{y}}$는 $\overline{\overline{Y}}$의 불편추정치이다. 또한 분산은

$$V(\overline{\overline{y}})=\frac{1-f}{n}\cdot\frac{NM-1}{M^2(N-1)}S^2[1+(M-1)\rho]$$

$$\doteq\frac{1-f}{nM}\cdot S^2[1+(M-1)\rho]$$

이다.

증명 $y_i=M\overline{y}_i$라고 하자. 즉, y_i는 i번째 집락에 대한 총합이고, $\overline{y}=\sum^{n}y_i/n$이다. $\overline{y}$는 $\overline{Y}$의 불편추정치이고, 분산은

$$V(\overline{y})=\frac{(1-f)}{n}\cdot\frac{\sum(y_i-\overline{Y})^2}{N-1}$$

이다. $\overline{y}=M\overline{\overline{y}}$ 그리고 $\overline{Y}=M\overline{\overline{Y}}$이므로, $\overline{\overline{y}}$는 $\overline{\overline{Y}}$의 불편추정치이고,

$$V(\overline{\overline{y}})=V(\overline{y}/M)=\frac{1}{M^2}\frac{1-f}{n}\frac{\sum(y_i-\overline{Y})^2}{N-1}\tag{9.3}$$

이다. 그러나

$$(y_i-\overline{Y})=(y_{i1}-\overline{\overline{Y}})+(y_{i2}-\overline{\overline{Y}})+\cdots+(y_{iM}-\overline{\overline{Y}})$$

$$=\sum_{j=1}^{M}(y_{ij}-\overline{\overline{Y}})$$

따라서

$$\sum_i^N (y_i - \overline{Y})^2 = \sum^N \left[\sum^M (y_{ij} - \overline{\overline{Y}}) \right]^2$$

$$= \sum_i^N \sum_j^M (y_{ij} - \overline{\overline{Y}})^2 + 2\sum_i^N \sum_{j<k}^M (y_{ij} - \overline{\overline{Y}})(y_{ik} - \overline{\overline{Y}})$$

$$= (NM-1)S^2 + (M-1)(NM-1)\rho S^2$$

$$= (NM-1)S^2[1+(M-1)\rho] \tag{9.4}$$

이다. 이것을 (9.3)에 대치시키면

$$V(\overline{\overline{y}}) = \frac{1-f}{n} \cdot \frac{NM-1}{M^2(N-1)} S^2[1+(M-1)\rho]$$

만일 nM원소들이 단순랜덤표본으로 추출된다면, 다음과 같다.

$$V(\overline{\overline{y}}) = \frac{1-f}{n} \cdot \frac{NM-1}{M^2(N-1)} S^2$$

인자(factor) $1+(M-1)\rho$는 집락을 사용하므로 분산이 얼마나 변하는지를 나타낸다. 이 인자는 크기 M인 집락에 대한 Kish's design effect이다. 만일 $\rho > 0$이면, 집락의 정도가 낮다(less precise).

ρ에 대한 다른 표현이 가능하다. S_b^2을 집락 총계들(cluster totals) 사이에 분산이라고 하자. 그러면

$$S_b^2 = \sum(\overline{y}_i - \overline{\overline{Y}})^2/(N-1) = \sum(y_i - \overline{Y})^2/M^2(N-1)$$

따라서

$$\sum(y_i - \overline{Y})^2 = (N-1)M^2 S_b^2$$

이므로, 식 (9.4)로부터

$$(N-1)M^2 S_b^2 = (NM-1)S^2[1+(M-1)\rho$$

따라서, $1/N$을 무시할 수 있을 때에 아래와 같다.

$$\rho = \frac{(N-1)M^2 S_b^2 - (NM-1)S^2}{(NM-1)(M-1)S^2} = \frac{S_b^2 - S^2}{(M-1)S^2} \tag{9.5}$$

예제 9.1 집락내에 평균 제곱 값은

$$S_w^2 = \sum_i^N \sum_j^M (y_{ij} - \bar{y}_i)^2 / N(M-1) \tag{9.6}$$

이다. $S_w^2 = S^2(1-\rho)$임을 보여라.

증명 분산분석에 의하여

$$\begin{aligned}(NM-1)S^2 &= \frac{\sum_i^N (y_i - \overline{Y})^2}{M} + \sum_i \sum_j (y_{ij} - \overline{\overline{Y}})^2 \\ &= \sum\sum (y_{ij} - \bar{y}_i)^2 + \sum\sum (\bar{y}_i - \overline{\overline{Y}})^2 \\ &= \frac{(NM-1)}{M} S^2[1+(M-1)\rho] + N(M-1)S_w^2\end{aligned}$$

따라서

$$S_w^2 = \frac{NM-1}{NM} S^2(1-\rho) \doteq S^2(1-\rho) \tag{9.7}$$

보조 정리 *Theorem*

표본평균 $\overline{\overline{y}}$의 분산, $V(\overline{\overline{y}})$의 불편 추정치는 다음과 같다.

$$v(\overline{\overline{y}}) = \frac{1-f}{nM^2} \frac{\sum (y_i - \bar{y})^2}{n-1} \tag{9.8}$$

9.3 집락 추출과 SRS의 비교

각 집락의 크기가 M으로 모두 같을 때에 표본 평균 $\overline{\overline{y}}$는

$$\overline{\overline{y}} = \frac{1}{M}\left[\frac{1}{n}\sum_{i=1}^{n} y_i\right] = \frac{1}{Mn}\sum_{i=1}^{n}\sum_{j=1}^{M} y_{ij} \tag{9.9}$$

이다. 그리고 $\bar{\bar{y}}=\frac{1}{M}\bar{y}$, $V(\bar{\bar{y}})=\frac{1}{M^2}V(\bar{y})$이라고 표시하면

$$\begin{aligned} v(\bar{\bar{y}}) &= \frac{1-f}{nM^2}\left(\frac{1}{n-1}\right)\sum(y_i-\bar{y})^2 \\ &= \frac{1-f}{n(n-1)}\sum(\bar{y}_i-\bar{\bar{y}})^2 \end{aligned} \tag{9.10}$$

이다. 그런데 분산분석에 의하여

$$\begin{aligned} \sum_i\sum_j(y_{ij}-\bar{\bar{y}})^2 &= \sum_i\sum_j(y_{ij}-\bar{y}_i)^2+\sum_i\sum_j(\bar{y}_i-\bar{\bar{y}})^2 \\ &= \sum\sum(y_{ij}-\bar{y}_i)^2+M\sum(\bar{y}_i-\bar{\bar{y}})^2 \end{aligned} \tag{9.11}$$

즉

$$\text{SST(total sum of squares)} = \sum\sum(y_{ij}-\bar{\bar{y}})^2$$

$$\text{SSW(within-cluster sum of squares)} = \sum\sum(y_{ij}-\bar{y}_i)^2$$

$$\text{SSB(between-cluster sum of squares)} = \sum\sum(\bar{y}_i-\bar{\bar{y}})^2 = M\sum_i(\bar{y}_i-\bar{\bar{y}})^2$$

따라서

$$\text{SST}=\text{SSW}+\text{SSB}$$

이다. 그리고 MSB(between-cluster mean square)는

$$MSB=\frac{SSB}{n-1}=\frac{M}{n-1}\sum(\bar{y}_i-\bar{\bar{y}})^2 \tag{9.12}$$

이다.

급내상관계수는 각 집락 내에서 원소들의 상관계수를 나타내는 척도이다. 분산분석표를 이용하면 급내상관계수는

$$\rho=1-\frac{M}{M-1}\frac{SSW}{SST}$$

로 표현된다.

예제 9.2

$$v(\bar{\bar{y}}) = \frac{1-f}{nM} MSB \tag{9.13}$$

임을 보여라.

풀이

$$v(\bar{\bar{y}}) = \frac{1-f}{nM^2} \frac{\sum(y_i - \bar{y})^2}{n-1} = \frac{1-f}{n(n-1)} \sum(\bar{y}_i - \bar{\bar{y}})^2$$
$$= \frac{(1-f)}{nM} MSB$$

예제 9.3 각 집락의 크기가 모두 M일 때, n개의 집락을 일단 집락추출로 표본을 추출하였으므로, 모두 nM개의 원소를 추출한 셈이다. 그런데 만일 SRS로 nM개의 원소를 추출했을 때 표본 평균을 $\bar{y}_{ran}$이라 하고 분산을 $v(\bar{y}_{ran})$이라 하면

$$v(\bar{y}_{ran}) = \left(\frac{NM - nM}{NM}\right) \frac{\hat{S}^2}{nM} = \left(\frac{N-n}{N}\right) \frac{\hat{S}^2}{nM} \tag{9.14}$$

이다. 따라서 $\bar{y}_{ran}$에 대한 $\bar{\bar{y}}$의 상대효율(relative efficiency)은

$$RE(\bar{\bar{y}}/\bar{y}_{ran}) = \frac{\hat{S}^2}{MSB} \tag{9.15}$$

이다. 여기서 주의할 점은 우리가 SRS를 하지 않고, 집락표본추출을 했으므로 S^2을 구할 수 없고, 집락 추출의 결과로 다음과 같이 근사치를 구한다.

$$\hat{S}^2 = \frac{N(M-1)MSW + (N-1)MSB}{NM-1} \tag{9.16}$$

9.4 단순 집락 추출 : 집락의 크기가 같지 않을 때

이 절에서는 집락의 크기가 같지 않은 경우를 생각한다. 가령 가구를 집락으로 볼 경우에 가구원 수는 모두 같지는 않을 것이다.

▮ 기호

$M_i = i$ 번째 집락의 원소의 개수

$M_0 = \sum_{i=1}^{N} M_i$ = 모집단의 총 원소의 개수

$y_i = \sum_{j=1}^{M_i} y_{ij}$

$\overline{y}_i = y_i / M_i$

$\overline{Y} = Y/N$ = 집락 단위 당 모평균

모총계 Y의 추정에 대한 추정방법은 다음과 같다.

		추정량
집락의 단순랜덤표본	불편추정치	$\hat{Y} = \frac{N}{n}\sum_{i=1}^{n} y_i$
	비추정치 (크기에 따른)	$\hat{Y}_R = M_0 \frac{\sum_{i=1}^{n} y_i}{\sum_{i=1}^{n} M_i}$
PPS (with replacement)		$\hat{Y}_{ppz} = \frac{1}{n}\sum_{i=1}^{n}\frac{y_i}{z_i}, \quad z_i = \frac{M_i}{\sum M_i}$

(1) 모총계 Y의 불편추정

모집단으로부터 n개의 단위를 SRS로 추출하였을 때, Y의 불편추정치는

$$\hat{Y} = \frac{N}{n}\sum_{i=1}^{n} y_i \tag{9.17}$$

이다. (정리 2-2)에 의하여

$$V(\hat{Y}) = V(\frac{N}{n}\sum^{n} y_i) \tag{9.18}$$
$$= V(N\bar{y}) = N^2 V(\bar{y})$$
$$= \frac{N^2(1-f)}{n} \frac{\sum_{i=1}^{N}(y_i - \overline{Y})^2}{N-1}$$

이다. 여기서, $\overline{Y} = Y/N$으로 집락 단위 당 평균이다.

(2) 모총계 Y의 비추정(크기에 따른)

만일 M_i를 모두 알고 있다면, M_i를 보조변수로 보면 비추정치는

$$\hat{Y}_R = M_0 \frac{\sum^{n} y_i}{\sum^{n} M_i} \tag{9.19}$$

이다. (정리 6-1)에 의하여, n이 충분히 크면

$$V(\hat{Y}_R) = N^2 \frac{(1-f)}{n} \frac{\sum^{N}(y_i - M_i \overline{\overline{Y}})^2}{N-1}$$
$$= N^2 \frac{(1-f)}{n} \frac{\sum^{N} M_i^2(\bar{y}_i - \overline{\overline{Y}})^2}{N-1} \tag{9.20}$$

이다.

9.5 확률 비례 추출(probability proportional to size)

확률 비례 추출(probability proportional to size, PPS)을 간단히 PPS 추출이라고 한다. PPS 추출은 각 집락의 크기 M_i를 알고 있을 때 각 집락을 그 집락의 크기 M_i에 비

례하는 확률, 가령 $M_i/\sum M_i$의 확률로 추출하는 방법이다. 이 방법은 Hansen과 Hurwitz (1943)에 의하여 발전되었다.

PPS 추출

PPS 추출은 i번째 집락이 추출될 확률을 그 집락의 크기 M_i에 비례하는 확률로 추출하는 방법이다.

예제 9.4 다음 표는 어느 대학교의 교양과목을 수강한 크라스 별 학생수이다.

크라스(집락)	M_i(학생 수)	$\sum M_i$	추출범위
1	31	31	1~31
2	25	56	32~56
3	15	71	57~71
4	22	93	72~93
5	25	118	94~118
6	30	148	119~148
7	21	169	149~169

한 개의 집락을 추출하기 위하여 난수표를 사용하여 1과 $\sum M_i = 169$ 사이에서 하나의 난수를 추출한다. 가령 38이 추출되었다고 가정하자. 38은 추출범위 32~56, 즉 단위 2에 속한다. 이 방법으로 각 집락을 그 크기에 비례한 확률로 추출되도록 한다. 만일 N개에서 n개를 표본추출 할 경우에는 위와 같은 방법으로 n회 반복 복원 추출한다.

9.6 불균등 확률 추출(unequal probability sampling)

모집단의 단위(집락)들이 크기가 서로 같지 않고, 다를 때에는 단위들을 등확률(equal probability)로 추출하는 것보다는 불균등 확률(unequal probability)로 추출하는 것이 더 효율적이다. 즉 모집단의 다른 단위들이 표본으로 포함될 확률을 다르게 하는 것이다. 불균등 확률로 표본을 추출하는 대표적 예는 PPS 방법이다. 즉 크기가 큰 단위가 표본으로 포함될 확률을 더 크게 할당한다.

✿ Hansen-Hurwitz 추정량

N개의 단위(집락)로 이루어진 모집단에서 n개의 단위를 표본으로 복원추출하고자 할 때, 모집단의 i번째 단위가 추출될 확률을 p_i, $i=1, 2, \cdots, N$이라 하자. i번째 집락의 관찰치들의 총합, y_i는 $y_i = \sum_{j=1}^{M_i} y_{ij}$이다. 그러면 모총계 Y의 불편추정량은

$$\hat{Y} = \frac{1}{n}\sum_{i=1}^{n}\frac{y_i}{p_i} \qquad (9.21)$$

이다. 이 추정량을 Hansen-Hurwitz 추정량이라고 부른다.

정리 9.3 *Theorem*

N개의 단위로 이루어진 모집단에서 표본으로 n개의 단위를 추출한다. i번째 단위가 표본으로 추출될 확률을 p_i로 복원 추출하면

$$\hat{Y} = \frac{1}{n}\sum_{i=1}^{n}\frac{y_i}{p_i} \qquad (9.22)$$

는 Y의 불편추정치이다.

증명

$$E(\hat{Y}) = \frac{1}{n}\sum_{i=1}^{N}(np_i)\frac{y_i}{p_i} = \sum_{i=1}^{N} y_i = Y$$

정리 9.4 *Theorem*

$\hat{Y}$의 분산은 다음과 같다.

$$V(\hat{Y}) = \frac{1}{n}\sum_{i=1}^{N} p_i\left(\frac{y_i}{p_i} - Y\right)^2 \tag{9.23}$$

증명

$$\hat{Y} = \frac{1}{n}\sum_{i=1}^{n}\frac{y_i}{p_i}$$

$$V(\hat{Y}) = \frac{1}{n}\left(\sum\frac{y_i^2}{p_i} - Y^2\right) = \frac{1}{n}\sum p_i\left(\frac{y_i}{p_i} - Y\right)^2$$

분산 $V(\hat{Y})$의 불편추정량은 다음과 같다.

$$v(\hat{Y}) = \frac{1}{n(n-1)}\sum_{i=1}^{n}\left(\frac{y_i}{p_i} - \hat{Y}\right)^2 \tag{9.24}$$

예제 9.5 아래의 표는 100여명의 주민이 사는 마을의 우유소비량을 추정하기 위하여 3가구를 복원으로 추출한 결과 다음과 같았다.

가구(집락)	y_i(소비량)	가구원 수	p_i
1	50	5	0.05
2	30	3	0.03
3	14	2	0.02

모총계 Y의 불편추정량은 식 (9.22)에서

$$\hat{Y} = \frac{1}{3}\left(\frac{50}{0.05} + \frac{30}{0.03} + \frac{14}{0.02}\right) = 900$$

$$= \frac{1}{n}\sum^{n}\frac{y_i}{p_i}$$

이다. 분산은 식 (9.24)에서

$$v(\hat{Y}) = \frac{1}{n(n-1)}\sum\left(\frac{y_i}{p_i} - \hat{Y}\right)^2$$
$$= \frac{1}{3(2)}[(1000-900)^2 + (1000-900)^2 + (700-900)^2] = 10000$$

이다. 만일 PPS로 표본을 추출하면, 즉, $p_i = M_i / \sum M_i$라고 하면 다음(정리 9-4)가 성립한다.

정리 9.5 *Theorem*

만일 PPS로 n개의 단위를 표본으로 복원 추출하면 (즉, $p_i = M_i / \sum M_i$)

$$\hat{Y} = \frac{\sum M_i}{n}\sum_{i=1}^{n}\left(\frac{y_i}{M_i}\right)$$
$$= \frac{\sum M_i}{n}\sum_{i=1}^{n}\bar{y}_i \qquad (9.25)$$

이다. 그리고 분산은

$$V(\hat{Y}) = \frac{\sum M_i}{n}\sum_{i=1}^{N} M_i(\bar{y}_i - \bar{\bar{Y}})^2 \qquad (9.26)$$

이다. 여기서 $\bar{y}_i = y_i / M_i$ 그리고 $\bar{\bar{Y}} = \sum\sum y_{ij} / \sum M_i$이다.

그러면, 분산 $V(\hat{Y})$의 불편추정치는 다음과 같다.

$$v(\hat{Y}) = (\sum M_i)^2 \sum(\bar{y}_i - \bar{\bar{y}})^2 / n(n-1) \qquad (9.27)$$

9.7 Horvitz-Thompson 추정량

임의의 표본 설계에 의하여 n개의 단위들이 복원 또는 비복원으로 추출되었다 하자.

$\pi_i = i$번째 단위가 표본에 포함되는 포함확률(inclusion probability)

π_{ij} = i번째 단위와 j번째 단위가 다같이 표본에 포함되는 확률이라고 하자.

Horvitz-Thompson 추정량

모총계 Y의 불편추정량으로 Horvitz-Thompson 추정량은

$$\hat{Y}_{HT} = \sum_{i=1}^{n} \frac{y_i}{\pi_i} \tag{9.28}$$

이다. y_i는 i번째 단위에 대한 측정치이다.

그런데 Horvitz-Thompson 추정량 $\hat{Y}$의 분산을 쉽게 구하기 위하여 지시변수(indicator variable) I_i를 다음과 같이 정의한다. 즉, I_i는 모집단의 i번째 단위가 표본으로 포함되면 1, 그렇지 않으면 0이라고 하자. 그러면 I_i는 Bernoulli 확률변수로

$$E(I_i) = P(I_i = 1) = P(i \in S) = \pi_i \tag{9.29}$$

그리고

$$V(I_i) = \pi_i(1 - \pi_i) \tag{9.30}$$

이다. 그러면, Horvitz-Thompson 추정량은

$$\hat{Y}_{HT} = \sum_{i=1}^{N} \frac{y_i I_i}{\pi_i} \tag{9.31}$$

으로 나타낼 수 있는데, 여기서 I_i를 확률변수로 보고, y_i와 π_i는 상수로 볼 수 있다. 따라서 다음 정리를 증명할 수 있다.

주의 Horvitz-Thompson 추정량은 어떤 방법으로 추출되었던지 관계없이 포함 확률만으로 계산되는 추정량이다.

정리 9.6 *Theorem*

임의의 표본 설계로 n개의 단위들을 비복원(또는 복원)추출을 할 때에 Horvitz-Thompson 추정량

$$\hat{Y}_{HT} = \sum_{i=1}^{n} \frac{y_i}{\pi_i} \tag{9.32}$$

는 모총계 Y의 불편추정량이다.

증명 $$E(\hat{Y}_{HT})=E\left(\sum_{i=1}^{N}\frac{I_i y_i}{\pi_i}\right)=\sum y_i=Y$$

예제 9.6 모집단 $U=\{y_1,\ y_2,\ y_3\}$에서 다음과 같이 표본을 추출한다.

$$P(s)=\begin{cases}1/3 & \text{if} \quad s=\{y_1,\ y_2\}\\ 1/3 & \text{if} \quad s=\{y_1,\ y_3\}\\ 1/3 & \text{if} \quad s=\{y_2,\ y_3\}\end{cases}$$

이 경우 $\pi_1=\pi_2=\pi_3=1/3+1/3=2/3$이다.

따라서 모집단 총계 Y에 대한 HT추정량은

$$\hat{Y}_{HT}=\begin{cases}y_1/(2/3)+y_2/(2/3) & \text{if} \quad s=\{y_1,\ y_2\}\\ y_1(2/3)+y_3/(2/3) & \text{if} \quad s=\{y_1,\ y_3\}\\ y_2/(2/3)+y_3/(2/3) & \text{if} \quad s=\{y_2,\ y_3\}\end{cases}$$

따라서

$$E(\hat{Y})=y_1,+y_2+y_3=Y$$

정리 9.7 *Theorem*

Horvitz-Thompson 추정량

$$\hat{Y}_{HT}=\sum_{i=1}^{n}\frac{y_i}{\pi_i}$$

의 분산은 다음과 같아.

$$V(\hat{Y}_{HT})=\sum_{i=1}^{N}\frac{(1-\pi_i)}{\pi_i}y_i^2+2\sum_{i=1}^{N}\sum_{j>i}^{N}\frac{(\pi_{ij}-\pi_i\pi_j)}{\pi_i\pi_j}y_iy_j \tag{9.33}$$

증명 $$V(\hat{Y}_{HT})=V\left(\sum_{i=1}^{N}\frac{y_iI_i}{\pi_i}\right)\ (y_i\text{와 } \pi_i\text{는 상수, } I_i\text{는 변수})$$

$$=\sum\left(\frac{y_i}{\pi_i}\right)^2V(I_i)+2\sum\sum\frac{y_i}{\pi_i}\frac{y_i}{\pi_i}cov(I_i,\ I_j)$$

그런데

$$cov(I_i,\ I_j)=E(I_iI_j)-E(I_i)E(I_j)$$
$$=\pi_{ij}-\pi_i\pi_j$$

이므로

$$V(\hat{Y}_{HT}) = \sum_{i=1}^{N} \frac{(1-\pi_i)}{\pi_i} y_i^2 + 2\sum\sum \frac{(\pi_{ij} - \pi_i\pi_j)}{\pi_i\pi_j} y_i y_j$$

이다.

예제 9.6 Yates와 Grundy(1953)의 예

pps wor (without replacement) $N=4$, $n=2$, $p_i = \frac{M_i}{M}$는 다음과 같다고 하자.

단위	U_i	1	2	3	4
상대크기	p_i	0.1	0.2	0.3	0.4

U_1이 제1회에 뽑히고, U_2가 제2회에 뽑히는 확률을 $P(1, 2)$라 하면,

$$\begin{aligned} P(1,\ 2) &= P(1)P(2|1) \\ &= p_1\left(\frac{p_2}{p_2+p_3+p_4}\right) \\ &= 0.1\left(\frac{0.2}{0.2+0.3+0.4}\right) \\ &= 0.022 \end{aligned}$$

마찬가지로

P(1, 3)=0.034　　P(1, 4)=0.044

P(2, 1)=0.025　　P(3, 1)=0.043

P(4, 1)=0.007

따라서

π_1=P(1, 2) + P(1, 3) + P(1, 4)+P(2, 1)+P(3, 1)+P(4, 1)

= 0.022+0.034+0.044+0.025+0.043+0.007

=0.235

이제, π_{ij}는 U_i와 U_j가 모두 표본에 포함되는 확률이라고 하자. 그러면 <표 9.1>에서 다음 관계가 성립함을 알 수 있다.

$$\sum_{i}^{N}\pi_i = n, \quad \sum_{i \neq j}^{N}\pi_{ij} = (n-1)\pi_i, \quad \sum_{i}^{N}\sum_{i \neq j}^{N}\pi_{ij} = \frac{1}{2}n(n-1) \tag{9.34}$$

$$\pi_{12} + \pi_{13} + \pi_{14} = (n-1)\pi_1$$

〈표 9.1〉 비복원 추출 확률($N=4,\ n=2$)

표본	$U_i,\ U_j$	*pps wor*	단위			
			1	2	3	4
1	1, 2	(0.1)(0.2/0.9)=0.022	0.022	0.022		
2	1, 3	(0.1)(0.3/0.9)=0.034	0.034		0.034	
3	1, 4	(0.1)(0.4/0.9)=0.044	0.044			0.044
4	2, 1	(0.2)(0.1/0.8)=0.025	0.025	0.025		
5	2, 3	(0.2)(0.3/0.8)=0.075		0.075	0.075	
6	2, 4	(0.2)(0.4/0.8)=0.100		0.100		0.100
7	3, 1	(0.3)(0.1/0.7)=0.043	0.043		0.043	
8	3, 2	(0.3)(0.2/0.7)=0.086		0.086	0.086	
9	3, 4	(0.3)(0.4/0.7)=0.171			0.171	0.171
10	4, 1	(0.4)(0.1/0.6)=0.067	0.067			0.067
11	4, 2	(0.4)(0.2/0.6)=0.133		0.133		0.133
12	4, 3	(0.4)(0.3/0.6)=0.200			0.200	0.200
		1.000				
		$\sum\pi_i = 2 = n \leftarrow \pi_i$	0.235	0.441	0.609	0.715

<표 9.1>에서 $\pi_1 = 0.235,\ \pi_2 = 0.441,\ \pi_3 = 0.609,\ \pi_4 = 0.715$이다.

〈표 9.2〉 비복원 추출 확률($N=4$, $n=3$)

표본	U_i, U_j, U_k	pps wor	단위			
			1	2	3	4
1	1,2,3	(0.1)(0.2/0.9)(0.3/0.7)=0.009	0.009	0.009	0.009	
2	1,2,4	(0.1)(0.2/0.9)(0.4/0.7)=0.013	0.013	0.013		0.013
3	1,3,2	(0.1)(0.3/0.9)(0.2/0.6)=0.011	0.011	0.011	0.011	
4	1,3,4	(0.1)(0.3/0.9)(0.4/0.6)=0.023	0.023		0.023	0.023
5	1,4,2	(0.1)(0.4/0.9)(0.2/0.5)=0.018	0.018	0.018		0.018
6	1,4,3	(0.1)(0.4/0.9)(0.3/0.5)=0.026	0.026		0.026	0.026
7	2,1,3	(0.2)(0.1/0.8)(0.3/0.7)=0.011	0.011	0.011	0.011	
8	2,1,4	(0.2)(0.1/0.8)(0.4/0.7)=0.014	0.014	0.014		0.014
9	2,3,1	(0.2)(0.3/0.8)(0.1/0.5)=0.015	0.015	0.015	0.015	
10	2,3,4	(0.2)(0.3/0.8)(0.4/0.5)=0.060		0.060	0.060	0.060
11	2,4,1	(0.2)(0.4/0.8)(0.1/0.4)=0.025	0.025	0.025		0.025
12	2,4,3	(0.2)(0.4/0.8)(0.3/0.4)=0.075		0.075	0.075	0.075
13	3,1,2	(0.3)(0.1/0.7)(0.2/0.6)=0.014	0.014	0.014	0.014	
14	3,1,4	(0.3)(0.1/0.7)(0.4/0.6)=0.029	0.029		0.029	0.029
15	3,2,1	(0.3)(0.2/0.7)(0.1/0.5)=0.017	0.017	0.017	0.017	
16	3,2,4	(0.3)(0.2/0.7)(0.4/0.5)=0.069		0.069	0.069	0.069
17	3,4,1	(0.3)(0.4/0.7)(0.1/0.3)=0.057	0.057		0.057	0.057
18	3,4,2	(0.3)(0.4/0.7)(0.2/0.3)=0.114		0.114	0.114	0.114
19	4,1,2	(0.4)(0.1/0.6)(0.2/0.5)=0.027	0.027	0.027		0.027
20	4,1,3	(0.4)(0.1/0.6)(0.3/0.5)=0.040	0.040		0.040	0.040
21	4,2,1	(0.4)(0.2/0.6)(0.1/0.4)=0.033	0.033	0.033		0.033
22	4,2,3	(0.4)(0.2/0.6)(0.3/0.4)=0.100		0.100	0.100	0.100
23	4,3,1	(0.4)(0.3/0.6)(0.1/0.3)=0.067	0.067		0.067	0.067
24	4,3,2	(0.4)(0.3/0.6)(0.2/0.3)=0.133		0.133	0.133	0.133
		1.000				
$\sum \pi_i = 3 = n$	←	π_i	0.449	0.758	0.870	0.923

예제 9.7 $\sum^{N}\pi_i = n$임을 표 9.1에서 유도해 보자, 즉 $N=4$, $n=2$일 때

$$P(1,\ 2)+P(1,\ 3)+\cdots+P(4,\ 3)=1$$

이고,

$$\sum^{4}\pi_i = 2\{P(1,\ 2)+P(1,\ 3)+\cdots+P(4,\ 3)\}$$

가 성립한다. 즉, U_1 단위는 U_1, U_2가 뽑힐 때와 U_2, U_1이 뽑힐 때 2회 뽑힌다.

예제 9.8 $\sum_{j\neq i}^{N}\pi_{ij} = (n-1)\pi_i$임을 보여라.

풀이 크기 n인 표본에서 i단위와 결합할 수 있는 다른 단위의 수는 $(n-1)$개 있기 때문에 i 단위를 고정시킬 때 성립한다.
$n=2$일 때 $\pi_{12}+\pi_{13}+\pi_{14}=(n-1)\pi_1$로 $i=1$일 때 1단위와 결합할 수 있는 다른 단위는 2, 3, 4이다. 따라서 1단위와 결합할 수 있는 다른 단위의 수는 $(n-1)=1$이다. 마찬가지로 $n=3$일 때는 $(n-1)=2$이다. 〈표 9.2〉를 보면 단위 (1, 2, 3)은 π_{12}와 π_{13}에 두 번 포함되므로 $(n-1)=2$이다.

예제 9.9 $\sum_{i}^{N}\sum_{j>i}\pi_{ij} = \frac{1}{2}n(n-1)$임을 보여라.

풀이 $\sum_{j\neq i}^{N}\pi_{ij} = (n-1)\pi_i$임을 이용하여 푼다.

$$2\sum_{i}^{N}\sum_{j>i}^{N}\pi_{ij} = \sum_{i}^{N}\sum_{j\neq i}^{N}\pi_{ij} = \sum_{i}^{N}(n-1)\pi_i = n(n-1)$$

또한 $\sum^{N}\pi_i = n$과 $\sum_{j\neq i}^{N}\pi_{ij} = (n-1)\pi_i$에서

$$\begin{aligned}\sum_{j\neq i}^{N}(\pi_{ij}-\pi_i\pi_j) &= \sum_{j\neq i}^{N}\pi_{ij} - \sum_{j\neq i}^{N}\pi_i\pi_j \\ &= (n-1)\pi_i - \pi_i\sum_{j\neq i}\pi_j\end{aligned}$$

$$= (n-1)\pi_i - \pi_i(n-\pi_i) = -\pi_i(1-\pi_i)$$

$$\left(\sum_{j \neq i}^{N} \pi_j + \pi_i = \sum_{j}^{N} \pi_j = n\right)$$

따라서 $1-\pi_i = -\sum_{j \neq i} \frac{(\pi_{ij}-\pi_i\pi_j)}{\pi_i}$ 이므로

$$\sum_{i}^{N} \frac{(1-\pi_i)}{\pi_i} y_i^2 = \sum_{i}^{N} \sum_{j \neq i}^{N} (\pi_i\pi_j - \pi_{ij}) \left(\frac{y_i}{\pi_i}\right)^2$$

$$= \sum_{i}^{N} \sum_{j > i}^{N} (\pi_i\pi_j - \pi_{ij}) \left[\left(\frac{y_i}{\pi_i}\right)^2 + \left(\frac{y_j}{\pi_j}\right)^2\right]$$

그러므로 (정리 9-6)의 $V(\hat{Y}_{HT})$는 다음과 같이 된다.

정리 9.8 *Theorem*

$$V(\hat{Y}_{HT}) = \sum \frac{(1-\pi_i)}{\pi_i} y_i^2 + 2\sum\sum \frac{(\pi_{ij}-\pi_i\pi_j)}{\pi_i\pi_j} y_i y_j$$

$$= \sum_{i}^{N} \sum_{j > i}^{N} (\pi_i\pi_j - \pi_{ij}) \left[\left(\frac{y_i}{\pi_i}\right)^2 + \left(\frac{y_j}{\pi_j}\right)^2 - 2\frac{y_i}{\pi_i}\frac{y_j}{\pi_j}\right]$$

$$= \sum_{i}^{N} \sum_{j > i}^{N} (\pi_i\pi_j - \pi_{ij}) \left(\frac{y_i}{\pi_i} - \frac{y_j}{\pi_j}\right)^2$$

보조 정리 *Theorem*

식 (9.33)으로부터 $V(\hat{Y}_{HT})$의 불편 표본 추정량은

$$v(\hat{Y}_{HT}) = \sum_{i}^{n} \frac{(1-\pi_i)}{\pi_i^2} y_i^2 + 2\sum_{j}^{n} \sum_{j > i}^{n} \frac{(\pi_{ij}-\pi_i\pi_j)}{\pi_i\pi_j} y_i y_j \tag{9.36}$$

이다. 또한 식 (9.35)으로부터, 이 추정량은

$$v(\hat{Y}_{HT}) = \sum_{i}^{n} \frac{(\pi_i\pi_j - \pi_{ij})}{\pi_{ij}} \left(\frac{y_i}{\pi_i} - \frac{y_j}{\pi_j}\right)^2 \tag{9.37}$$

이다.

연습 문제

9.1 고등학교를 대상으로 전산 설비가 갖추었는가를 조사하였다. i학교의 학생수를 M_i라 할 때,

$$p = \frac{\sum_{w} M_i}{\sum_{i}^{N} M_i}$$

는 전체 학생 중 설비를 갖고 있는 학교의 학생수의 비율이다. 여기서 $\sum_{w}$은 설비를 갖고 있는 학교에 대한 합이다. n개의 학교를 pps-wor로 추출하였으며, 조사 결과 n개 중 a개의 학교가 설비를 갖추었다.

(1) $\hat{p} = \frac{a}{n}$는 p의 불편추정량이 되고, 그 분산은 $\frac{p(1-p)}{n}$임을 증명하여라.

(2) $V(p)$의 불편 추정량은 $v(\hat{p}) = \frac{\hat{p}(1-\hat{p})}{(n-1)}$임을 보여라.

9.2 모집단의 크기는 $N=3$이다. 그리고 $z_i = \frac{1}{2}, \frac{1}{3}, \frac{1}{6}$이고, $y_i = 7, 5, 2$이다. 2개의 단위를 pps-wor로 추출하는데 처음 단위는 z_i에 비례하는 확률로 추출하고, 두 번째 단위는 나머지 크기에 비례하는 확률로 추출한다.

(1) $\pi_1 = \frac{51}{60}, \pi_2 = \frac{44}{60}, \pi_3 = \frac{25}{60}$ 그리고

$$\pi_{12} = \frac{35}{60}, \pi_{13} = \frac{16}{60}, \pi_{23} = \frac{9}{60}$$ 임을 보여라.

(2) 이 표본추출에서 $\hat{Y}_{HT}$의 분산을 구하라.

Chapter 10

같은 크기의 단위로부터 부차표본추출

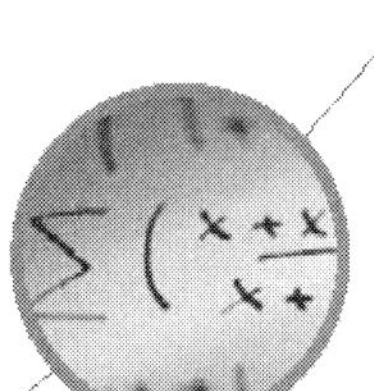

10.1 이단계 표본추출(two-stage sampling)

모집단은 N개의 단위(unit)로 이루어졌고, 각 단위(집락)은 부차단위들로 이루어졌다고 하자. 이 모집단으로부터 표본으로 n개의 단위를 추출하려고 한다. 표본추출의 경제성을 유지하면서 효율을 높이는 방법은 추출된 표본 집락(단위)내의 모든 부차단위(조사단위)를 전부 조사하는 대신 각 표본 집락 내에서 다시 부차단위들을 추출하는 방법을 생각할 수 있다. 즉, 주어진 비용으로 표본설계를 하는 경우에, 표본으로 추출된 단위(집락)내의 모든 원소를 조사하는 것은 단위 내의 원소들이 서로 유사한 경우에는 비경제적이다. 따라서 단위 내의 모든 원소들을 조사하는 것 보다 일부분을 표본으로 추출하는 방법을 생각한다. 이러한 방법을 이단계 표본추출(two-stage sampling)이라 한다. 여기서 집락을 1차 추출단위(primary sampling unit, PSU)라 하고, 부차단위를 2차 추출단위(second stage unit, SSU)라 부른다.

▌이단계 집락추출

이단계 집락추출이란 일차로 집락들을 추출하고, 이 추출된 각 집락들에서 이차로 원소들을 추출하여 확률표본을 얻는 것을 말한다.

이 장에서는 모든 단위가 같은 크기인 M개의 부차단위로 구성되었고, 각 단위로부터 m개의 부차단위를 추출하는 경우를 생각한다.

M=9 그리고 m=2인 이단계 표본추출을 <그림 10.1>에 나타내었다.

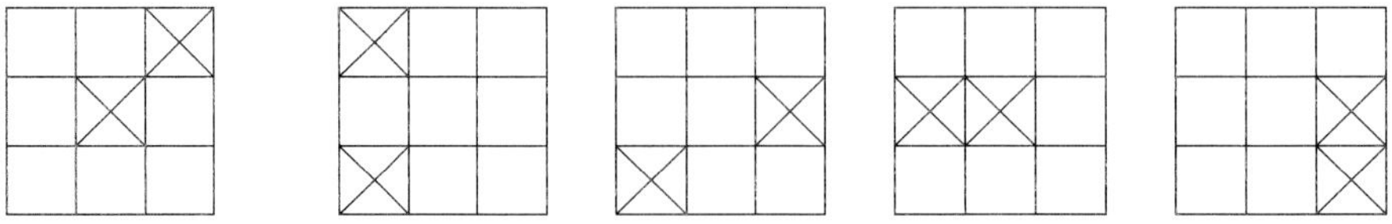

⊠ 표본의 원소를 나타낸다.

〈그림 10.1〉 이단계 표본추출 (N=81, n=5, M=9, m=2)

10.2 이단계 표본추출에서 평균과 분산

이단계 표본추출을 할 때는 먼저 N개의 1차 추출단위에서 n개를 추출하고 추출된 각 단위에서 2차 추출단위를 추출한다.

이단계추출에서 추정량의 기대값과 분산을 구하려면, 모든 가능한 표본에 관하여 고찰하여야 한다.

기대값을 구하는 방법은 조건부 기대값의 개념을 도입하면 편리하다. 추정량의 기대값은 우선 n개의 집락이 주어진 조건하에서 2차 추출단위의 기대값을 구하고, 그 다음 크기 n인 모든 표본에 대하여 기대값을 구한다.

추정량 $\hat{\theta}$의 기대값은 다음과 같다.

$$E(\hat{\theta}) = E_1(E_2(\hat{\theta})) \tag{10.1}$$

여기서 E_1은 1차 추출단위의 모든 표본에 대한 기대값이고, E_2는 n개의 표본집락이 주어졌을 때, 각 집락 내의 2차 추출단위의 모든 표본에 대한 조건부 기대값이다.

예제 10.1 이단계 표본추출에서 추정량 $\hat{\theta}$의 분산, $V(\hat{\theta})$을 구하라.

$$V(\hat{\theta}) = V_1[E_2(\hat{\theta})] + E_1[V_2(\hat{\theta})] \tag{10.2}$$

증명 여기서 $V_2(\hat{\theta})$는 1차 추출단위가 주어진 조건하에서 모든 가능한 부차표본에 대한 조건부 분산이다. 그러면

$$V(\hat{\theta}) = E(\hat{\theta}-\theta)^2 = E_1E_2(\hat{\theta}-\theta)^2$$

그런데

$$\begin{aligned} E_2(\hat{\theta}-\theta)^2 &= E_2(\hat{\theta}^2) - 2\theta E_2(\hat{\theta}) + \theta^2 \\ &= [E_2(\hat{\theta})]^2 + V_2(\hat{\theta}) - 2\theta E_2(\hat{\theta}) + \theta^2 \end{aligned}$$

여기서, $V_2(\hat{\theta}) = E_2(\hat{\theta}^2) - [E_2(\hat{\theta})]^2$을 이용한다.

$E_1E_2(\hat{\theta}) = \theta$이므로

$$V(\hat{\theta}) = E_1[E_2(\hat{\theta})]^2 + E_1[V_2(\hat{\theta})] - \theta^2$$

또한,

$$V_1[E_2(\hat{\theta})] = E_1[E_2(\hat{\theta})]^2 - \theta^2$$

이므로

$$V(\hat{\theta}) = V_1[E_2(\hat{\theta})] + E_1[V_2(\hat{\theta})]$$

10.3 이단계 표본추출에서의 평균의 분산

이단계 집락추출은 이단계로 이루어진다. 모집단(N개의 단위)에서 첫 단계로 n개의 집락을 추출하고, 두 번째 단계로 추출된 각 단위에 대하여 그 단위로부터 m개의 부차단위를 추출한다.

다음과 같이 기호를 정의한다.

y_{ij} = i번째 1차 단위 내 j번째 부차추출단위의 값

$\bar{y}_i = \sum_{j=1}^{m} \frac{y_{ij}}{m}$ (i번째 1차단위 내 부차단위 당 표본평균)

$\bar{\bar{y}} = \sum^{n} \frac{\bar{y}_i}{n}$ (전체 표본 내 부차단위당 표본평균)

$\bar{Y}_i = \sum_{j=1}^{M} \frac{y_{ij}}{M}$

$\bar{\bar{Y}} = \sum_{i=1}^{N} \frac{\bar{Y}_i}{N}$

$S_1^2 = \sum^{N} (\bar{Y}_i - \bar{\bar{Y}})^2 / (N-1)$ (일차 단위 평균들간의 분산)

$S_2^2 = \frac{\sum_{i=1}^{N} \sum_{j=1}^{M} (y_{ij} - \bar{Y}_i)^2}{N(M-1)} = \sum_{i=1}^{N} S_{2i}^2 / N$ (일차 단위 내 부차 단위간 분산)

M = 일차단위(집락)를 구성하는 이차단위의 수

m = 일차단위로부터 표본으로 추출된 이차단위의 수

정리 10.1 *Theorem*

N개 단위(집락)에서 n개를 단순랜덤추출하고, 추출된 각 단위에서 단순랜덤 추출에 의하여 m개의 부차단위를 추출한다면 $\bar{\bar{y}}$는 $\bar{\bar{Y}}$의 불편추정치이다. 그리고 $\bar{\bar{y}}$의 분산은

$$V(\bar{\bar{y}}) = \frac{N-n}{N}\frac{S_1^2}{n} + \frac{M-m}{M}\frac{S_2^2}{mn} \tag{10.3}$$

이다. 각 단위(집락)의 크기는 M이다.

증명 두 단계 모두에서 단순랜덤추출을 하므로

$$E(\bar{\bar{y}}) = E_1[E_2(\bar{\bar{y}})] = E_1[E_2(\sum^n \frac{\bar{y}_i}{n})]$$

$$= E_1\left(\frac{1}{n}\sum_{i=1}^n \bar{Y}_i\right) = \left(\frac{1}{N}\sum^N \bar{Y}_i\right) = \bar{\bar{Y}}$$

공식 (10.2)에 의하여

$$V(\bar{\bar{y}}) = V_1[E_2(\bar{\bar{y}})] + E_1[V_2(\bar{\bar{y}})]$$

$E_2(\bar{\bar{y}}) = E_2\left(\sum^n \frac{\bar{y}_i}{n}\right) = \frac{1}{n}\sum^n \bar{Y}_i$이므로, $V_1[E_2(\bar{\bar{y}})]$는 크기 n인 1단계 단순랜덤추출의 분산과 같다. 즉

$$V_1[E_2(\bar{\bar{y}})] = V_1\left(\frac{1}{n}\sum_{i=1}^n \bar{Y}_i\right) = \frac{N-n}{N}\frac{S_1^2}{n} \tag{10.4}$$

또한

$$V_2(\bar{\bar{y}}) = V_2\left(\frac{\sum^n \bar{y}_i}{n}\right) = \frac{1}{n^2}\sum^n V_2(\bar{y}_i)$$

$$= \frac{1}{n^2}\sum V_2\left(\sum_j^m \frac{y_{ij}}{m}\right) = \frac{1}{n^2}\sum^n \frac{M-m}{M}\frac{S_{2i}^2}{m}$$

여기서 $S_{2i}^2 = \sum_{j=1}^M (y_{ij} - \bar{Y}_i)^2/(M-1)$이다. 이를 1단계 추출에 관하여 기대값을 취하면, 즉, 일단 표본추출에 대하여 평균을 하면, $\sum_{i=1}^n S_{2i}^2/n$은 평균 $S_2^2 = \sum_{i=1}^N S_{2i}^2/N$

이 된다. 즉, $E\left(\sum^{n}\frac{S_{2i}^2}{n}\right)=\sum^{N}\frac{S_{2i}^2}{N}=S_2^2$ 따라서, $E(\sum^{n}S_{2i}^2)=nS_2^2$이다.
그러므로

$$E_1(V_2(\overline{\overline{y}}))=\left(\frac{M-m}{M}\right)\frac{S_2^2}{mn} \tag{10.5}$$

이다. 따라서 식 (10.4)과 식 (10.5)로부터 정리가 성립한다.

보조 정리 *Theorem*

만일 $f_1=n/N$, $f_2=m/M$이면 다음과 같다.

$$V(\overline{\overline{y}})=V_1[E_2(\overline{\overline{y}})]+E_1[V_2(\overline{\overline{y}})]$$
$$=\frac{1-f_1}{n}S_1^2+\frac{1-f_2}{mn}S_2^2$$

10.4 분산의 표본 추정

정리 10.2 *Theorem*

모집단(N개의 단위)에서 n개를 단순랜덤 추출하고, 추출된 각 단위(크기는 M)에서 m개의 부차단위를 단순랜덤 추출한다면, $V(\overline{\overline{y}})$의 불편 추정치는

$$v(\overline{\overline{y}})=\frac{1-f_1}{n}s_1^2+\frac{f_1(1-f_2)}{mn}s_2^2 \tag{10.6}$$

이다. 단, $f_1=n/N$, $f_2=m/M$ 그리고

$$s_1^2=\frac{\sum^{n}(\overline{y}_i-\overline{\overline{y}})^2}{n-1},\quad s_2^2=\frac{\sum_i\sum_j(y_{ij}-\overline{y}_i)^2}{n(m-1)}$$

증명 $$(n-1)s_1^2 = \sum^n (\bar{y}_i - \bar{\bar{y}})^2 = \sum^n \bar{y}_i^2 - n\bar{\bar{y}}^2$$

그러므로 다음 (예제 10.2)로부터,

$$(n-1)E_2(s_1^2) = \sum_{i=1}^n \overline{Y}_i^2 + \sum^n \frac{(1-f_2)}{m} S_{2i}^2 - n\overline{\overline{Y}}_n^2 - \frac{1}{n}\sum_{i=1}^n \frac{(1-f_2)}{m} S_{2i}^2 \qquad (10.7)$$

단, $\overline{\overline{Y}}_n = \sum^n \overline{Y}_i / n$. 식 (10.7)의 오른쪽에 마지막 항은 부차표본추출이 각 단위에서 독립적이고, $\bar{\bar{y}} = \sum^n \bar{y}_i / n$이기 때문이다. 이와 같이 하여서

$$(n-1)E_2(s_1^2) = \sum^n (\overline{Y}_i - \overline{\overline{Y}}_n)^2 + \frac{(n-1)(1-f_2)}{nm} \sum^n S_{2i}^2$$

양변에 $(1-f_1)/n(n-1)$을 곱하고, 첫단계(SRS)에서 평균을 계산하여

$E_1(\sum^n S_{2i}^2 / n) = S_2^2$, $S_2^2 = \sum^N S_{2i}^2 / N$이므로

$$E\left[\frac{(1-f_1)}{n} s_1^2\right] = \frac{(1-f_1)}{n} S_1^2 + \frac{(1-f_1)(1-f_2)}{mn} S_2^2 \qquad (10.8)$$

그리고 $E_1 E_2(s_2^2) = S_2^2$이므로, $V(\bar{\bar{y}})$의 불편추정치는

$$v(\bar{\bar{y}}) = \frac{1-f_1}{n} s_1^2 + \frac{f_1(1-f_2)}{mn} s_2^2$$

예제 10.2 식 (10.7)을 유도하여라.

증명 $$s_1^2 = \frac{\sum^n (\bar{y}_i - \bar{\bar{y}})^2}{n-1} = \frac{\sum^n \bar{y}_i^2 - n\bar{\bar{y}}^2}{n-1}$$

그러므로

$$E_2(s_1^2) = \frac{1}{n-1}\left[\sum^n E_2(\bar{y}_i^2) - nE_2(\bar{\bar{y}}^2)\right]$$

그런데

$$E_2(\bar{y}_i^2) = V_2(\bar{y}_i) + (E_2(\bar{y}_i))^2 = (1-f_2)\frac{S_{2i}^2}{m} + \overline{Y}_i^2 \qquad (10.9)$$

왜냐하면,

$$[E_2(\overline{y}_i)]^2 = [E_2(\sum^{m} y_{ij}/m]^2 = (\sum^{M} y_{ij}/M)^2 = \overline{Y}_i^2 \tag{10.10}$$

또한,

$$\begin{aligned} E_2(\overline{\overline{y}}^2) &= V_2(\overline{\overline{y}}) + (E_2(\overline{\overline{y}}))^2 \\ &= V_2(\sum^{n} \overline{y}_i/n) + (E_2(\sum^{n} \overline{y}_i/n))^2 \\ &= \frac{1}{n^2}\sum^{n}(1-f_2)\frac{S_{2i}^2}{m} + \left(\frac{\sum^{n}\overline{Y}_i}{n}\right)^2 \end{aligned} \tag{10.11}$$

식 (10.9)와 식 (10.11)에서

$$\begin{aligned} (n-1)E_2(s_1^2) &= \sum^{n} E_2(\overline{y}_i^2) - nE_2(\overline{\overline{y}}^2) \\ &= \sum^{n}\left[(1-f_2)\frac{S_{2i}^2}{m} + \overline{y}_i^2\right] - n\frac{1}{n^2}\sum^{n}(1-f_2)\frac{S_{2i}^2}{m} - n\left(\sum^{n}\frac{\overline{Y}_i}{n}\right)^2 \\ &= \sum^{n}\overline{Y}_i^2 + \sum^{n}\frac{(1-f_2)}{m}S_{2i}^2 - n\overline{\overline{Y}}_n^2 - \frac{1}{n}\sum^{n}\frac{(1-f_2)}{m}S_{2i}^2 \end{aligned} \tag{10.12}$$

보조 정리 *Theorem*

식 (10.8)로부터

$$E(s_1^2) = S_1^2 + \frac{(1-f_2)}{m}S_2^2 = S_1^2 + \frac{S_2^2}{m} - \frac{S_2^2}{M}$$

따라서 S_1^2의 불편추정치는 $s_1^2 - \dfrac{s_2^2(1-f_2)}{m}$이다.

10.5 비율의 추정

이단계 집락추출에 있어서 비율의 추정은 2차 추출단위(부차 단위)가 2개의 범주

(class)로 분류되고, 그 중 하나의 범주에 속하는 부차단위의 비율을 추정하는 것이다. 비율의 추정은 이단계 추출에 있어서 부차단위가 이 범주에 속하면 $y_{ij}=1$, 그렇지 않으면 $y_{ij}=0$으로 정의한다. p_i는 i번째 단위로부터 m개의 부차단위를 추출했을 때 첫 번째 범주에 속하는 비율이다.

$$p_i = \overline{y}_i = a_i/m$$

$$\overline{p} = \overline{\overline{y}} = \sum p_i/n = \sum a_i/nm$$

따라서 표본 분산 s_1^2과 s_2^2은 다음과 같다.

$$s_1^2 = \frac{\sum^n (\overline{y}_i - \overline{\overline{y}})^2}{n-1} = \frac{\sum^n (p_i - \overline{p})^2}{n-1}$$

$$s_2^2 = \frac{\sum_i^n \sum_j^m (y_{ij} - \overline{y}_i)^2}{n(m-1)} = \frac{m}{n(m-1)} \sum_{i=1}^n p_i q_i \tag{10.13}$$

식 (10.6)에 의하여,

$$v(\overline{p}) = v(\overline{\overline{y}}) = (1-f_1)\frac{s_1^2}{n} + f_1(1-f_2)\frac{s_2^2}{mn}$$

$$= \frac{1-f_1}{n(n-1)} \sum_i^i f_i (p_i - \overline{p})^2 + \frac{f_1(1-f_2)}{n^2(m-1)} \sum_i^n f_i p_i q_i \tag{10.14}$$

단, $f_1 = n/N$, $f_2 = m/M$

예제 10.3 식물의 발병율을 조사하였다. 100개(N)의 포구(plot)가 있고, 각 포구에 9개(M) 식물을 재배하였다. 40개(n) 포구를 단순랜덤 추출하였고, 각 표본 표구에서 3개(m) 식물을 추출하여 발병여부를 관찰하였다. 그 결과 22개 포구는 발병율이 0, 11개 포구는 1/3, 4개 포구는 2/3, 3개 포구는 1이었다. 이를 표로 작성한 결과는 다음과 같았다.

p_i	q_i	f_i	$f_i\ p_i q_i$	$f_i\ p_i^2$	$f_i\ p_i$
0	1	22	0	0	0
1/3	2/3	11	22/9	11/9	11/3
2/3	1/3	4	8/9	16/9	8/3
1	0	3	0	27/9	9/3
		40	30/9	54/9	28/3

$$\bar{p} = \frac{\sum f_i\ p_i}{\sum f_i} = \frac{28}{120} = 0.233$$

그러면 식 (10.14)에 의하여

$$v(\bar{p}) = \frac{3}{5}\frac{(3.822)}{(40)(39)} + \frac{2(3.333)}{5(3)(1600)(2)} = 0.00201$$

10.6 n, m의 최적값

이단계 집락추출에서 추정량의 총분산은 PSU간의 분산과 PSU내의 분산으로 구성되어 있다. (정리 10-1)에서

$$V(\bar{\bar{y}}) = \frac{1}{n}\left(S_1^2 - \frac{S_2^2}{M}\right) + \frac{1}{mn}S_2^2 - \frac{1}{N}S_1^2 \tag{10.15}$$

그런데 $S_u^2 = S_1^2 - \dfrac{S_2^2}{M}$라 놓으면 (10.16)

$$V(\bar{\bar{y}}) = \frac{S_u^2}{n} + \frac{S_2^2}{mn} - \frac{S_1^2}{N}$$

표본의 크기 n, m을 증가시키면, 분산은 감소하지만 n, m의 증가에 따라 조사비용은 증가한다. 2-단집락추출의 경우 비용함수는 다음과 같다.

$$C = c_0 + nc_1 + nmc_2 \tag{10.17}$$

여기서 c_0는 고정비용, c_1은 PSU(집락)당 비용으로, PSU의 현지 확인, PSU간의 여비, 각 표본 PSU내 SSU를 추출하기 위한 리스트 작성, PSU의 추출확률 작업 등에 필요

한 비용을 포함한다. c_2는 SSU당 비용으로 SSU의 추출 및 확인에 소요되는 비용, 면접비용 등이다.

최적배정(비용일정)

표본의 최적배정은 일정 비용아래서 분산을 최소로 하는 n, m을 정하는 문제가 된다. 이것은 Lagrange 승수법에 의하여 n, m의 최적값을 얻게 된다.

$$\phi = V(\bar{\bar{y}}) + \lambda(c_1 n + c_2 nm + c_0 - C) \tag{10.18}$$

단,
$$V(\bar{\bar{y}}) = \frac{S_u^2}{n} + \frac{S_2^2}{nm} - \frac{S_1^2}{N}$$

ϕ를 n, m에 관하여 편미분하여

$$-\frac{S_u^2}{n^2} - \frac{S_2^2}{n^2 m} + \lambda(c_1 + c_2 m) = 0$$

$$-\frac{S_2^2}{nm^2} + \lambda c_2 n = 0$$

이 두 식에서 첫 식에 n을 곱하고 두 번째 식에 m을 곱하면

$$\lambda = \frac{S_u^2}{c_1 n^2}$$

따라서

$$m^2 = \frac{S_2^2}{S_u^2}\frac{c_1}{c_2}$$

즉, 구하고자 하는 m의 최적값은

$$m_{opt} = \sqrt{\frac{S_2^2}{S_u^2}\frac{c_1}{c_2}}$$

별해 비용함수 (10.17)에서

$$n = (C - c_0)/(c_1 + mc_2)$$

이다. 이를 분산 (8.37)에 대입하여

$$V(\overline{\overline{y}})=\frac{c_1+Mc_2}{C-c_0}\left(S_u^2+\frac{S_2^2}{m}\right)-\frac{S_1^2}{N}$$

$$=\frac{c_1S_u^2}{C-c_0}\left[\left(m\frac{c_2}{c_1}+\frac{1}{m}\frac{S_2^2}{S_u^2}\right)+\left(1+\frac{c_2}{c_2}\frac{S_2^2}{S_u^2}\right)\right]-\frac{S_1^2}{N} \tag{10.19}$$

m의 최적값은 식 (10.19)를 m에 관하여 미분하여

$$m_{opt}=\sqrt{\frac{S_2^2}{S_u^2}\frac{c_1}{c_2}}$$

이다. m_0를 비용함수에 대입하여 n의 최적값 n_0를 얻는다.

$$n_{opt}=\frac{(C-c_0)}{c_1+m_0c_2}=(C-c_0)\frac{\sqrt{S_u^2/c_1}}{\sqrt{S_u^2c_1}\sqrt{S_2^2c_2}}$$

n, m의 최적값을 $V(\overline{\overline{y}})$에 대입하여 최소분산을 얻는다.

$$V(\overline{\overline{y}})=\frac{1}{C-c_0}(\sqrt{S_u^2c_1}+\sqrt{S_2^2c_2})^2-\frac{S_1^2}{N}$$

❁ 최적배정(분산일정)

분산(즉, precision)을 일정한 값 V_0로 고정하였을 때, 비용함수를 최소로 하는 표본의 크기 n, m 값을 구하자. Lagrange 승수법에 의하여

$$\phi=c_0+nc_1+nmc_2+\lambda\left(\frac{S_u^2}{n}+\frac{S_2^2}{nm}-\frac{S_1^2}{N}-V_0\right) \tag{10.20}$$

식 (10.20)을 n, m에 관하여 편미분하여

$$\frac{\partial\phi}{\partial n}=c_1+mc_2-\lambda\left(\frac{S_u^2}{n^2}-\frac{S_2^2}{n^2m}\right) \tag{10.21}$$

$$\frac{\partial\phi}{\partial m}=nc_2-\lambda\frac{S_2^2}{nm^2} \tag{10.22}$$

따라서

$$m_0=\sqrt{\frac{S_2^2}{S_u^2}\frac{c_1}{c_2}}$$

$$n_0 = \frac{S_u^2 + \dfrac{S_2^2}{m_0}}{V_0 - S_1^2/N} = \frac{1}{V_0 - S_1^2/N}\left(\sqrt{S_u^2 c_1} + \sqrt{S_2^2 c_2}\right)\sqrt{\frac{S_u^2}{c_1}}$$

n, m을 최적값으로 취하면, 최소비용은

$$C = c_0 + \frac{\left(\sqrt{S_u^2 c_1} + \sqrt{S_2^2 c_2}\right)}{V_0 - S_1^2/N}$$

> **예제 10.4** $c_1 = 10c_2$, $S_2 = 1.3S_u$이라 하자. 그러면 다음과 같다.
>
> $$m_{opt} = 1.3\sqrt{10} = 4.1$$

✿ m값에 따른 분산

비용이 일정하다고 가정하고, m이 변함에 따라 $\overline{\overline{y}}$의 분산이 어떻게 변하는가를 고찰하자. N은 충분히 크다고 가정한다. 그러면 식 (10.15)에서

$$V(\overline{\overline{y}}) = \frac{S_u^2}{n} + \frac{S_2^2}{nm}$$

비용함수에서 $n = \dfrac{C - c_0}{c_1 + mc_2}$이므로

$$V(\overline{\overline{y}}) = \left(S_u^2 + \frac{S_2^2}{m}\right)\left(\frac{c_1 + mc_2}{C - c_0}\right)$$

$$= \frac{S_u^2 c_2}{C - c_0}\left(1 + \frac{S_2^2}{mS_u^2}\right)\left(\frac{c_1}{c_2} + m\right)$$

즉,

$$V(\overline{\overline{y}}) = \frac{S_u^2 c_2}{C - c_0}\left(1 + \frac{1.69}{m}\right)(10 + m)$$

상수항을 무시하고 m값에 대한 상대분산을 구하면 <표 10.2>와 같다. 이 표는 이들 상대분산과 $m = 4$를 기준으로 한 상대정도를 나타낸 것이다. 이 표에서 m값이 2에서 9 사이에서는 최적값 $m = 4$일 때의 분산에 비하여 상대정도가 12% 정도밖에 감소하지 않는다.

〈표 10.2〉 m값의 변동에 대한 상대분산과 상대정도

m	1	2	3	4*	5	6	7	8	9	10
상대분산	29.59	22.14	20.32	19.92	20.07	20.51	21.10	21.80	22.56	23.38
상대정도	0.67	0.90	0.98	1.00	0.99	0.97	0.94	0.91	0.88	0.85

Brooks 방법

실제로, m의 값을 정하는데 c_1/c_2와 S_2^2/S_1^2(또는 S_2^2/S_u^2)의 추정치가 필요하다. m의 최적값의 범위가 넓기(flatness) 때문에 이들 비(ratio)의 정확성이 필요하지는 않다. Brooks(1955)는 c_1/c_2의 값을 알고 있을 때에, S_2^2/S_1^2에 대한 극한값 L과 U 안에서 적어도 최대정도의 90%를 주는 m_0의 값을 <표 10.3>에 나타내었다.

이 표는 다음과 같이 얻어진다. N이 충분히 크다는 가정 하에서 주어진 비용에 대하여 m_{opt}에 대한 m_0의 상대정도(relative precision)은

$$\frac{V(\bar{\bar{y}}|m_{opt})}{V(\bar{\bar{y}}|m_0)} = \frac{(S_u\sqrt{c_1} + S_2\sqrt{c_2})^2}{S_u^2 c_1 + S_2^2 c_2 + m_0 c_2 S_u^2 + c_1 S_2^2/m_0} \tag{10.23}$$

이다. 이 식으로 표현되는 상대정도는 항상 1보다 작으며, 1에 가까울수록 m_0의 결정은 잘 된 것이다. Brooks는 비용 c_1/c_2를 알고, m값도 정해져 있다고 가정할 때 이 상대정도가 90% 또는 80% 보다 큰 값을 보장하는 S_2/S_u의 범위를 계산하였다.

다음은 <표 10.3>을 이용하는 예이다.

예제 10.5 c_1/c_2는 약 1이고 S_2^2/S_u^2은 5와 100 사이의 값을 갖는다고 하자. 이 비(ratio)는 $L=4$부터 $U=100$ 이상의 값을 취하므로, 열 $c_1/c_2=1$에서 $m_0=4$가 최적값이다.

〈표 10.3〉 90% 신뢰수준에서 m_0가 주어졌을 때 S_2^2/S_u^2에 대한 하한(L)과 상한(U)

c_1/c_2	$\frac{1}{2}$		1		c_1/c_2	2		4	
m_0	L	U	L	U	m_0	L	U	L	U
1	0.0	11	0.0	4	2	0.5	8	0.2	4
2	2.0	98	1.1	22	3	1.2	21	0.5	8
3	4.1	>*	2.4	72	4	2.2	44	1.0	16
4	6.6	>	4.0	>	5	3.3	82	1.6	27
5	9.5	>	5.9	>	6	4.7	>	2.4	42
6	13.0	>	8.1	>	7	6.3	>	3.3	61
7	16.0	>	11.0	>	8	8.0	>	4.3	87
8	20.0	>	13.0	>	9	10.0	>	5.4	>

c_1/c_2	8		16		c_1/c_2	32		64	
m_0	L	U	L	U	m_0	L	U	L	U
6	1.0	17	0.3	8	5	0.1	3	0.0	2
7	1.5	24	0.5	11	10	0.4	12	0.1	7
8	2.0	32	0.7	15	15	1.2	26	0.3	14
9	2.6	42	1.0	19	20	2.7	46	0.7	24
10	3.3	53	1.3	23	25	4.5	74	1.5	37
15	7.6	>	3.5	55	30	6.9	>	2.5	52
20	13.3	>	6.6	>	35	9.7	>	3.7	71
25	20.4	>	10.5	>	40	13.0	>	5.2	93

*>은 ">100"을 뜻한다.

예제 10.6 집락간의 여행비용이 중요하다면, 비용함수는

$$C = c_1 n + c_l \sqrt{n} + c_2 nm \tag{10.24}$$

이다. 여기서 여행비용 c_l은 $\sqrt{n}$에 비례한다. 만일 $V(\overline{\overline{y}})$의 값이 고정되어 있다면, 이 분산을 갖는 (n, m)의 값을 여러 개 구할 수 있다.
이들 값에서 비용을 최소로 하는 값을 구한다. 특히 Hansen 등 (1953)이 (n, m)의 값들을 표로 구하는 방법을 제시하였다.

❁ Graph에 의한 방법

여기서 m의 최적값을 그래프에 의하여 구하는 방법을 알아본다. 비용함수 식 (10.17)에서

$$n = (C - c_0)/(c_1 + mc_2)$$

이다. 이를 $V(\overline{\overline{y}})$에 대입하면

$$\begin{aligned} V(\overline{\overline{y}}) &= \frac{S_u^2}{n} + \frac{S_2^2}{mn} - \frac{S_1^2}{N} = \frac{c_1 + mc_2}{C - c_0}\left(S_u^2 + \frac{S_2^2}{m}\right) - \frac{S_1^2}{N} \\ &= \frac{c_1 S_u^2}{C - c_0}\left[\left(m\frac{c_2}{c_1} + \frac{1}{m}\frac{S_2^2}{S_u^2}\right) + \left(1 + \frac{c_2}{c_1}\frac{S_2^2}{S_u^2}\right)\right] - \frac{S_1^2}{N} \end{aligned} \tag{10.25}$$

이다. 식 (10.25)에서 m을 포함하는 항은

$$m\frac{c_2}{c_1} + \frac{1}{m}\frac{S_2^2}{S_u^2} \tag{10.26}$$

이다. 식 (10.26)의 그래프를 m의 여러 값에 대하여 그려서 m의 최적값을 구한다. 식 (10.26)의 그래프를 이용하기 위해서는 c_1/c_2와 S_2^2/S_u^2의 값을 예비조사를 통하여 추정하여야 한다. 이 그래프의 최소값을 주는 m값이 m의 최적값이 된다.

<그림 10.1>은 c_1/c_2와 S_2^2/S_u^2의 여러 값에 대한 식 (10.26)의 그래프이다. 이 그래프는 m의 변동에 따른 분산의 모양을 나타내며, m의 최적값의 범위가 넓다는 것을 알 수 있다. 이것은 실제 표본설계에 있어서 m값이 m의 최적값 m_{opt}와 다소 차이가 있다 하더라도 분산에 미치는 영향은 크지 않다는 것을 의미한다.

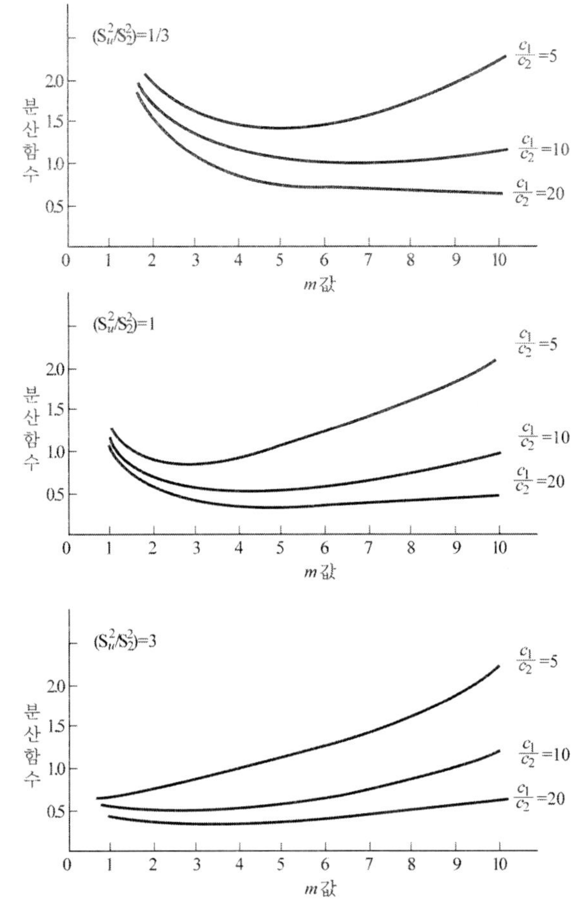

〈그림 10.2〉 c_1/c_2와 S_u^2/S_2^2에 대한 m값

❁ 최적 표본추출율과 부차추출율 n, m의 최적값

별해 c_1/c_2와 S_2^2/S_u^2에 대한 m값

단위(집락)간 교통비용이 중요하지 않다면 다음과 같은 비용함수를 생각할 수 있다.

$$C = c_1 n + c_2 nm \tag{10.27}$$

c_1은 표본에서 일차단위(집락)에 대한 비용이고, c_2는 이차단위(부차단위)에 대한 비용이다. (정리 10-1)로부터 $V(\overline{\overline{y}})$는 다음과 같다.

$$V(\overline{\overline{y}}) = \frac{1}{n}\left(S_1^2 - \frac{S_2^2}{M}\right) + \frac{1}{mn}S_2^2 - \frac{1}{N}S_1^2 \tag{10.28}$$

고정된 C에 대하여 V를 최소화하거나 또는 고정된 V에 대하여 C를 최소화시키는 것은 동치이다.

$$\left(V + \frac{1}{N}S_1^2\right)C = \left[\left(S_1^2 - \frac{S_2^2}{M}\right) + \frac{S_2^2}{m}\right](c_1 + c_2 m)$$

Cauchy-Schwarz 부등식에 의하여 $S_1^2 > S_2^2/M$이면

$$m_{opt} = \frac{S_2}{\sqrt{S_1^2 - S_2^2/M}}\sqrt{c_1/c_2} \tag{10.29}$$

이다. m_{opt} 값을 반올림하여 정수값을 취한다. 만일 m이 $m < m_{opt} < m+1$인 정수이고, m_{opt}가 작다면 다음과 같은 법칙이 더 좋다. (Cameron, 1951) 즉, $m_{opt}^2 > m(m+1)$이면 절상하고, 그렇지 않으면 절하한다. 만일 $m_{opt} > M$이거나 $S_1^2 < S_2^2/M$이면 $m = M$으로 한다. n의 값은 비용 방정식으로부터 구한다.

10.7 예비조사로부터 m_{opt}의 추정

예비조사로부터 S_2^2과 S_1^2의 추정치를 구할 수 있다. 예비조사의 표본은 n'개의 집락과, 각 집락에서 m'개의 원소를 추출하였다고 하자. 식 (10.11)로부터

$$E(s_1^2) = \left(S_1^2 - \frac{S_2^2}{M}\right) + \frac{S_2^2}{m'} = S_u^2 + \frac{S_2^2}{m'} \tag{10.30}$$

또 비용함수 $c_1 n + c_2 nm$에 대하여

$$m_{opt} = \frac{S_2}{\sqrt{S_1^2 - S_2^2/M}}\sqrt{c_1/c_2}$$

이다. 예비조사로부터 m_{opt}의 추정치로부터, 식 (10.30)을 써서

$$\hat{m}_{opt} = \frac{s_2}{\sqrt{s_1^2 - s_2^2/m'}}\sqrt{c_1/c_2} = \frac{\sqrt{m'}}{\sqrt{(m's_1^2/s_2^2) - 1}}\sqrt{c_1/c_2} \tag{10.31}$$

이다. 분산분석으로부터 $m's_1^2/s_2^2$의 분포는 식 (10.31)과 $E(s_2^2)=S_2^2$에서

$$F\left(1+m'\frac{S_u^2}{S_2^2}\right) \tag{10.32}$$

이다. 단, y_{ij}가 정규분포를 한다면, F는 자유도가 $(n'-1)$과 $n'(m'-1)$이다. 식 (10.32)은 다음과 같이 유도된다.

$$m's_1^2/s_2^2 = m'F[E(s_1^2)/E(s_2^2)] = m'F[(S_u^2+\frac{S_2^2}{m'})/S_2^2]$$
$$= F[(m'S_u^2/S_2^2)+1]$$

또한,

$$E(s_1^2) = S_1^2 + \frac{1-f_2}{m}S_2^2 = S_1^2 - \frac{S_2^2}{M} + \frac{S_2^2}{m} = S_u^2 + \frac{S_2^2}{m}$$

그리고

$$E(s_2^2) = S_2^2$$

식 (10.31)와 (10.32)에서, 주어진 n'과 m'에 대하여 $\hat{m}_{opt}$의 표본분포를 얻는다. 즉,

$$\hat{m}_{opt} = \frac{\sqrt{m'c_1/c_2}}{\sqrt{F\left(1+\dfrac{m'S_u^2}{S_2^2}\right)-1}} \tag{10.33}$$

예제 10.7 10.6절의 예제에서 $c_1=10c_2$, $S_2=1.3S_u$이면 $m_{opt}=1.3\sqrt{10}=4.1$이다. $n'=10$, $m'=4$인 예비조사에서 m_{opt}를 추정하자. 식 (10.33)에서

$$\hat{m}_{opt} = \frac{6.324}{\sqrt{F[1+(4/1.69)]-1}} = \frac{6.324}{\sqrt{3.367F-1}}$$

단, F의 자유도는 9와 30이다. 80%의 신뢰구간은

$$F_{.10}(9,\ 30)=1.84 \qquad F_{.90}(9,\ 30)=0.443$$

이므로 하한은 $\hat{m}_{opt}=2.8$, 상한은 $\hat{m}_{opt}=9.0$이다.

$n'=5,\ 10,\ 20$와 $m'=4$에 대한 80%, 90% 극한값을 <표 10.4>에서 알 수 있다.

〈표 10.4〉 $\hat{m}_{opt}$에 대한 상한과 하한

n'	80%	90%
5	2.5, ∞	1.8, ∞
10	2.8, 9.0	2.3, ∞
20	3.1, 6.4	2.7, 9.1

Brooks(1955)는 예비조사에서 (n', m')의 값을 구하는 <표 10.5>를 제공하였다.

$$\left(S_u^2 = S_1^2 - \frac{S_2^2}{M}\right)$$

〈표 10.5〉 90%의 기대 상대 정도를 갖는 표본의 크기

c_1/c_2	≤ 1		2		4		8		16		32		64	
S_u^2/S_b^2	n'	m'	n'	m'	n'	m'	n'	m'	n'	m'	n'	m'	n'	m'
1	7	3	6	4	6	5	5	6	5	7	4	10	4	12
2	8	5	7	7	6	9	6	9	5	13	5	14	4	20
4	9	9	8	11	8	12	7	14	7	15	5	25	5	27
8	10	14	10	15	9	17	9	18	8	22	6	32	5	44
16	10	25	10	27	10	27	10	28	8	37	7	46	6	60
32	10	46	10	47	10	48	10	49	9	58	8	69	6	102
64	10	92	10	93	10	96	10	100	10	104	8	137	7	169

10.8 삼단계 집락추출

3단 추출은 추출된 2차 추출단위 내에서 다시 조사단위를 추출하게 된다. 예를 들면, 가구조사에서 psu로서 동을 추출하고 추출된 동안에서 반을 추출하며, 추출된 반 안에서 다시 가구를 추출한다.

동 ------- psu (일차추출단위)

반 ------- ssu (이차추출단위)

가구 ------- tsu (삼차추출단위)

모집단은 N개의 1차 추출단위로 구성되고, 각 단위는 M개의 2차 추출단위로 구성된다. 또 2차 추출단위는 K개의 3차 추출단위로 구성된다.

모집단	표본
N(동)	n
M(반)	m
K(가구)	k

즉, N, M, K에 대응하는 표본단위의 개수는 각각 n, m, k이다. y_{iju}는 i번째 psu 안의 j번째 ssu안의 u번째 tsu의 관찰값이다. 그러면

$$\overline{Y}_{ij} = \frac{\sum_{u}^{K} y_{iju}}{K}, \ (\overline{Y}_{ij}=i\text{동 } j\text{반의 가구단 평균})$$

$$\overline{\overline{Y}}_{i} = \frac{\sum_{j}^{M}\sum_{u}^{K} y_{iju}}{MK}, \ (\overline{\overline{Y}}_{i}=i\text{동의 가구당 평균})$$

$$\overline{\overline{\overline{Y}}} = \frac{\sum_{i}^{N}\sum_{u}^{M}\sum_{u}^{K} y_{iju}}{NMK}, \ (\overline{\overline{\overline{Y}}}= \text{가구당 총 평균})$$

또한, 모분산은

$$S_1^2 = \frac{\sum_{i}^{N}(\overline{\overline{Y}}_{i} - \overline{\overline{\overline{Y}}})^2}{N-1}$$

$$S_2^2 = \frac{\sum_{i}^{N}\sum_{j}^{M}(\overline{Y}_{ij} - \overline{\overline{Y}}_{i})^2}{N(M-1)}$$

$$S_3^2 = \frac{\sum_i^N \sum_j^M \sum_u^K (y_{iju} - \overline{Y}_{ij})^2}{NM(K-1)}$$

정리 10.3 *Theorem*

3단 추출에 있어서 각 단계마다 단순랜덤추출을 한다면, 3차 추출단위당 표본평균 $\overline{\overline{\overline{y}}}$는 $\overline{\overline{\overline{Y}}}$의 불편추정치이며, 그 분산은

$$V(\overline{\overline{\overline{y}}}) = \frac{1-f_1}{n} S_1^2 + \frac{1-f_2}{nm} S_2^2 + \frac{1-f_3}{nmk} S_3^2 \tag{10.34}$$

이다. 단, $f_1 = n/N$, $f_2 = m/M$, $f_3 = k/K$

증명 $\overline{\overline{\overline{y}}} - \overline{\overline{\overline{Y}}} = (\overline{\overline{\overline{y}}} - \overline{\overline{\overline{Y}}}_{nm}) + (\overline{\overline{\overline{Y}}}_{nm} - \overline{\overline{\overline{Y}}}_n) + (\overline{\overline{\overline{Y}}}_n - \overline{\overline{\overline{Y}}})$

단, $\overline{\overline{\overline{Y}}}_{nm}$은 추출된 nm개의 이차추출단위의 모평균이다. 그리고 $\overline{\overline{\overline{Y}}}_n$은 추출된 n개의 일차추출단위의 모평균이다. 그러면

$$E(\overline{\overline{\overline{y}}} - \overline{\overline{\overline{Y}}}_{nm})^2 = \frac{1-f_3}{nmk} S_3^2$$

$$E(\overline{\overline{\overline{Y}}}_{nm} - \overline{\overline{\overline{Y}}}_n)^2 = \frac{1-f_2}{nm} S_2^2$$

$$E(\overline{\overline{\overline{Y}}}_n - \overline{\overline{\overline{Y}}})^2 = \frac{1-f_1}{n} S_1^2$$

이 세 항들을 합하면, 정리가 얻어진다.

정리 10.4 *Theorem*

표본으로부터 $V(\overline{\overline{\overline{y}}})$의 불편추정치는

$$v(\overline{\overline{\overline{y}}}) = \frac{1-f_1}{n} s_1^2 + \frac{f_1(1-f_2)}{nm} s_2^2 + \frac{f_1 f_2 (1-f_3)}{nmk} s_3^2 \tag{10.35}$$

이다. 단, s_1^2, s_2^2, s_3^2은 S_1^2, S_2^2, S_3^2의 표본분산이다.

그리고 $s_1^2 = \sum^n (\overline{\overline{y}}_i - \overline{\overline{\overline{y}}})^2/(n-1)$이다.

증명 다음 식이 성립됨을 보임으로서 증명할 수 있다.

$$E(s_1^2) = S_1^2 + \frac{1-f_2}{m}S_2^2 + \frac{1-f_3}{mk}S_3^2$$

$$E(s_2^2) = S_2^2 + \frac{1-f_3}{k}S_3^2$$

그리고

$$E(s_3^2) = S_3^2$$

먼저 $E(s_1^2)$을 유도하기 위하여 변수 $\bar{\bar{y}}_{ik}$를 도입한다. $\bar{\bar{y}}_{ik}$는 i번째 1차 단위 내의 m개 2차단위의 표본평균이며, 이 때 2차단위내의 모든 K개 3차단위를 관찰한다.

$$\bar{\bar{\bar{y}}}_k = \sum^n \bar{\bar{y}}_{ik}/n$$

이라고 하자. 그러면 2-단 표본추출에 대하여 (10.11)로부터

$$E\left[\frac{\sum^n(\bar{\bar{y}}_{ik} - \bar{\bar{\bar{y}}}_k)^2}{n-1}\right] = S_1^2 + \frac{1-f_2}{m}S_2^2$$

이다. 이제, 만일 $\bar{\bar{y}}_i$가 i번째 1차 추출단위에 대한 표본평균이라면

$$(\bar{\bar{y}}_i - \bar{\bar{\bar{y}}}) = (\bar{\bar{y}}_{ik} - \bar{\bar{\bar{y}}}_k) + [(\bar{\bar{y}}_i - \bar{\bar{y}}_{ik}) - (\bar{\bar{\bar{y}}} - \bar{\bar{\bar{y}}}_k)]$$

그러면

$$s_1^2 = \sum^n(\bar{\bar{y}}_i - \bar{\bar{\bar{y}}})^2/(n-1)$$

이므로, $E(s_1^2)$를 구하기 위하여 다음의 기대값을 구한다. 일차단위와 이차단위가 고정된 상태에서, 기대치를 구하면

$$E\left(\frac{\sum^n[(\bar{\bar{y}}_i - \bar{\bar{y}}_{ik}) - (\bar{\bar{\bar{y}}} - \bar{\bar{\bar{y}}}_k)]^2}{n-1}\right) = \frac{(1-f_3)S_3^2}{mk}$$

따라서 $E(s_1^2)$을 구할 수 있다.

✿ n, m, k의 최적값

삼단계 추출의 분산은

$$V(\bar{\bar{y}}) = \frac{N-n}{N}\frac{S_1^2}{n} + \frac{M-m}{M}\frac{S_2^2}{nm} + \frac{K-k}{K}\frac{S_3^2}{nmk}$$
$$= \frac{1}{n}\left(S_1^2 - \frac{S_2^2}{M}\right) + \frac{1}{nm}\left(S_2^2 - \frac{S_3^2}{K}\right) + \frac{S_3^2}{nmk} - \frac{S_1^2}{N} \quad (10.36)$$

식 (10.36)을 분산성분으로 표시하면

$$V(\bar{\bar{y}}) = \frac{S_a^2}{n} + \frac{S_b^2}{nm} + \frac{S_c^2}{nmk} - \frac{S_1^2}{N} \quad (10.37)$$

단, $S_a^2 = S_1^2 - \frac{S_2^2}{M}$, $S_b^2 = S_2^2 - \frac{S_3^2}{K}$, $S_c^2 = S_3^2$이다. 비용함수를

$$C = c_0 + c_1 n + c_2 nm + c_2 nmk$$

라 하자.

예제 10.8 비용이 일정할 때, 분산을 최소로 하는 식, 또는 분산이 일정할 때 비용을 최소로 하는 최적값을 다음 식에서 구한다.

$$\left(V + \frac{S_1^2}{N}\right)(C - c_0) = \left(S_a^2 + \frac{S_b^2}{m} + \frac{S_c^2}{mk}\right)(c_1 + c_2 m + c_3 mk)$$

이 식을 최소로 하는 m, k를 구하라.

증명 Cauchy-Schwarz 부등식에 의하여 m, k의 최적값은 다음을 만족시키는 값들이다.

$$\frac{S_a}{\sqrt{c_1}} = \frac{S_b}{m\sqrt{c_2}} = \frac{S_c}{mk\sqrt{c_3}}$$

따라서

$$k_{opt} = \sqrt{\frac{S_c^2 c_2}{S_b^2 c_3}}$$

$$m_{opt} = \sqrt{\frac{S_b^2 c_1}{S_a^2 c_2}}$$

$$n_{opt} = \frac{(C - c_0)\sqrt{S_a^2 / c_1}}{\sqrt{S_a^2 c_1} + \sqrt{S_b^2 c_2} + \sqrt{S_c^2 c_3}}$$

k_{opt}, m_{opt}, n_{opt}의 값을 식 (10.37)에 대입하여, 일정비용 C에 대한 $\bar{\bar{y}}$의 최소분산

을 구하면

$$V(\bar{\bar{y}}) = \frac{1}{C - c_0}\left(\sqrt{S_a^2 c_1} + \sqrt{S_b^2 c_2} + \sqrt{S_c^2 c_3}\right)^2$$

이다. n, m, k의 최적값을 비용함수에 대입하여, 일정한 분산 V_0를 확실히 보장하는 최소비용은

$$C = c_0 + \frac{1}{V_0}\left(\sqrt{S_a^2 c_1} + \sqrt{S_b^2 c_2} + \sqrt{S_c^2 c_3}\right)^2$$

이다.

10.9 층화 집락추출

층화 집락추출은 1차 추출단위를 가지고 층화를 한 다음 각 층에서 집락추출하는 방법이다. 여기서는 층화 이단계 집락추출을 다루기로 한다.

모집단	L개의 층으로 형성
h층	N_h개의 1차 추출단위가 포함
각 1차 단위(h층)	M_h개의 2차 단위 포함

모집단의 2차단위는 모두 $\sum N_h M_h$이다.

표본	1차단위의 개수 n_h (N_h개에서 n_h개 추출)
	2차단위의 개수 m_h (M_h개에서 m_h개 추출)

2차 단위당 표본 평균은

$$\bar{\bar{y}}_{st} = \frac{\sum_h N_h M_h \bar{\bar{y}}_h}{\sum_h N_h M_h} = \sum_h W_h \bar{\bar{y}}_h \tag{10.38}$$

이다. 여기서, $W_h = \dfrac{N_h M_h}{\sum_h N_h M_h}$ 이고, $\bar{\bar{y}}_h$는 h층에서의 표본평균으로

$$\bar{\bar{y}}_h = \sum_i^{n_h} \sum_j^{m_h} y_{hij} / n_h m_h$$

이다.

예제 10.9 $\bar{\bar{y}}_{st}$는 $\bar{\bar{Y}}$의 불편추정량임을 보이고, 분산 $V(\bar{\bar{y}}_{st})$를 구하라.

증명

$$E(\bar{\bar{y}}_{st}) = \sum W_h E(\bar{\bar{y}}_h) = \sum W_h \bar{\bar{Y}}_h = \bar{\bar{Y}}$$

(정리 10-1)에 의하여

$$\begin{aligned} V(\bar{\bar{y}}_{st}) &= V\left(\sum W_h \bar{\bar{y}}_h\right) = \sum W_h^2 V(\bar{\bar{y}}_h) \\ &= \sum W_h^2 \left(\frac{1-f_{1h}}{n_h} S_{1h}^2 + \frac{1-f_{2h}}{n_h m_h} S_{2h}^2 \right) \end{aligned} \tag{10.39}$$

여기서, $f_{1h} = \dfrac{n_h}{N_h}$, $f_{2h} = \dfrac{m_h}{M_h}$ 이다.

(정리 10-2)로부터, 불편추정치는

$$v(\bar{\bar{y}}_{st}) = \sum_h W_h^2 \left[\frac{1-f_{1h}}{n_h} s_{1h}^2 + \frac{f_{1h}(1-f_{2h})}{n_h m_h} s_{2h}^2 \right] \tag{10.40}$$

이다.

10.10 층화 집락추출에서 최적 배정

층화 2-단 집락추출에서 n_h와 m_h의 최적값을 구한다.

비용함수는 다음과 같다.

$$C = \sum_h c_{1h} n_h + \sum_h c_{2h} n_h m_h \tag{10.41}$$

(10.39)로부터, 분산은

$$V(\overline{\overline{y}}_{st}) = \sum_h W_h^2 \left[\frac{1}{n_h} \left(S_{1h}^2 - \frac{S_{2h}^2}{M_h} \right) + \frac{1}{n_h m_h} S_{2h}^2 - \frac{1}{N_h} S_{1h}^2 \right]$$

일정한 비용으로 분산을 최소로 하는 n_h, m_h의 최적값을 구하기 위하여 다음 식을 얻는다.

$$V(\overline{\overline{y}}_{st}) + \lambda \left(\sum_h c_{1h} n_h + \sum_h c_{2h} n_h m_h - C \right)$$

단, λ는 Lagrange 승수이다.

주어진 C에 대하여 V를 최소화시키는 n_h와 m_h를 구하면,

$$n_h \sqrt{\lambda} = \frac{W_h}{\sqrt{c_{1h}}} \sqrt{S_{1h}^2 - S_{2h}^2 / M_h} \tag{10.42}$$

$$n_h m_h \sqrt{\lambda} = \frac{W_h S_{2h}}{\sqrt{c_{2h}}} \tag{10.43}$$

따라서

$$m_h = \frac{S_{2h}}{\sqrt{S_{1h}^2 - S_{2h}^2 / M_h}} \sqrt{\frac{c_{1h}}{c_{2h}}}$$

(10.42)로부터, $W_h \propto N_h M_h$ 이므로

$$n_h \propto \frac{N_h M_h S_{uh}^2}{\sqrt{c_{1h}}}$$

단,

$$S_{uh}^2 = S_{1h}^2 - \frac{S_{2h}^2}{M_h}$$

자체가중 추정치(self -weighting estimates)는 계산상 편리하므로, 우리는 어떤 조건아래서 최적 할당이 자기 가중이 되는가를 생각한다. 식 (10.38)로부터, $\overline{y}_{st}$가 자기 가중이 되는 것은 $n_h m_h / N_h M_h = f_0$ =상수일 때이다. 이 경우에

$$\overline{\overline{y}}_{st} = \frac{\sum_h (N_h M_h / n_h m_h) \sum_i^{n_h} \sum_j^{m_h} y_{hij}}{\sum N_h M_h}$$

$$= \frac{\sum_h \sum_i \sum_j y_{hij}}{f_0 \sum N_h M_h}$$

$$= \frac{\sum_h \sum_i \sum_j y_{hij}}{\sum n_h m_h} = \bar{\bar{y}}$$

자기 가중의 조건은 부차단위를 추출 할 확률 f_0가 모든 층에서 같은 것이다. 식 (10.43)에서 최적 할당은

$$f_{0h} = \frac{n_h m_h}{N_h M_h} \propto \frac{S_{2h}}{\sqrt{c_{2h}}}$$

이다. 때때로 c_{2h}는 일차 단위가 크거나 작거나 관계없이 일정하지만, S_{2h}는 일차단위가 클수록 더 커질 수 있다. 그러나 최적값은 넓게 퍼져 있으므로(flat), 자기 가중 표본은 최적값과 마찬가지로 정도를 갖는다. 이 결과는 일차단위들의 최적 표본추출이 비례하지 않아도 성립한다.

연습 문제

10.1 20000매의 카드가 50매씩 400개의 서랍에 보관되어 있다. 80개 서랍을 SRS로 추출하고, 추출된 서랍에서 SRS로 5매씩 카드를 추출한다. 이 결과 $S_1^2 = 362$, $s_2^2 = 805$이다.

(1) 카드 1매당 표본평균의 표준오차를 구하라.

답 3,395

10.2 한 대형 백화점에서는 매달 20000개의 계산서를 취급하고 있다. 지난 2년간 ($n = 24$) 매달 2%의 표본($m = 400$)에 대하여 계산상의 잘못을 확인하여 왔다. 400개의 계산서 중 매달 잘못된 계산서의 수를 조사한 결과

0, 0, 1, 1, 2, 4, 4, 5, 5, 5, 5, 6

6, 6, 7, 7, 8, 9, 9, 10, 10, 13, 14, 17

이었다. 이 결과를 이용하여 s_1^2과 s_2^2을 구하라.

다음의 3가지 방법으로 표본을 추출할 때 계산서의 오차율에 대한 추정값 $\bar{p}$의 표준 오차를 구하라.

(1) $n = 24$개월 중에서 한 달을 SRS로 추출하여 1200개의 계산서를 SRS로 추출

(2) 4개의 달을 SRS로 추출하고, 각 달에서 $m = 300$ 계산서를 SRS로 추출

(3) 매 달 $m = 100$ 계산서를 SRS로 추출

답 (1) 0.943% (2) 0.542% (3) 0.361%

❖ 메모

Chapter 11 집락추출에서 부차추출 (크기가 다른 집락)

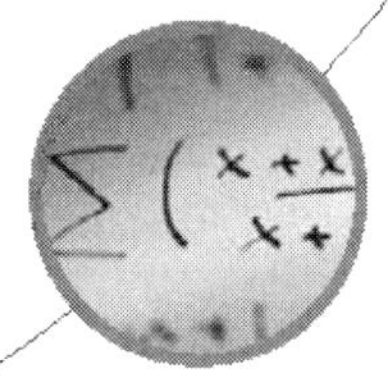

11.1 서론

이 장에서는 일차단위(primary unit)의 크기가 다를 때 이단계 집락추출을 공부한다. 대부분의 조사에서 일차단위는 크기가 다르다. 만일 집락들의 크기가 크게 다르지 않다면, 같은 층내에서는 일차단위의 크기가 같도록 층화한다. 이 장에서는 모총계 Y와 모평균 $\overline{\overline{Y}}$, 즉 부차단위에 대한 평균을 추정한다. 만약 1차 단위의 크기가 서로 다르다 하더라도 층화를 하여 같은 층내에서 1차 단위의 크기가 거의 같게 만들 수 있다면 10장의 이론을 적용할 수 있다. 그러나 층화를 할 때 변수로서 1차 단위의 크기 뿐 아니라, 여러 가지 다른 변수를 고려하려 층화하기 때문에 같은 층내의 1차 단위의 크기가 같은 경우는 드물다.

집락추출에서 1차 단위의 크기가 같지 않은 경우는 크기가 같은 경우보다 다양한 표본설계 기술이 요구된다. 왜냐하면, 표본조사에서 여러 개 항목을 조사하는데, 그 중에는 크기와 상관이 큰 것도 있으나, 그렇지 않은 것도 있기 때문이다. 단위들을 추출할 때 등확률(equal probability), 확률비례추출율이나 부차 추출율 등을 결정하는 데는 여러 법칙이 있다. 추정방법으로는 선형추정과 비추정이 있다. 이러한 여러 가지 방법을 결합하여 그 중 효율적이고, 비용이 적게 드는 것을 선택하도록 하는 것이 표본설계의 목적이다.

기호 y_{ij}는 i번째 1차단위 내의 j번째 부차단위의 관찰값이다. 다음은 i번째 단위에 대한 기호이다.

(i번째 단위에 대한 기호)

	모집단	표본
부차단위의 수	M_i	m_i
부차단위에 대한 평균	$\overline{Y}_i$	$\overline{y}_i$
총계	$Y_i = M_i\overline{Y}_i$	$y_i = m_i\overline{y}_i$

(모집단과 표본에 관한 기호)

	모집단	표본
부차단위의 수	$M_0=\sum^N M_i$	$\sum^n m_i$
총계	$Y=\sum^N Y_i$	$\sum^n y_i$
부차단위당 평균	$\overline{\overline{Y}}= Y/M_0$	$\overline{\overline{y}}=\sum y_i/\sum m_i$
일차단위당 평균	$\overline{Y}= Y/N$	$\overline{y}=\sum y_i/n$

먼저 문제를 쉽고, 단순화시키기 위하여 표본의 크기가 $n=1$일 때를 다루고, 후에 $n>1$인 경우를 다룬다.

11.2절과 11.3절은 생략하고, 11.4절로 넘어가도 좋다

11.2 $n=1$일 때에 표본추출 방법

먼저, 쉽게 이론을 전개하기 위해서 표본으로 한 개의 i번째 단위가 추출되었다고 가정하자. 그리고 M_i개의 부차단위로 이루어진 i번째 단위에서 m_i를 랜덤하게 추출한다고 하자. 부차단위 당 평균 $\overline{\overline{Y}}$를 추정하는 5가지 방법 $\overline{Y}_I$, $\overline{Y}_{II}$, $\overline{Y}_{III}$, $\overline{Y}_{IV}$, $\overline{Y}_V$을 생각한다.

(1) 등확률로 단위를 추출시 추정치가 $\overline{y}_i$일 때

$$추정치 =\overline{y}_1=\overline{y}_i$$

이 추정치는 부차단위당 표본평균이다. 그러면 추정치 $\overline{y}_i$는 편향추정치이다. 왜냐하면 $E(\overline{y}_i)=\overline{Y}_i$이고, 각 단위가 같은 확률로 추출되므로

$$\frac{1}{N}\sum_{i=1}^{N}\overline{Y}_i = \overline{\overline{Y}}_a \quad (a\text{는 average})$$

그러나 모집단 평균은

$$\overline{\overline{Y}} = \frac{\sum_{i=1}^{N} M_i \overline{Y}_i}{M_0} \quad \text{단, } M_0 = \sum_{i=1}^{N} M_i$$

이므로, 편의(bias)는 $(\overline{\overline{Y}}_a - \overline{\overline{Y}})$이다.

> **예제 11.1** $MSE(\overline{y}_i)$를 구하라.

풀이

$$\overline{y}_i - \overline{\overline{Y}} = (\overline{y}_i - \overline{Y}_i) + (\overline{Y}_i - \overline{\overline{Y}}_a) + (\overline{\overline{Y}}_a - \overline{\overline{Y}})$$

따라서

$$\begin{aligned} MSE(\overline{y}_i) &= E(\overline{y}_i - \overline{\overline{Y}})^2 = E_1E_2(\overline{y}_i - \overline{\overline{Y}})^2 \\ &= \frac{1}{N}\sum_{i=1}^{N}\frac{(M_i - m_i)}{M_i}\frac{S_{2i}^2}{m_i} \\ &\quad + \frac{1}{N}\sum_{i=1}^{N}(\overline{Y}_i - \overline{\overline{Y}}_a)^2 + (\overline{\overline{Y}}_a - \overline{\overline{Y}})^2 \end{aligned} \tag{11.1}$$

단,

$$S_{2i}^2 = \frac{1}{M_i - 1}\sum_{j=1}^{M_i}(y_{ij} - \overline{Y}_i)^2$$

(2) 등 확률로 단위를 추출시 추정치가 $NM_i\overline{y}_i / M_0$일 때

$$\text{추정치 } = \overline{y}_{II} = \frac{NM_i\overline{y}_i}{M_0}$$

이 추정치는 불편추정량이다.

그러면 $E(\overline{y}_i) = \overline{Y}_i$이므로 $E(M_i\overline{y}_i) = Y_i$이다. 따라서

$$E(NM_i\overline{y}_i) = E(NY_i) = N\frac{1}{N}\sum_{i=1}^{N}Y_i = Y$$

예제 11.2 $V(\bar{y}_{II})$를 구하여라. 단, $\bar{y}_{II} = \dfrac{NM_i\bar{y}_i}{M_0}$이다.

풀이

$$\bar{Y}_{II} - \bar{\bar{Y}} = NM_i\frac{\bar{y}_i}{M_0} - \bar{\bar{Y}}$$

$$= \frac{NM_i}{M_0}(\bar{y}_i - \bar{Y}_i) + \left(\frac{NM_i}{M_0}\bar{Y}_i - \bar{\bar{Y}}\right)$$

그런데 $M_i\bar{Y}_i = Y_i$ 그리고 $\bar{\bar{Y}} = N\dfrac{\bar{Y}}{M_0}$이므로

$$\bar{y}_{II} - \bar{\bar{Y}} = \frac{NM_i}{M_0}(\bar{y}_i - \bar{Y}_i) + \frac{N}{M_0}(Y_i - \bar{Y})$$

그러므로

$$V(\bar{y}_{II}) = \frac{N}{M_0^2}\sum_{i=1}^{N} M_i(M_i - m_i)\frac{S_{2i}^2}{m_i} + \frac{N}{M_0^2}\sum_{i=1}^{N}(Y_i - \bar{Y})^2 \tag{11.2}$$

(3) 확률비례추출로 단위를 추출시 추정치가 $\bar{y}_i$일 때

$$\text{추정치} = \bar{y}_{III} = \bar{y}_i = \text{표본평균}$$

이 표본평균은 불편추정량이다. 반복으로 표본추출을 할 때에, i번째 단위는 M_i/M_0의 상대돗수로 표본에 나타난다. 그러므로

$$E(\bar{y}_{III}) = E(\bar{y}_i) = E_1E_2(\bar{y}_i) = E_1(\bar{Y}_i) = \sum_{i=1}^{N}\frac{M_i}{M_0}\bar{Y}_i = \bar{\bar{Y}}$$

더욱이,

$$\bar{y}_{III} - \bar{\bar{Y}} = (\bar{y}_{III} - \bar{Y}_i) + (\bar{Y}_i - \bar{\bar{Y}}) = (\bar{y}_i - \bar{Y}_i) + (\bar{Y}_i - \bar{\bar{Y}})$$

i번째 단위가 추출되었다는 조건아래서 표본들의 평균은

$$E(\bar{y}_{III} - \bar{\bar{Y}})^2 = \left(\frac{M_i - m_i}{M_i}\right)\frac{S_{2i}^2}{m_i} + (\bar{Y}_i - \bar{\bar{Y}})^2$$

이제, 모든 가능한 추출단위에 대한 평균을 구하자. i번째 단위가 상대돗수 M_i/M_0

로 추출되므로

$$V(\bar{y}_{III}) = V(\bar{y}_i) = \sum_{i=1}^{N} \frac{M_i}{M_0}[E(\bar{y}_i - \bar{\bar{Y}})^2]$$

$$= \frac{1}{M_0}[\sum_{i=1}^{N}(M_i - m_i)\frac{S_{2i}^2}{m_i} + \sum_{i=1}^{N} M_i(\bar{Y}_i - \bar{\bar{Y}})^2] \tag{11.3}$$

11.3 확률비례 표본추출(추정된 크기에 비례)

단위의 크기 M_i들이 예비 자료로부터 근사적으로 알려져 있는 경우가 많다. z_i는 i번째 단위에 할당된 확률로 $\sum z_i = 1$이다. z_i는 11.7절에서 자세히 다룬다.

(1) $\bar{\bar{Y}}$의 불편 추정치가 $\bar{y}_{IV} = \dfrac{M_i \bar{y}_i}{z_i M_0}$일 때

반복 표본추출에서, i번째 단위에 할당된 확률은 z_i이므로

$$E(\bar{y}_{IV}) = \sum_{i=1}^{N} z_i \left(\frac{M_i \bar{Y}_i}{z_i M_0} \right) = \sum_{i=1}^{N} \frac{M_i \bar{Y}_i}{M_0} = \bar{\bar{Y}}$$

예제 11.3 $\bar{y}_{IV}$의 분산을 구하라.

$$\bar{y}_{IV} - \bar{\bar{Y}} = \frac{M_i \bar{y}_i}{z_i M_0} - \bar{\bar{Y}}$$

$$= \frac{1}{M_0}\left[\frac{M_i}{z_i}(\bar{y}_i - \bar{Y}_i) + \left(\frac{M_i}{z_i}\bar{Y}_i - M_0 \bar{\bar{Y}} \right) \right]$$

그러면

$$V(\bar{y}_{IV}) = E(\bar{y}_{IV} - \bar{\bar{Y}})^2$$

$$= \frac{1}{M_0^2}\left[\sum_{i=1}^{N}\frac{M_i(M_i - m_i)}{z_i}\frac{S_{si}^2}{m_i} + \sum_{i=1}^{N} z_i\left(\frac{M_i\bar{Y}_i}{z_i} - M_0\bar{\bar{Y}}\right)^2\right] \quad (11.4)$$

(2) 확률 비례로 단위를 추출(추정된 크기에 비례)시 추정치가 $\bar{y}_i$일 때

$$\text{추정치} = \bar{y}_V = \bar{y}_i = \text{표본 평균}$$

이 추정치는 편의되어 있다. 왜냐하면

$$E(\bar{y}_i) = E_1E_2(\bar{y}_i) = \sum z_i\bar{Y}_i = \bar{\bar{Y}}_z$$

이기 때문이다. 특히, $\bar{\bar{Y}} = \sum M_i\bar{Y}_i/M_0$이다.

$$\bar{y}_V - \bar{\bar{Y}} = (\bar{y}_i - \bar{Y}_i) + (\bar{Y}_i - \bar{\bar{Y}}_z) + (\bar{\bar{Y}}_z - \bar{\bar{Y}})$$

에서

$$MSE(\bar{y}_V) = \sum_{i=1}^{N} z_i\frac{(M_i - m_i)}{M_i}\frac{S_{2i}^2}{m_i} + \sum_{i=1}^{N} z_i(\bar{Y}_i - \bar{\bar{Y}}_z)^2 + (\bar{\bar{Y}}_z - \bar{\bar{Y}})^2 \quad (11.5)$$

왜냐하면,

$$E(\bar{y}_i - \bar{Y}_i)^2 = E_1E_2(\bar{y}_i - \bar{Y}_i)^2 = E_1\left[\frac{(M_i - m_i)}{M_i}\frac{S_{2i}^2}{m_i}\right]$$

$$= \sum_{i=1}^{N} z_i\frac{(M_i - m_i)}{M_i}\frac{S_{2i}^2}{m_i}$$

11.4 $n > 1$일 때에 표본 추출

이 절에서는 이단계 추출에 있어서 총계의 추정량 $\hat{Y}$의 분산 $V(\hat{Y})$를 구하고자 한다. 지금부터는 표본의 크기가 $n > 1$일 때를 다룬다.

추정치가 자체 가중이라 함은 추정치가 표본에 있는 모든 부차단위들의 총합의 단순 배수(multiple)임을 의미한다.

이 장에서 사용되는 기호들은 다음과 같다.

N	모집단의 일차단위의 수
n	표본의 일차단위의 수
M_i	i번째 일차단위 내의 이차단위의 수
m_i	i번째 일차단위로부터 추출된 이차단위의 수
y_{ij}	i번째 일차단위 내의 j번째 이차단위의 값

$$\bar{y}_i = \sum_{j=1}^{m_j} y_{ij}/m_i = y_i/m_i$$

$$\bar{Y}_i = \sum_{j=1}^{M_i} y_{ij}/M_i = Y_i/M_i$$

$$Y = \sum_{i=1}^{N}\sum_{j=1}^{M_i} y_{ij} = \sum_{i=1}^{N} Y_i$$

$$y_i = \sum_{j=1}^{m_i} y_{ij} \qquad Y_i = \sum_{j=1}^{M_i} y_{ij}$$

$$\bar{\bar{Y}} = Y/M_0 \qquad \bar{\bar{y}} = \sum_{i=1}^{n} y_i / \sum m_i$$

$$\bar{Y} = Y/N = \sum_{i=1}^{N} Y_i/N \qquad \bar{y} = \sum_{i} y_i/n$$

$$M_0 = \sum_{j=1}^{N} M_i \qquad \hat{Y}_i = M_i\bar{y}_i$$

다음의 (정리 11-1)과 (정리 11-2)를 증명하기 위하여 먼저 다음과 같은 가정을 한다. 1차 단위는 등확률 또는 불균등확률로 비복원으로 추출한다. i번째 일차단위 내에서 $\hat{Y}_i$은 이-단계 분산 σ_{2i}^2을 갖는 총합 Y_i의 불편추정량이라고 하자. 즉, $\sigma_{2i}^2 = V_2(\hat{Y}_i)$이

다. 서로 다른 1차단위내에서는 부차표본추출이 독립이다. 모 총계 Y의 불편 추정량이

$$\hat{Y}=\sum_{i=1}^{n} w_{is}\hat{Y}_i \tag{11.6}$$

인 경우를 생각하자. 여기서, 가중치 w_{is}는 모든 표본 s에 대하여 알려져 있고, 단위 i와 마찬가지로 표본에 있는 다른 일차단위에 의존한다.

w'_{is}은 확률변수로 i번째 단위가 표본으로 추출되면 $w'_{is}=w_{is}$이고, 그렇지 않으면 $w'_{is}=0$이다. 따라서

$$\hat{Y}=\sum_{i=1}^{N} w_{is}'\hat{Y}_i \tag{11.7}$$

이다. 예를 들어, Horvitz-Thompson 추정량에서는 $w_{is}=1/\pi_i$이다. 모든 i에 대하여 $E_1(w_{is}')=1$일 때에 또 그 때에만

$$\begin{aligned} E(\hat{Y}) &= E_1E_2(\hat{Y})=E_1E_2(\sum^{N} w_{is}'\hat{Y}_i) \\ &= E_1(\sum^{N} w_{is}'Y_i)=\sum Y_i=Y \end{aligned} \tag{11.8}$$

이다. (11.5절을 참고하라.)

정리 11.1 *Theorem*

모총계 Y의 추정치 $\hat{Y}=\sum_{i=1}^{N} w_{is}'\hat{Y}_i$의 분산은

$$\begin{aligned} V(\hat{Y}) &= V(\sum_{i=1}^{n} w_{is}\hat{Y}_i) \\ &= V_1(\sum_{i=1}^{n} w_{is}Y_i)+\sum_{i=1}^{N} E_1(w_{is}'^2)\sigma_{2i}^2 \end{aligned} \tag{11.9}$$

이다. 여기서, σ_{2i}^2은 i번째 일차단위 내에서 분산이다. 즉,

$$\begin{aligned} \sigma_{2i}^2 &= V_2(\hat{Y}_i)=V_2(M_i\bar{y}_i)=M_i^2V_2(\bar{y}_i) \\ &= \frac{M_i(M_i-m_i)}{m_i}S_{2i}^2 \end{aligned} \tag{11.10}$$

예제 11.14 이 예제는 (정리 11-1)을 이용한 문제이다. $\hat{Y}_{HT}$의 분산을 이단계 표본추출에서 생각한다.

이단계 추출에 있어서 Horvitz-Thompson 추정량은 $\hat{Y}_{HT} = \sum^{n} \hat{Y}_i / \pi_i$로 i단위가 표본으로 추출되면 $w_{is}' = 1/\pi_i$이고, 그렇지 않으면 0이다. 그러므로 $E_i(w_{is}'^2) = \pi_i / \pi_i^2 = 1/\pi_i$이다. 여기서 π_i는 일차단위 i가 표본으로 추출될 확률이다.

더욱이, 단순랜덤으로 표본추출에 의하여 M_i로부터 m_i개의 부차단위가 추출하면 i단위 내의 분산은 식 (11.10)에서

$$\sigma_{2i}^2 = V_2(\hat{Y}_i) = V_2(M_i \bar{y}_i) = \frac{M_i(M_i - m_i)}{m_i} S_{2i}^2$$

그러므로

$$\sum_{i=1}^{N} \left[E_1(w_{is}'^2) \sigma_{2i}^2 \right] = \sum_{i=1}^{N} \frac{M_i(M_i - m_i)}{m_i \pi_i} S_{2i}^2$$

따라서, (정리 11-1)과 (9.35)에 의하여, 일단계 추출에서의 $V(\hat{Y}_{HT})$와 유사하게

$$\begin{aligned} V(\hat{Y}_{HT}) &= V_1\left(\sum_{i=1}^{n} w_{is} Y_i\right) + \sum_{i=1}^{N} \left[E_1(w_{is}'^2) \sigma_{2i}^2 \right] \\ &= V\left(\sum Y_i / \pi_i\right) + \sum^{N} \sigma_{2i}^2 / \pi_i \\ &= \sum_{i}^{N} \sum_{j>i}^{N} (\pi_i \pi_j - \pi_{ij}) \left(\frac{Y_i}{\pi_i} - \frac{Y_j}{\pi_j} \right)^2 + \sum_{i}^{N} \frac{M_i(M_i - m_i) S_{2i}^2}{m_i \pi_i} \end{aligned} \quad (11.11)$$

이와 같이 이단계 추출에서 $\hat{Y}_{HT}$의 분산을 구할 수 있다.

(주의. 9장에서는 i번째 집락의 총합을 y_i로 11장에서는 Y_i로 표시하였음을 주의하라.)

정리 11.2 *Theorem*

$\hat{Y}_i$의 이-단계 분산 σ_{2i}^2의 불편추정치는 $\hat{\sigma}_{2i}^2$이라고 하자.

또 $V(\sum^{n} w_{is} Y_i) = V(\sum^{N} w_{is}' Y_i)$의 불편 표본추정치는

$$v(\sum^{n} w_{is} Y_i) = \sum^{n} a_{is} Y_i^2 + 2\sum_{i}^{n}\sum_{j>i}^{n} b_{ijs} Y_i Y_j \tag{11.12}$$

라고 하자. 그러면 $V(\sum^{n} w_{is} \hat{Y}_i)$의 불편 표본추정량은

$$v(\sum^{n} w_{is} \hat{Y}_i) = (\sum_{i}^{n} a_{is} \hat{Y}_i^2 + 2\sum_{i}^{n}\sum_{j>i}^{n} b_{ijs} \hat{Y}_i \hat{Y}_j) + \sum^{n} w_{is} \hat{\sigma}_{2i}^2 \tag{11.13}$$

이다.

증명

$$V(\sum^{N} w_{is}' Y_i) = \sum^{N} Y_i^2 V(w_{is}') + 2\sum_{i}^{N}\sum_{j>i}^{N} Y_i Y_j cov(w_{is}',\ w_{js}') \tag{11.14}$$

확률변수 a_{is}'를 다음과 같이 정의한다. 즉, 단위 i가 표본에 포함되면 $a_{is}' = a_{is}$이고, 그렇지 않으면 $a_{is}' = 0$이라고 하자. 식 (11.4)로부터

$$v(\sum^{N} w_{is}' Y_i) = \sum^{N} a_{is}' Y_i^2 + 2\sum_{i}^{N}\sum_{j>i}^{N} b_{ijs} Y_i Y_j \tag{11.15}$$

이 식이 불편 추정량이 되기 위해서는 식 (11.14)과 식 (11.15)을 비교하면

$$E_1(a_{is}') = V(w_{is}')$$
$$E_1(b_{ijs}) = cov(w_{is}',\ w_{js}')$$

임을 보여야 한다. 이제 식 (11.15)에서

$$E_1 E_2(\sum_{i}^{N} a_{is} \hat{Y}_i^2 + 2\sum_{i}^{N}\sum_{j>i}^{N} b_{ijs} \hat{Y}_i \hat{Y}_j) + E_1 E_2(\sum^{N} w_{is} \hat{\sigma}_{2i}^2)$$
$$= E_1(\sum_{i}^{N} a_{is}' Y_i^2 + 2\sum^{N}\sum^{N} b_{ijs} Y_i Y_j) + E_1(\sum^{N} w_{is}' E_2(\hat{\sigma}_{2i}^2))$$
$$= E_1(\sum_{i}^{N} a_{is}' Y_i^2 + 2\sum\sum b_{ijs} Y_i Y_j) + \sum_{i}^{N}[V(w_{is}') + E^2(w_{is}')]\sigma_{2i}^2 \tag{11.16}$$

왜냐하면, 임의의 i에 대하여 $E_1(w_{is}'^2) = V(w_{is}') + E_1^2(w_{is}')$

따라서

$$E[v(\sum^{n} w_{is} \hat{Y}_i)] = V(\sum^{n} w_{is} Y_i) + \sum^{N} E_1(w_{is}'^2)\sigma_{2i}^2$$
$$= V(\sum_{i}^{n} w_{is} \hat{Y}_i) \tag{11.17}$$

11.5 등확률로 추출된 단위들 : 불편추정량

모집단의 N개의 단위로부터 n개의 단위를 SRS로 추출하고, 추출된 n개의 단위들 중에서 i번째 단위로부터 m_i개의 이차단위를 SRS로 추출한다.

모총계 Y의 불편추정량은

$$\hat{Y}_u = \frac{N}{n}\sum^{n} M_i \bar{y}_i = \frac{N}{n}\sum^{n} \hat{Y}_i \tag{11.18}$$

이다. (정리 11-1)을 사용하기 위하여

$$w_{is} = \frac{N}{n}$$

$$E(w_{is}') = \frac{n}{N}\frac{N}{n} = 1$$

$$E(w_{is}'^2) = \frac{n}{N}\frac{N^2}{n^2} = \frac{N}{n}$$

임을 주목하자. 따라서,

$$\begin{aligned} V(\hat{Y}_u) &= V\left(\sum^{n}\frac{N}{n}Y_i\right) + \sum^{N}\frac{N}{n}\sigma_{2i}^2 \\ &= \frac{N^2}{n^2}V\left(\sum^{n}Y_i\right) + \frac{N}{n}\sum^{N}\frac{M_i^2(1-f_{2i})S_{2i}^2}{m_i} \\ &= N^2 V\left(\frac{\sum^{n}Y_i}{n}\right) + \frac{N}{n}\sum^{N}\frac{M_i^2(1-f_{2i})S_{2i}^2}{m_i} \\ &= \frac{N^2}{n}(1-f_1)\frac{\sum(Y_i-\overline{Y})^2}{N-1} + \frac{N}{n}\sum\frac{M_i^2(1-f_{2i})S_{2i}^2}{m_i} \end{aligned} \tag{11.19}$$

여기서 $f_{2i} = m_i/M_i$이다.

추정량이 자체-가중이 되기 위해서는 f_{2i}가 상수가 된다. 즉, $f_{2i} = f_2$이고, 추정량은 식 (11.18)에서

$$\hat{Y}_u = \frac{N}{nf_2}\sum_{i}^{n}\sum_{j}^{m_i} y_{ij} \tag{11.20}$$

가 된다. nf_2/N은 이차단위가 추출된 확률이다. 식 (11.19)에 의하여 다음과 같다.

$$v(\hat{Y}_u) = \frac{N^2(1-f_1)}{n}\frac{\sum(\hat{Y}_i - \hat{\overline{Y}}_u)^2}{n-1} + \frac{N}{n}\sum_i^n \frac{M_i^2(1-f_{2i})s_{2i}^2}{m_i} \tag{11.21}$$

11.6 일차단위를 등확률로 추출할 때 비추정량

11.5절과 같은 방법으로 n개의 단위를 SRS로 추출하고, 이-단계 표본추출에서 각 단계 모두 SRS로 추출한다고 하자.

모총계 Y의 비추정량은 다음과 같다.

$$\hat{Y}_R = M_0 \frac{\sum^n M_i \overline{y}_i}{\sum^n M_i} = M_0 \frac{\sum^n \hat{Y}_i}{\sum^n M_i} \tag{11.22}$$

> **예제 11.5** $MSE(\hat{Y}_R)$을 구하라.

$$\hat{Y}_R - Y = M_0 \frac{\sum^n M_i \overline{y}_i}{\sum M_i} - Y \doteq \frac{N}{n}\sum^n M_i(\overline{y}_i - \overline{\overline{Y}}) \tag{11.23}$$

여기서, $\overline{\overline{Y}} = Y/M_0$이다. 그런데 $\hat{Y}_u = (N/n)\sum^n M_i \overline{y}_i$이므로 $V(\hat{Y}_u)$으로부터 $MSE(\hat{Y}_R)$을 근사적으로 구할 수 있다.

그 방법은 $M_i \overline{y}_i$에 대하여 $M_i(\overline{y}_i - \overline{\overline{Y}})$를 대치하면 된다. (11.7)에서

$$V(\hat{Y}_u) = \frac{N^2}{n}(1-f_1)\frac{\sum^N (Y_i - \overline{Y})^2}{N-1} + \frac{N}{n}\sum^n \frac{M_i^2(1-f_{2i})S_{2i}^2}{m_i} \tag{11.24}$$

이제, $Y_i = M_i \overline{Y}_i$를 $M_i(\overline{Y}_i - \overline{\overline{Y}})$로 대치되고, $\overline{Y} = \sum^N Y_i/N$은 0으로 대치된다. 왜냐

하면, $Y_i = M_i \overline{Y}_i$, $\overline{\overline{Y}} = \sum \frac{Y_i}{N} = \sum M_i \frac{\overline{Y}_i}{N}$ 이므로

$$\sum M_i \frac{(\overline{Y}_i - \overline{\overline{Y}})}{N} = 0$$

이다. 그리고 y_{ij}가 $(y_{ij} - \overline{\overline{Y}})$로 대치될 때에 $S_{2i}^2 = \sum_j (y_{ij} - \overline{Y}_i)^2 / (M_i - 1)$은 불변이다. 따라서

$$MSE(\hat{Y}_R) \doteq \frac{N^2}{n}(1-f_1)\frac{\sum^N M_i^2(\overline{Y}_i - \overline{\overline{Y}})^2}{N-1} + \frac{N}{n}\sum^N \frac{M_i^2(1-f_{2i})S_{2i}^2}{m_i} \tag{11.25}$$

이다.

주의 이 추정치가 자체-가중이라면

$$f_{2i} = \frac{m_I}{M_i} = \text{상수} = f_2 = \frac{\overline{m}}{\overline{\overline{M}}} = \frac{N\overline{m}}{M_0}$$

이 경우에 $m_i = N\overline{m} M_i / M_0$로 놓으므로서

$$MSE(\hat{Y}_R) \doteq \frac{N^2}{n}(1-f_1)\frac{\sum^N M_i^2(\overline{Y}_i - \overline{\overline{Y}})^2}{(N-1)} + \frac{M_0^2(1-f_2)}{n\overline{m}}\sum^N \frac{M_i}{M_0} S_{2i}^2 \tag{11.26}$$

일차단위의 크기가 같을 때에는 (정리 10-1)의 (보조정리) $V(\overline{\overline{y}})$에 M_0^2을 곱하므로서 $\hat{Y} = M_0 \overline{\overline{y}}$ 이므로 다음과 같다.

$$V(\hat{Y}) = \frac{M_0^2(1-f_1)}{n}\frac{\sum^N(\overline{Y}_i - \overline{\overline{Y}})^2}{(N-1)} + \frac{M_0^2(1-f_2)}{nm}\sum^N\left(\frac{1}{N}\right)S_{2i}^2 \tag{11.27}$$

(정리 11-2)에 의하여 $MSE(\hat{Y}_R)$의 표본추정치의 근사값은

$$v(\hat{Y}_R) = \frac{N^2}{n}(1-f_1)\frac{\sum^n M_i^2(\overline{y}_i - \hat{\overline{\overline{Y}}}_R)^2}{n-1} + \frac{N}{n}\sum^n \frac{M_i^2(1-f_{2i})s_{2i}^2}{m_i} \tag{11.28}$$

여기서, $\overline{\overline{\hat{Y}}}_R = \sum^n M_i \bar{y}_i / \sum^n M_i = \hat{Y}_R / M_0$이다.

또한 $v(\overline{\overline{\hat{Y}}}_R) = v(\hat{Y}_R)/M_0^2$이다.

M_0의 값을 알지 못할 때에는 $v(\overline{\overline{\hat{Y}}}_R)$을 계산하는데 M_0 대신에

$$\hat{M}_0 = N(\sum^n M_i / n)$$

을 대입시킨다.

일차단위가 등확률로 추출될 때에는 이차단위 당 모평균은

$$\frac{1}{n}(\bar{y}_1 + \bar{y}_2 + \cdots + \bar{y}_n)$$

로 계산할 수도 있다. 만일 m_i=상수이면 이 추정치는 자체-가중이다.

예제 11.6 (예제 11-5)에서 y_{ij}가 $(y_{ij} - \overline{\overline{Y}})$로 대치될 때에

$$S^2 = \sum_j^{M_i} (y_{ij} - \overline{Y}_i)^2 / (M_i - 1)$$

은 불변임을 보여라.

11.7 불균등 확률로 단위의 복원 추출 : 불편 추정량

일차 단위(집락)를 z_i에 확률 비례하여 복원으로 추출한다. 특별한 경우로 $z_i = \dfrac{M_i}{M_0}$ (즉, pps)이다. i번째 단위로부터 m_i개의 부차단위가 비복원으로 랜덤 추출되었다고 가정한다. 만일 i번째 단위가 한번 이상 추출된다면, 이미 추출된 부차표본을 되돌려 놓고, 새롭게 m_i개의 단위들이 독립적으로 비복원으로 추출된다고 가정한다. 모총계

의 불편추정치는 아래와 같다.

$$\hat{Y}_{ppz} = \frac{1}{n}\sum^{n}\frac{M_i\bar{y}_i}{z_i} = \frac{1}{n}\sum^{n}\frac{\hat{Y}_i}{z_i} \tag{11.29}$$

▌PPZ-선택과 $\hat{Y}_{ppz}$

일차단위(집락)를 z_i에 확률비례하여 추출하는 것을 PPZ-선택이라고 한다. 복원으로 PPZ-선택을 할 때 Y의 불편추정량 $\hat{Y}_{ppz}$은 다음과 같다.

$$\hat{Y}_{ppz} = \frac{1}{n}\sum\frac{M_i\bar{y}_i}{z_i} = \frac{1}{n}\sum^{n}\frac{\hat{Y}_i}{z_i}$$

$n=1$일 때에는 $\bar{\bar{Y}}$의 불편추정치는 $\bar{y}_{IV} = \dfrac{M_i\bar{y}_i}{z_iM_0}$이다. $\hat{Y}_{IV} = \dfrac{\hat{Y}_i}{z_i}$ 즉, $M_0\bar{y}_{IV} = \hat{Y}_{IV}$이 불편추정치임을 11.3절에서 보였다. 공식(11.4)에 M_0^2을 곱하므로서,

$$V(\hat{Y}_{IV}) = \sum_{i=1}^{N} z_i\left(\frac{Y_i}{z_i} - Y\right)^2 + \sum_{i=1}^{N}\frac{M_i(M_i - m_i)S_{2i}^2}{z_im_i} \tag{11.30}$$

이러한 방법으로 표본추출을 하면, 추정량 $\hat{Y}_{ppz}$은 $\hat{Y}_{IV}$ 형태의 n개의 독립인 추정치들의 평균이다. 결과적으로, $\hat{Y}_{ppz}$은 불편추정량이고, (11.4)에서

$$\begin{aligned} V(\hat{Y}_{ppz}) &= V\left(\frac{1}{n}\sum^{n}\hat{Y}_i/z_i\right) \\ &= \frac{1}{n^2}V\left(\sum\hat{Y}_i/z_i\right) \\ &= \frac{1}{n}V(\hat{Y}_{IV}) \\ &= \frac{1}{n}\sum_{i=1}^{N} z_i\left(\frac{Y_i}{z_i} - Y\right)^2 + \frac{1}{n}\sum_{i=1}^{N}\frac{M_i^2(1-f_{2i})S_{2i}^2}{m_iz_i} \end{aligned} \tag{11.31}$$

더욱이, 주어진 n개의 독립인 추정치들 $\hat{Y}_{IV} = \dfrac{\hat{Y}_i}{z_i}$에 대하여 $V(\hat{Y}_{IV})$의 불편추정량은

$$v(\hat{Y}_{IV}) = \frac{\sum_{i=1}^{n}\left(\dfrac{\hat{Y}_i}{z_i} - \hat{Y}_{PPZ}\right)^2}{(n-1)} \tag{11.32}$$

이다. 결과적으로, $V(\hat{Y}_{ppz})$의 불편추정량은 식 (11.32)에서 다음과 같다.

$$\begin{aligned} v(\hat{Y}_{ppz}) &= v\left(\frac{1}{n}\sum\frac{\hat{Y}_i}{z_i}\right) = \frac{1}{n^2}v\left(\sum\hat{Y}_{IV}\right) = \frac{1}{n^2}nv(\hat{Y}_{IV}) \\ &= \frac{\sum_{i=1}^{n}\left(\dfrac{\hat{Y}_i}{z_i} - \hat{Y}_{PPZ}\right)^2}{n(n-1)} \end{aligned} \tag{11.33}$$

그리고 2-단계 표본추출에서 $\hat{Y}_{ppz}$가 언제 자기가중이 되는가를 알아보자.

$$\hat{Y}_{ppz} = \frac{1}{n}\sum\frac{M_i\bar{y}_i}{z_i} = \frac{1}{n}\sum\frac{M_i}{z_i}\left(\frac{\sum_j^{m_i} y_{ij}}{m_i}\right) = \frac{1}{n}\sum_i^n\frac{M_i}{z_i m_i}\sum_j^{m_j} y_{ij} \tag{11.34}$$

그러므로 자기가중이 되는 조건은

$$\frac{nz_i m_i}{M_i} = \text{상수} = f_0$$

이다. 이것은 임의의 어떤 특정한 2-단계 단위가 추출될 확률로 $\dfrac{m_i}{M_i} = \dfrac{f_0}{nz_i}$이다.

예제 11.7 만일 확률 f_0가 미리 정해진다면, 2-단계 추출율 $\dfrac{m_i}{M_i}$을 알 수 있다.

예컨대, $f_0 = \dfrac{1}{50} = 0.02$ 그리고 $n = 60$개의 일차단위가 추출된다고 하자. 하나의 추출 단위에 대하여 $z_i = 0.0026$이라고 하면, $\dfrac{m_i}{M_i} = \dfrac{0.02}{(60)(0.0026)}$이다.

자기가중 표본에 대하여, 분산 추정량은 식 (11.33)에서

$$v(\hat{Y}_{ppz}) = \frac{n}{(n-1)f_0^2}\sum_i^n (y_i - \bar{y})^2 \tag{11.35}$$

이다. 만일 $z_i = \frac{M_i}{M_0}$ 라고 하면, $\hat{Y}_{PPZ} = \frac{1}{n}\sum \frac{M_i \bar{y}_i}{z_i}$ 는

$$\hat{Y}_{ppz} = \frac{M_0}{n}\sum \frac{M_i \bar{y}_i}{M_i} = \frac{M_0}{n}\sum_i^n \bar{y}_i \tag{11.36}$$

이다. 또한 $m_i = m$ 일 때에 이 추정치는 자기-가중이 되고 $\hat{Y}_{ppz} = M_0 \bar{\bar{y}}$ 이다. 불편 추정량은 다음과 같다.

$$v(\hat{Y}_{ppz}) = \frac{M_0^2}{n(n-1)}\sum_i^n \left(\bar{y}_i - \frac{\hat{Y}_{ppz}}{M_0}\right)^2 \tag{11.37}$$

11.8 비복원으로 추출된 단위

$\hat{Y}_{HT}$ 의 특수한 경우로 $\pi_i = nz_i$ 일 때에

$$\hat{Y}_B = \frac{1}{n}\sum_i^n \frac{\hat{Y}_i}{z_i}$$

$$= \sum^n \frac{M_i \bar{y}_i}{\pi_i} = \frac{1}{n}\sum \frac{M_i \bar{y}_i}{z_i}$$

이다. 이것을 Brewer 추정량이라고 한다. $\hat{Y}_B$ 의 분산은 정리 11.1(예제)에 의하여, 식 (11.11)에 의하여

$$V(\hat{Y}_B) = \sum_i^N \sum_{j>i}^N (\pi_i \pi_j - \pi_{ij})\left(\frac{Y_i}{\pi_i} - \frac{Y_j}{\pi_j}\right)^2 + \sum_i^N \frac{M_i^2 (1-f_{2i}) S_{2i}^2}{m_i \pi_i}$$

이다. 다음, 복원으로 추출할 때에 추정량 $\hat{Y}_{PPZ} = \frac{1}{n}\sum^n \frac{\hat{Y}_i}{z_i}$ 에 대하여 분산은 식

(11.31)로부터, $\pi_i = nz_i$이므로

$$V(\hat{Y}_{ppz}) = \frac{1}{n}\sum^{N} z_i\left(\frac{Y_i}{z_i} - Y\right)^2 + \sum_{i}^{N}\frac{M_i^2(1-f_{2i})S_{2i}^2}{m_i\pi_i} \tag{11.38}$$

분산에 대한 1차 단위 내에서 기여는 식 (11.38)에서 보는바와 같이 같으므로 비복원추출이 복원추출보다 상대 효율이 크지만 단위간 분산과 단위내 분산을 합한 전체적인 분산의 효율의 차이는 감소한다. 예컨대, $N = 147$주에서 $n = 44$주를 층화 다단계 표본으로 추출할 때, Des Raj(1964)는 한 조사에서 7개 조사항복에 대하여 1차 추출단위간 분산을 각각 계산하여 이를 평균한 것으로 분산비 $\dfrac{V(\hat{Y}_{WOR})}{V(\hat{Y}_{WR})}$을 구하였다. 이 비가 0.79였으나 1차 단위 내 분산을 합한 분산비는 0.92였다. 이것은 1차 단위를 비복원추출할 때 기대되는 상대효율이 2차 단위 간 분산에 의하여 감소된다는 것을 의미한다.

$n = 2$일 때에, $V(\hat{Y}_B)$의 불편 표본추정치는 (정리 11-2)에 의하여

$$v(\hat{Y}_B) = (\pi_1\pi_2\pi_{12}^{-1} - 1)\left(\frac{M_1\bar{y}_1}{\pi_1} - \frac{M_2\bar{y}_2}{\pi_2}\right)^2 + \sum_{i=1}^{2}\frac{M_i^2(1-f_{2i})s_{2i}^2}{m_i\pi_i} \tag{11.39}$$

단, 첨자 1, 2는 추출된 단위를 나타낸다.

1차 단위를 비복원으로 추출하면 분산의 추정이 복잡하므로 1차 단위를 비복원추출하고, 분산추정은 복원추출의 공식 (11.33)을 사용하면 대단히 편리하다. 즉,

$$v(\hat{Y}_{ppz}) = \frac{1}{n(n-1)}\sum_{i=1}^{n}\left(\frac{\hat{Y}_i}{z_i} - \hat{Y}_{ppz}\right)^2$$

비복원추출의 예로 캐나다의 노동력 조사가 있다. Platek와 Singh(1972)은 이 조사

에서 추정량으로 $\hat{Y}_{RHC}$를 사용하여 분산추정의 편리성을 보였다.

11.9 여러 가지 방법의 비교

이단계 표본추출에서 단위 내 변이가 단위간 차이가 분산에 기여하는 정도를 약화시킨다. 실제로 사용되는 부차표본추출 방법으로, 단위-내 변이는 여러 방법들에 대하여 근사적으로 같다.

추정치의 자체-가중 형태는 편리하므로 널리 사용된다. 자체-가중 계획으로 정도는 조금 손실을 받는데, 그 이유는 m_i의 선택은 분산에 대한 단위-내 기여만 영향을 주기 때문이다. 자기-가중 형태는 $m_i \propto \dfrac{M_i}{z_i}$가 되어야 한다. 한편 주어진 층 부차단위들에 대해서 V_2를 최소화시키는 m_i는 $m_i \propto \dfrac{M_i S_{2i}}{z_i}$이다. 그런데 S_{2i}가 크게 변하지 않는 한 이 두 할당은 대동소이하다.

여러 항목을 조사할 때에는 표본 추출을 위하여 사용되는 z_i는 어떤 항목들에 대해서는 적절하지 않을 수 있다. 만일 보조 변량 x_i를 알 수 있다면 11.10절의 비추정량으로 바꾸는 것이 좋다.

11.10 다른 변수에 대한 비(ratio)

이단계 표본추출에서 비 $\dfrac{Y}{X}$를 추정해야 할 경우가 많다. 가령, x가 y의 최근 센서스 값이라면, 비 $\dfrac{y}{x}$는 상대적으로 안정적(stable)이다. 즉 y의 모 총계나 평균이 비 추정을 하면 더 정도(precise)가 놓다. 비추정은 비율의 추정에서도 나타나는데, 다음의 취업률을 생각해 보자.

$$\frac{16\text{세 이상의 취업 남자수}}{16\text{세 이상의 남자수}}$$

16세가 넘는 취업한 남자의 경우는 $y_{ij}=1$ 그리고 그 외의 경우는 $y_{ij}=0$이라고 하자. 또, 16세가 넘는 남자의 경우는 $x_{ij}=1$ 그리고 그 외의 경우에는 $x_{ij}=0$이라고 하자. 모 비율은 $\frac{Y}{X}$이다. $\hat{Y}_R$과 $\hat{R}$의 MSE와 분산은 $V(\hat{Y})$와 유사하게 구할 수 있다.

> $V(\hat{Y}_R)$을 구하기 위해서는 $V(\hat{Y})$에서 y_{ij} 대신에 $d_{ij}=y_{ij}-Rx_{ij}$를 대입한다. $V(\hat{R})$을 구하기 위해서는 X^2으로 나눈다. 분산 $v(\hat{Y}_R)$을 구하기 위해서는 $v(\hat{Y})$에서 y_{ij} 대신에 $d_{ij}'=y_{ij}-\hat{R}x_{ij}$을 대입한다. $v_2(\hat{R})$을 구하기 위해서는 $\hat{X}^2$으로 나눈다.

이것은 (정리 2.5)에서 사용된 방법에 따라서 나온다. 즉,

$$\hat{Y}_R - Y = X\frac{\hat{Y}}{\hat{X}} - Y = \frac{X}{\hat{X}}(\hat{Y}-R\hat{X}) \doteq (\hat{Y}-R\hat{X}) = \hat{D}$$

$\hat{Y}$과 $\hat{X}$이 불편이므로 $E(\hat{D})=0$이다. 따라서 $V(\hat{Y})$에 대한 공식에서 y_{ij} 대신에 $d_{ij}=y_{ij}-Rx_{ij}$를 대입시켜서 $E(\hat{Y}_R-Y)^2$을 구한다.

다음의 예제를 보라.

> **예제 11.8** 등확률로 표본추출을 할 때에 $\hat{Y}_u=\left(\frac{N}{n}\right)\sum^n M_i\bar{y}_i=\left(\frac{N}{n}\right)\sum^n \hat{Y}_i$을 생각하자. $\hat{Y}_R=\frac{X\hat{Y}_u}{\hat{X}_u}$일 때에 $V(\hat{Y}_R)$을 구하라.

풀이 공식 (11.19)로부터

$$V(\hat{Y}_u) = \frac{N^2}{n}(1-f_1)\frac{\sum(Y_i - \overline{Y})^2}{N-1} + \frac{N}{n}\sum^{N}\frac{M_i^2(1-f_{2i})S_{2i}^2}{m_i}$$

그러므로 등 확률추출을 하고, $\hat{Y}_R = X\hat{Y}_u / \hat{X}_u$라 하면, Y_i 대신 $Y_i - RX_i$ 그리고 $\overline{Y}$ 대신에 $\overline{Y} - R\overline{X} = 0$을 $V(\hat{Y}_u)$에 대입하면

$$V(\hat{Y}_R) \doteq \frac{N^2}{n}(1-f_1)\frac{\sum(Y_i - RX_i)^2}{N-1} + \frac{N}{n}\sum^{N}\frac{M_i^2(1-f_{2i})S_{d2i}^2}{m_i} \qquad (11.40)$$

단, $$S_{d2i}^2 = \frac{1}{M_i - 1}\sum_{j=1}^{M_i}[(y_{ij} - Rx_{ij}) - (\overline{Y}_i - R\overline{X}_i)]^2$$

주의 ① 식 (11.21)에서 y_{ij} 대신에 $d_{ij}{}' = y_{ij} - \hat{R}x_{ij}$를 대입하면

$$v(\hat{Y}_R) = \frac{N^2(1-f_1)}{n}\frac{\sum(\hat{Y}_i - \hat{R}\hat{X}_i)^2}{n-1} + \frac{N}{n}\sum^{n}\frac{M_i^2(1-f_{2i})s_{d2i}^2}{m_i} \qquad (11.41)$$

이다.

② 마찬가지로, 복원으로 ppz 선택을 하면

$$\hat{Y}_{PPZ} = \frac{1}{n}\sum^{n} M_i \overline{y}_i / z_i$$

에 대하여 (11.33)으로부터

$$V(\hat{Y}_{PPZ}) = \frac{1}{n}\sum^{N} z_i\left(\frac{Y_i}{z_i} - Y\right)^2 + \frac{1}{n}\sum\frac{M_i^2(1-f_{2i})S_{2i}^2}{z_i m_i} \qquad (11.42)$$

이다. 따라서, 복원으로 추출하면 $\hat{Y}_R = \dfrac{X\hat{Y}}{\hat{X}}$에 대하여

$$V(\hat{Y}_R) = \frac{1}{n}\sum^{N}\frac{1}{z_i}(Y_i - RX_i)^2 + \frac{1}{n}\sum^{N}\frac{M_i^2(1-f_{2i})S_{d2i}^2}{z_i m_i} \qquad (11.43)$$

식 (11.33)으로부터 편의된 표본추정치 $v(\hat{Y}_R)$은

$$v(\hat{Y}_R) = \frac{1}{n(n-1)}\sum\left(\frac{\hat{Y}_i - \hat{R}\hat{X}_i}{z_i}\right)^2 \qquad (11.44)$$

이다.

③ 비복원으로 Brewer 방법을 써서, $\hat{Y}_{RB} = \dfrac{X\hat{Y}_B}{\hat{X}_B}$의 분산을 구하자.

단, $\hat{Y}_B = \sum^n \frac{M_i \bar{y}_i}{\pi_i}$. 그러면

$$V(\hat{Y}_{RB}) = \sum_i^N \sum_{j>i}^N (\pi_i \pi_j - \pi_{ij}) \left(\frac{D_i}{\pi_i} - \frac{D_j}{\pi_j} \right)^2 + \sum_{i=1}^N \frac{M_i^2 (1-f_{2i}) S_{d2i}^2}{m_i \pi_i} \quad (11.45)$$

단, $D_i = Y_i - RX_i$ 그리고 i와 j는 추출된 단위를 의미한다.

$$v(\hat{Y}_{RB}) = (\pi_i \pi_j \pi_{ij}^{-1} - 1) \left(\frac{\hat{D}_i'}{\pi_i} - \frac{\hat{D}_j'}{\pi_j} \right)^2 + \sum_{i=1}^2 \frac{M_i^2 (1-f_{2i}) s_{d2i}^2}{m_i \pi_i} \quad (11.46)$$

11.11 표본추출률과 부차표본 추출률의 선택(등 확률)

등 확률로 단위들을 추출할 때에 크기에 대한 비(ratio-to-size)에 대하여 논의한다. 부차표본추출률 $f_2 = \frac{m_i}{M_i}$가 일정하다고 가정한다. 따라서 추정치는 부차단위에 대한 표본평균이다. 비용함수에 포함되는 항들은

c_u = 일차단위 당 고정비용

c_2 = 부차단위 당 비용

c_l = 추출된 단위 내에서 부차단위 당 리스팅 비용

그러므로

$$비용 = c_u n + c_2 \sum^n m_i + c_l \sum^n M_i$$

이 공식은 표본으로 추출된 특정한 단위들에 대한 비용이므로, 이것 대신으로 n단위들에 대한 평균 비용을 사용한다. 즉

$$\begin{aligned} E(C) &= c_u n + c_2 n \overline{m} + c_l n \overline{M} \\ &= (c_u + c_l \overline{M}) n + c_2 n \overline{m} \\ &= c_1 n + c_2 n \overline{m} \end{aligned} \quad (11.47)$$

단, c_1은 단위를 리스팅하는 평균 비용이다.

우리는 주어진 비용에 대하여 $V(\bar{\bar{y}})$를 최소화시키는 n과 $\bar{m}=f_2\bar{M}$를 결정한다. (11-26)에서 $MSE(\hat{Y}_R)$을 $M_0^2=(\bar{M}N)^2$으로 나눔으로써

$$MSE(\bar{\bar{y}}) \doteq \frac{1-f_1}{n}\frac{\sum^N M_i^2(\bar{Y}_i-\bar{\bar{Y}})^2}{\bar{M}^2(N-1)}+\frac{1-f_2}{n\bar{m}}\sum^N \frac{M_i}{M_0}S_{2i}^2$$

이제, $S_b^2=\dfrac{\sum^N M_i^2(\bar{Y}_i-\bar{\bar{Y}})^2}{\bar{M}^2(N-1)}$라고 하자. 이것은 단위 평균들 사이에 가중분산이다. S_b^2은 10.3절의 분산 S_1^2과 유사하며, 모든 M_i가 같으면, S_b^2은 S_1^2이 된다. 또 $S_2^2=\sum_i^N \dfrac{M_i}{M_0}S_{2i}^2$으로 놓으면, 이것은 단위-내 분산들의 가중 평균이다. 만일 모든 M_i가 같다면 10.3절의 S_2^2과 같아진다.

정리 11.3 Theorem

일차 단위들을 등 확률로 추출하고, 모총계 Y의 추정치가

$$\hat{Y}_R=M_0\frac{\sum_{i=1}^n \hat{Y}_i}{\sum_{i=1}^n M_i}$$

라 하자. 비용함수가

$$E(C)=c_1n+c_2n\bar{m} \tag{11.48}$$

일 때에 $\hat{Y}_R$의 분산을 최소로 하는 최적의 $\bar{m}_{opt}$는

$$\bar{m}_{opt}=\frac{S_2}{\sqrt{S_b^2-S_2^2/\bar{M}}}\sqrt{\frac{c_2}{c_2}} \tag{11.49}$$

이다.

증명 (예제 11-6)에서

$$MSE(\hat{Y}_R) \doteq \frac{N^2}{n}(1-f_1)\frac{\sum^N M_i^2(\overline{Y}_i - \overline{\overline{Y}})^2}{(N-1)} + \frac{M_0^2(1-f_2)}{n\overline{m}}\sum^N\left(\frac{M_i}{M_0}\right)S_{2i}^2$$

이다. 양변을 $M_0^2 = (\overline{M}N)^2$으로 나누므로서 ($f_2 = \overline{m}/\overline{M}$이므로)

$$\begin{aligned} MSE(\overline{\overline{y}}) &\doteq \frac{1-f_1}{n}\frac{\sum^N M_i^2(\overline{Y}_i - \overline{\overline{Y}})^2}{\overline{M}^2(N-1)} + \frac{(1-f_2)}{n\overline{m}}\sum^N\left(\frac{M_i}{M_0}\right)S_{2i}^2 \\ &= \frac{1}{n}\left(S_b^2 - \frac{S_2^2}{\overline{M}}\right) + \frac{1}{n\overline{m}}S_2^2 - \frac{1}{n}S_b^2 \end{aligned} \tag{11.50}$$

식 (11.47)과 식 (11.50)에 Cauchy-Schwarz 부등식을 적용하면

$$\overline{m}_{opt} = \frac{S_2}{\sqrt{S_b^2 - S_2^2/\overline{M}}}\sqrt{\frac{c_2}{c_2}} \tag{11.51}$$

이다.

11.12 최적 선택확률과 표본추출율

Hansen과 Hurwitz(1949)는 주어진 비용아래서 $V(\hat{Y}_R)$을 최소로 하는 최적의 일차단위의 표본추출율, 이차단위의 부차표본 추출율 그리고 최적의 z_i 값을 구하는 문제를 다루었다. 특히, z_i를 M_i의 함수로 간주하였다. 일차단위는 복원으로 추출한다. 그 분석은 자기 가중이 되도록 하여서, $f_0 = (nz_i)\dfrac{m_i}{M_i}$가 전체적인 표본추출율(over-all sampling fraction)이 되도록 하였다.

비용함수는

$$C = c_u n + c_2\sum^n m_i + c_l\sum^n M_i$$

이다. M_i는 알려져 있고, 리스팅 비용은 표본으로 추출된 단위에 포함되어 있다. n개의 일차단위들을 표본추출하는 평균 비용은

$$E(C) = c_u n + c_2 f_0 M_0 + c_i \sum^N \pi_i M_i \tag{11.52}$$

이다. 왜냐하면,

$$E(\sum^n m_i) = E(\sum^n f_0 M_i / \pi_i) = \sum^N \pi_i f_0 M_i / \pi_i$$
$$= \sum^N f_0 M_i = f_0 M_0$$

이다.

식 (11.43)에 의하여

$$V(\hat{Y}_R) = V(X\hat{Y}/\hat{X})$$
$$= \frac{1}{n}\sum^N \left[\frac{1}{z_i}(Y_i - RX_i)^2 + \frac{M_i(M_i - m_i)}{z_i m_i} S_{d2i}^2 \right] \tag{11.53}$$

이다. 일차 단위는 복원으로 추출하므로, $\pi_i = nz_i$이다. $d_{ij} = y_{ij} - Rx_{ij}$이므로 $(Y_i - RX_i) = M_i \overline{D}_i$이다. $\pi_i = nz_i$이고,

$M_i/(nz_i m_i) = 1/f_0$임을 주목하면, 식 (11.53)은 다음과 같이 된다.

$$V(\hat{Y}_R) = \sum^n \left[\frac{M_i^2}{\pi_i} \left(\overline{D}_i^2 - \frac{S_{d2i}^2}{M_i} \right) + \frac{M_i}{f_0} S_{d2i}^2 \right] \tag{11.54}$$

이다.

정리 11.4 *Theorem*

일차단위는 복원으로 추출하고, 전체적인 표본추출율 f_0는 $f_0 = (nz_i)\dfrac{m_i}{M_i}$가 되는 표본설계를 한다. 주어진 비용은

$$E(C) = c_n n + c_2 f_0 M_0 + c_l \sum^N \pi_i M_i \tag{11.55}$$

이고,

$$\sum^N z_i = 1, \quad \sum^N \pi_i = n$$

인 조건아래서, 분산 $V(\hat{Y}_R)$을 최소로 하는 f_0는

$$f_0^2 = \frac{\sum^N M_i S_{d2i}^2}{\lambda c_2 M_0}$$

이다. 여기서, $\lambda = \sum \frac{M_i^2}{\pi_i^2}\left(\overline{D}_i^2 - \frac{S_{d2i}^2}{M_i}\right) / N(C_u + c_l \overline{M})$이다.

증명 Lagrangian 배수로 λ와 μ를 잡고, Lagrangian 함수

$$V + \lambda[c_u n + c_2 f_0 M_0 + c_l \sum \pi_i M_i - E(C)] + \mu(n - \sum \pi_i) \tag{11.56}$$

을 최소화한다. 식 (11.56)을 n과 π_i에 관하여 미분함으로써

$$n : \lambda c_u + \mu = 0 \tag{11.57}$$

$$\pi_i : \frac{-M_i^2}{\pi_i^2}\left(\overline{D}_i^2 - \frac{S_{d2i}^2}{M_i}\right) + \lambda c_l M_i - \mu = 0 \tag{11.58}$$

이다. 식 (11.57)와 식 (11.58)에서, n은 상수이므로

$$z_i = \frac{\pi_i}{n} \propto \frac{M_i \sqrt{(\overline{D}_i^2 - S_{d2i}^2 / M_i)}}{\sqrt{(c_u + c_l M_i)}} \tag{11.59}$$

이 된다.

다음의 보조정리에 의하면 식 (11.59)로부터 식 (11.60)이 나온다. 즉,

$$z_i \propto \frac{M_i \sqrt{\rho_{M_i}}}{\sqrt{c_u + c_l M_i}} \tag{11.60}$$

이다. 식 (11.56)를 f_0에 관하여 미분하면

$$f_0^2 = \frac{\sum^N M_i S_{d2i}^2}{\lambda c_2 M_0} \tag{11.61}$$

이다. 식 (11.58)을 모든 단위들에 대하여 합하므로서 λ의 값을 구한다. 즉,

$$\lambda = \sum \frac{M_i^2}{\pi_i^2}\left(\overline{D}_i^2 - \frac{S_{d2i}^2}{M_i}\right) / N(c_u + c_l \overline{M})$$

이다. 그리고 n은 (11.55)로부터 구할 수 있다.

보조 정리 *Theorem*

(정리 11-4)에서 $z_i \propto \dfrac{M_i\sqrt{(\overline{D}_i^2 - S_{d2i}^2/M_i)}}{\sqrt{c_u + c_l M_i}}$ 로부터 $z_i \propto \dfrac{M_i\sqrt{\rho_{M_i}}}{\sqrt{c_u + c_l M_i}}$ 임을 유도하여라.

증명 $(\overline{D}_i^2 - S_{d2i}^2/M_i)$의 각 개별 값은 알려져 있지 않으므로, 우리는 평균값이 단위의 크기 M_i에 어떻게 의존하는지를 생각한다. 먼저 모집단이 크기 M의 단위들로 나누어진다고 가정하자. $E(\overline{D}_i) = 0$이므로 (정리 9.2)에서

$$E(\overline{D}_i^2) = V(\overline{D}_i) \doteq \frac{S_d^2}{M}[1 + (M-1)\rho_M]$$

이다. 단, S_d^2은 d_{ij}의 모분산이고, ρ_M은 크기 M인 단위들에 대한 단위내-상관(intra-unit correlation)이다. 또한

$$E(S_{d2i}^2) \doteq S_d^2(1 - \rho_M)$$

이므로

$$E\left(\overline{D}_i^2 - \frac{S_{d2i}^2}{M_i}\right) \doteq \frac{S_d^2}{M}[1 + (M-1)\rho_M - (1-\rho_M)]$$

$$= \rho_M S_d^2$$

이다. 따라서 식 (11.59)로부터, 근사적으로 아래와 같다.

$$z_i \propto \frac{M_i\sqrt{\rho_{M_i}}}{\sqrt{c_u + c_l M_i}} \tag{11.62}$$

ρ가 양일 때, ρ_{M_i}는 M_i가 증가할 때 감소된다고 기대된다. 그러나 이러한 감소는 $\sqrt{\rho_{M_i}}$에 대하여 작은 편이다. $z_i \propto \dfrac{M_i\sqrt{\rho_{M_i}}}{\sqrt{c_u + c_l M_i}}$ 로부터 다음 사실을 알 수 있다.

① 리스팅 비용 $c_l M_i$가 작고, $\sqrt{\rho_{M_i}}$가 M_i 크기에 영향을 작게 받는다면, $z_i \propto M_i$(즉 pps)가 최선이다. 만일 $\sqrt{\rho_{M_i}}$가 현저히 감소한다면, 최적 확률은

$z_i \propto M_i$와 $z_i \propto \sqrt{M_i}$ 사이에 있다.

② 리스팅 비용이 크다면, z_i는 $\sqrt{M_i}$와 상수 (등 확률들) 사이에 있다.

③ 리스팅 비용과 고정 비용이 같은 크기라고 한다면, $z_i \propto \sqrt{M_i}$이다.

표본추출율 f_0에 관하여 식 (11.56)를 미분하면,

$$\sum^{N} \frac{-M_i S_{d2i}^2}{f_0^2} + \lambda c_2 M_0 = 0$$

이므로,

$$f_0^2 = \frac{\sum^{N} M_i S_{d2i}^2}{\lambda c_2 M_0} \tag{11.63}$$

이다. λ의 값은 식 (11.58)을 모든 단위들에 대하여 더하므로서 얻을 수 있다. 즉,

$$\sum \left[\frac{-M_i^2}{\pi_i^2} \left(\overline{D}_i^2 - \frac{S_{d2i}^2}{M_i} \right) + \lambda c_l M_i + \lambda c_u \right] = 0$$

따라서, $\sum M_i = M_0$, $\overline{M} = M_0 / N$이므로

$$\lambda = \frac{\sum^{N} M_i^2 / \pi_i (\overline{D}_i^2 - S_{d2i}^2 / M_i)}{N(c_l \overline{M} + c_u)}$$

이다. λ를 식 (11.63)에 대입하면

$$f_0 = \left[\frac{N(c_u + c_l \overline{M}) \sum^{N} (M_i / M_0) S_{d2i}^2}{c_2 \sum \frac{M_i^2}{\pi_i^2} \left(\overline{D}_i^2 - \frac{S_{d2i}^2}{M_i} \right)} \right]^{1/2} \tag{11.64}$$

이다. 최적의 n은 식 (11.55)와 (11.64)에서 구한다. $\pi_i = n z_i$임을 유의하여라. 그리고 m_i는 다음 식에서 구한다.

$$m_i = f_0 M_i / n z_i$$

11.13 층화 표본추출, 불편추정량

이 절에서는 불편 추정량 ($\hat{y}_u$, $\hat{Y}_{PPZ}$, $\hat{Y}_B$ 등)에 대하여 층화 표본추출로 확장한다. 층화 표본추출에서 모총계의 추정치는

$$\hat{Y}_{st} = \sum \hat{Y}_h$$

이다. 여기서 h는 층을 나타낸다. 그러면

$$V(\hat{Y}_{st}) = \sum_h^L V(\hat{Y}_h),\ v(\hat{Y}_{st}) = \sum_h^L v(\hat{Y}_h) \tag{11.65}$$

이다. $\hat{Y}_{ppz}$에 대하여, $\hat{Y}_h = \frac{1}{n_h}\sum^n \frac{\hat{Y}_{hi}}{z_{hi}}$ 이므로

$$\hat{Y}_{st} = \sum_h^L \hat{Y}_h = \sum_h^L \frac{1}{n_h}\sum_i^{n_h} \frac{M_{hi}y_{hi}}{m_{hi}z_{hi}} \tag{11.66}$$

이다. 단, y_{hi}는 h 층에서 i번째 단위에 대한 m_{hi} 부차단위들에 대한 총계이다. 이 추정치들이 층 내에서 자기-가중이 되는 것은 $f_{0h} = n_h z_{hi} m_{hi}/M_{hi}$가 상수일 때이다. 즉, 층내에서 임의의 부차단위를 추출할 확률이 상수일 때이다. 이 경우에 추정치는

$$\hat{Y}_{st} = \sum_h^L \frac{1}{f_{0h}} \sum_i^{n_k} y_{hi} \tag{11.67}$$

이다. 모든 층에 대하여 f_{0h}가 같다면, 완전히 자기-가중이 된다. 단위들이 주어진 층 내에서 크기가 같고 (즉, $M_{hi} = M_h$), $S_{2h}/\sqrt{c_{2h}}$ 의 값이 상수이면 자기-가중치가 되도록 하는 표본할당이 최적에 가깝다.

다음은 층 내에서 M_{hi}의 크기가 다를 때를 생각해 보자. 그리고 비용함수가 선형이고 (11.13절), 추정량이 층 내에서 자기-가중이라고 가정하자.

(즉, $f_{0h} = n_h z_{hi} m_{hi}/M_{hi}$). 그러면, 주어진 기대 비용에 대한 최적 f_{0h}는

$$f_{0h} \propto \frac{1}{\sqrt{c_{2h}}} \sqrt{\sum_i (M_{hi}/M_{0h}) S_{2hi}^2} \tag{11.68}$$

이다. 단, $M_{0h} = \sum M_{hi}$, $f_{0h} = f_0$로 표본추출하면 추정치는 완전히 자체-가중이 된다. 그리고 $f_{0h} = f_0$로 표본추출하는 것은 S_{2hi}^2과 c_{2h}가 층에서 층으로 크게 변하지 않는 한 분산에 대하여 이-단계 기여(contribution)에만 영향을 주므로 최적에 가까운 표본추출이다.

연습 문제

11.1 어느 대도시에 있어서 인구 과밀도에 관한 연구를 한다. 어느 한 층이 100개 block을 가지고 있고, 그 중 10개를 추정크기 pi에 비례하는 확률비례 복원추출을 하였다. 전체 추출률의 기대값은 $f_0 = 2\%$ 이다. 다음 자료를 써서 총인구수와 방 1개당 평균인원수 및 이들의 표준오차를 계산하여라.

block	1	2	3	4	5	6	7	8	9	10
방수	60	52	58	56	62	51	72	48	71	58
인구수	115	80	82	93	105	109	130	93	109	95

답 총인구수=추정량=50,550 $s.e.$=2.442
방 1개당 평균인원수=추정값=1.72 $s.e.$=0.0064

11.2 층화 이단계추출에서 h층 내의 부차단위의 표본추출 확률이 f_{0h}일 때 총계의 추정량은

$$\hat{Y}_{st} = \sum_{h}^{L} \frac{1}{f_{0h}} \sum_{i}^{n_h} y_{ij}$$

이다. 만약 f_{0h}가 모든 층에서 같다면 즉, $f_{0h} = f_0$라고 할 때 $\hat{Y}_{st}$를 구하라.

답 $\hat{Y}_{st} = \frac{1}{f_0} \sum_{h}^{L} \sum_{i}^{nh} y_{ij}$

11.3 이단계 추출에서

$$\hat{Y}_{PPZ} = \frac{1}{n} \sum_{i}^{n} \frac{M_i}{z_i m_i} \sum_{m_i}^{m_i} y_{ij}$$

일 때, $\hat{Y}_{PPZ}$가 자기가중 추정량이 되는 조건은 무엇인가?

답 $\frac{n z_i m_i}{M_i} = f_0$

Chapter **12**

이중 샘플링

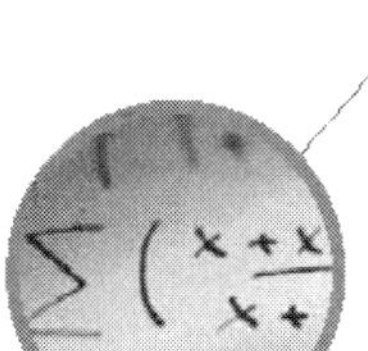

12.1 개요

조사 목적에 해당하는 변수 Y를 직접 조사하는 것은 비용이 많이 들지만 Y와 상관이 높은 보조변수 X를 조사하는 것은 비용이 적게 드는 경우, 1단계로 큰 규모의 예비 표본을 추출하여 x_i의 값에 따라서 층화한 후에 2단계로 각 층에서 부차표본을 추출하여 목적변수 Y를 조사하는 것을 이중 샘플링(double sampling)이라고 부른다.

보조 변수 X를 조사하기 위한 대표본(large sample)을 1단계 표본이라고 부르고, 목적변수 Y를 조사하기 위한 소표본(small sample)을 2단계 표본이라고 부른다.

▮ 이중 샘플링

1단계로 대량의 표본을 추출하여 y_i의 보조변수 x_i에 관한 정보를 얻는다. 그리고 1단계 표본을 x_i에 관하여 층화한 후에 2단계로 부차표본을 추출하여 y_i값을 관찰한다. 이와 같이 2단계로 표본을 추출하는 것을 이중 샘플링이라고 한다.

이중 샘플링으로 표본설계를 하는 목적은 2가지가 있다. 첫째, 1단계표본에 의한 보조변수에 대한 정보를 이용하여 층화를 하고 이로부터 2단계 표본을 추출하는 것이다.

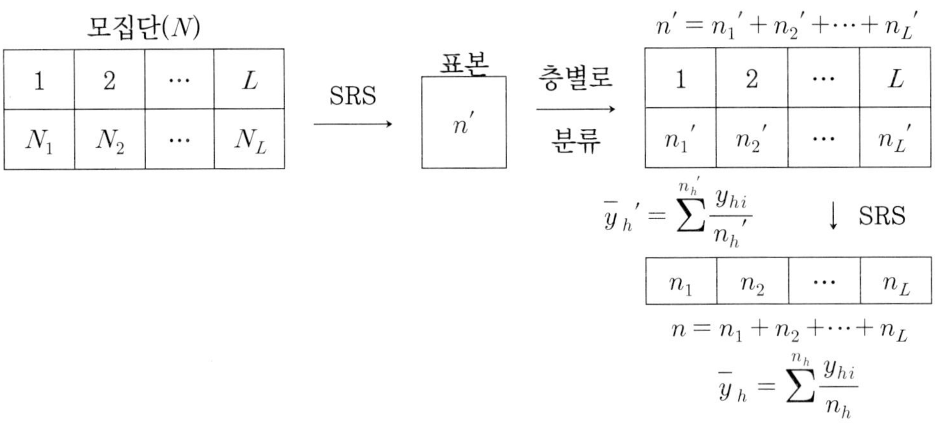

둘째, 보조변수 X의 조사 결과를 비추정 또는 회귀추정의 보조변수로 이용하는 것이다. 즉, 비추정과 회귀추정을 하려면 모평균 $\overline{X}$를 알아야 한다.

예제 12.1 어떤 도시에서 주민들의 가계 소득(y_i)를 조사하기 위하여, 동사무소에 있는 리스트에 의하여 1단계로 표본을 추출한 후 가구주의 연령(x_i)별로 층으로 분류한 후 2단계로 직접 인터뷰할 가구를 각 층에서 추출한 후 가계소득(y_i)을 조사하는 것이다.

12.2 층화를 위한 이중 샘플링

모집단이 L개의 층으로 층화되었다고 하자. 1단계 표본은 크기 n'의 단순랜덤 표본이다.

$$W_h = \frac{N_h}{N}$$

$$w_h = \frac{n_h'}{n'}$$

이라고 하자. 그러면 w_h는 W_h의 불편추정치이다.

2단계 표본은 크기 n의 층화랜덤 표본이다. 2단계 표본에서 y_{hi}를 측정한다. h층에서 n_h 단위들을 추출한다. 2단계 표본 n_h는 n_h'으로부터 랜덤 부차표본이다. 1단계 표본에서 층 가중 W_h를 추정하고, 2단계 표본에서 층 평균 $\overline{Y}_h$를 추정한다.

모 평균은 $\overline{Y} = \sum W_h \overline{Y}_h$이다. $\overline{Y}$의 추정치는

$$\bar{y}_{st} = \sum_{h=1}^{L} w_h \bar{y}_h \tag{12.1}$$

이다. 여기서, $\bar{y}_h = \sum^{n_h} \frac{y_{hi}}{n_h}$이다.

정리 12.1 *Theorem*

$\bar{y}_{st}$는 $\bar{Y}$의 불편추정치이다. 즉 $E(\bar{y}_{st}) = \bar{Y}$이다.

증명 $\bar{y}_h$는 h층으로부터 단순 랜덤추출이므로

$$E(\bar{y}_h) = \bar{Y}_h$$

이다. 또한 1단계 표본은 단순 랜덤추출이므로

$$E(w_h) = W_h$$

이다. 따라서

$$\begin{aligned} E(\bar{y}_{st}) &= E_1[E_2(\sum w_h \bar{y}_h | w_h)] \\ &= E_1(\sum w_h \bar{y}_h{}') \\ &= \sum W_h \bar{Y}_h = \bar{Y} \end{aligned} \tag{12.2}$$

정리 12.2 *Theorem*

모집단으로부터 1단계 표본으로 크기 n'인 단순랜덤 표본을 추출한다. 2단계 표본은 크기 $n_h = v_h n_h{}'$인 랜덤 부차표본이다. 여기서, $0 < v_h \le 1$이고, v_h는 고정되어 있다고 하자. 그러면

$$V(\bar{y}_{st}) = S^2\left(\frac{1}{n'} - \frac{1}{N}\right) + \sum_h^L \frac{W_h S_h^2}{n'}\left(\frac{1}{v_h} - 1\right) \tag{12.3}$$

이다. 여기서 S^2은 모분산이다.

증명 h층으로부터 추출된 1단계 표본 $n_h{}'$개 단위에 대하여 y_{hi}값을 얻는다고 가정한다. (n_h개의 2단계 표본에 대하여 y_{hi}값을 얻지만 증명을 용이하게 위와 같이 정의한다.)

그러면, $w_h = \dfrac{n_h{}'}{n'}$이므로,

$$\sum_h^L w_h \bar{y}_h{}' = \bar{y}'$$

은 n'개 단순랜덤표본의 평균이다. 여기서, $\bar{y}_h{}' = \sum_{i=1}^{n_h{}'} \dfrac{y_{hi}}{n_h{}'}$이다.

$$V(\sum_{h}^{L} w_h \bar{y}_h{}') = V(\bar{y}') = \frac{N-n'}{N}\frac{S^2}{n'}$$

$$= S^2\left(\frac{1}{n'} - \frac{1}{N}\right) \tag{12.4}$$

추정량 $\bar{y}_{st}$를 다시 쓰면

$$\bar{y}_{st} = \sum_{h}^{L} w_h \bar{y}_h = \sum_{h}^{L} w_h \bar{y}_h{}' + \sum_{h}^{L} w_h (\bar{y}_h - \bar{y}_h{}') \tag{12.5}$$

이다. $E_2(\bar{y}_h) = \bar{y}_h{}'$이고,

$$cov(\bar{y}_h{}',\ \bar{y}_h) = E_1E_2(\bar{y}_h{}' - E\bar{y}_h{}')(\bar{y}_h - E\bar{y}_h)$$

$$= E_1E_2(\bar{y}_h{}' - E_1E_2\bar{y}_h{}')(\bar{y}_h - E_1E_2\bar{y}_h)$$

$$= E_1E_2(\bar{y}_h{}' - \bar{Y}_h)(\bar{y}_h - \bar{Y}_h)$$

$$= E_1(\bar{y}_h{}' - \bar{Y}_h)(\bar{y}_h{}' - \bar{Y}_h) = V(\bar{y}_h{}')$$

따라서,

$$cov[\bar{y}_h{}', (\bar{y}_h - \bar{y}_h{}')] = cov(\bar{y}_h{}', \bar{y}_h) - V(\bar{y}_h{}') = 0$$

$$V(\bar{y}_h - \bar{y}_h{}') = V(\bar{y}_h) + V(\bar{y}_h{}') - 2cov(\bar{y}_h,\ \bar{y}_h{}')$$

$$= V(\bar{y}_h) - V(\bar{y}_h{}')$$

그러므로 고정된 w_h에 대하여

$$n_h = v_h n_h{}' = v_h w_h n'$$

이므로

$$V_2[\sum w_h(\bar{y}_h - \bar{y}_h{}')] = V_2(\sum w_h \bar{y}_h)$$

$$= \sum w_h^2 S_h^2\left(\frac{1}{n_h} - \frac{1}{n_h{}'}\right)$$

$$= \sum \frac{w_h S_h^2}{n'}\left(\frac{1}{v_h} - 1\right)$$

이다. 그리고

$$E_1 V_2[\sum w_h(\bar{y}_h - \bar{y}_h{}')] = \sum \frac{W_h S_h^2}{n'}\left(\frac{1}{v_h} - 1\right)$$

그런데

$$\begin{aligned} V(\overline{y}_{st}) &= V_1E_2(\overline{y}_{st}) + E_1V_2(\overline{y}_{st}) \\ &= V_1E_2(\sum w_h\overline{y}_h) + E_1V_2(\overline{y}_{st}) \\ &= V_1(\sum w_h\overline{y}_h{}') + E_1V_2(\overline{y}_{st}) \\ &= S^2\left(\frac{1}{n'} - \frac{1}{N}\right) + \sum_h^L \frac{W_hS_h^2}{n'}\left(\frac{1}{v_h} - 1\right) \end{aligned}$$

이다.

보조 정리 *Theorem*

> 만일 2단계 표본에서 비율을 추정한다면, $S^2 = \dfrac{NPQ}{(N-1)}$ 이고,
>
> $$S_h^2 = \frac{N_hP_hQ_h}{N_h - 1},\ (\overline{Y}_h - \overline{Y})^2 = (P_h - P)^2$$
>
> 이다. 다라서 $\dfrac{n'v_h}{N}$ 을 무시할 수 있다면
>
> $$V(p_{st}) = \sum_h^L \frac{W_hP_hQ_h}{n'v_h} + \frac{g'}{n'}\sum_h^L W_h(P_h - P)^2$$
>
> 이다. 여기서, $g' = \dfrac{(N-n')}{(N-1)}$ 이다.

12.3 최적 배정(n'과 v_h의 결정)

주어진 비용아래서 $V(\overline{y}_{st})$를 최소로 하는 n'와 v_h를 구하고자 한다. c'은 단위당 층 분류비용이고, c_h는 h층 내의 단위당 조사 비용이다. 그러면 비용함수는

$$C = c'n' + \sum_h c_hn_h$$

이다. n_h가 확률변수이므로, 선택된 n'과 v_h에 대하여 비용함수의 기대값을 최소로

한다. 비용함수의 기대값은

$$E(C) = C^* = c'n' + n'\sum c_h v_h W_h \tag{12.6}$$

이다. 왜냐하면, $E(n_h) = E(n_h' v_h) = E(n' w_h v_h) = n' v_h W_h$ 이다.

$V = V(\bar{y}_{st})$에 대하여, 공식 (12.3)에서

$$n'\left(V + \frac{S^2}{N}\right) = (S^2 - \sum W_h S_h^2) + \sum_h \frac{W_h S_h^2}{v_h}$$

이다. $C^*\left(V + \frac{S^2}{N}\right)$은 n'을 포함하지 않는다. Cauchy-Schwarz 부등식을 이용하면, 모든 h에 대하여

$$\frac{v_h^2 c_h}{S_h^2} = \frac{c'}{(S^2 - \sum W_h S_h^2)}$$

일 때에 이 곱은 최소가 된다. 즉,

$$v_h = S_h \left[\frac{c'}{c_h (S^2 - \sum W_h S_h^2)}\right]^{\frac{1}{2}} \tag{12.7}$$

그러면 식 (12.6)에서 n'을 구할 수 있다.

$C^*\left(V + \frac{S^2}{N}\right)$에 대한 공식에서 최적의 v_h와 n'를 대치하므로서, 최소분산은

$$V_{\min}(\bar{y}_{st}) = \frac{1}{C^*}[\sum W_h S_h \sqrt{c_h} + (S^2 - \sum W_h S_h^2)^{\frac{1}{2}} \sqrt{c'}]^2 - \frac{S^2}{N} \tag{12.8}$$

이다. 최적 배정 문제가 c_h와 S_h가 상수일 때에는 간편해진다. 즉, 식 (12.7)에서 $c_h = c$, $s_h^2 = s_w^2$으로 놓으면

$$v_h = v = \left[\left(\frac{c'}{c}\right)\frac{S_w^2}{S^2 - S_w^2}\right]^{\frac{1}{2}}$$

$$= \left[\left(\frac{c'}{c}\right)\frac{1}{\phi - 1}\right]^{\frac{1}{2}}$$

로 간단해 진다. 여기서, $\phi = \frac{S^2}{S_w^2}$ 이다.

예제 12.2 다음은 Jefferson의 자료를 이용하여, 단순랜덤추출과 이중추출을 비교한다. 옥수수 경작면적을 추정하는데 단순랜덤추출이나 이중추출을 사용할 수 있다. 농장의 크기가 160 acre 이하는 층 1로, 그 이상은 층 2로 구분한다.

층	W_h	S_h^2	S_h	$\overline{Y}_h$
1	0.786	312	17.7	19.404
2	0.214	922	30.4	51.626
모집단		620		26.300

$C^* = 100$, $c_h = 1 = c$라 하자. 그리고 $\dfrac{S^2}{N}$은 무시한다고 가정하자. 단순랜덤표본으로 $n = 100$ 농가를 추출하면, $V(\overline{y}) = 6.2$이다. c'은 농가를 층1이나 층2로 층화하는데 드는 비용이다. 이중추출에 효율성에 관하여 다음 문제를 생각해 보자.

① 이중추출이 단순랜덤추출보다 정도(precision)가 높으려면 $\dfrac{c'}{c}$ 값은 어떤값을 가져야 하는가?

② $c' = \dfrac{c}{100}$이라면, 최적 이중 표본추출이 되는 n'과 v_h를 구하라. 그때에 $V(\overline{y}_{st})$를 구하라.

③ 문제 2번에서 v_h의 값이 최적값의 2배가 된다면 $V(\overline{y}_{st})$의 값은 얼마인가?

풀이 ① $\sum W_h S_h = 20.4$, $(S^2 - \sum W_h S_h^2) = 177$이다.

12.8절에서

$$V_{\min}(\overline{y}_{st}) = 0.01(20.4 + 13.3\sqrt{c'})^2$$

$V_{\min}(\overline{y}_{st}) = 6.2$ 보다 작으려면, $c' < 0.11$이다. 즉, $c = 1$이므로

$$\frac{c'}{c} < \frac{1}{9}$$

② $\dfrac{c'}{c} = \dfrac{1}{100}$이라면,

$$V_{\min}(\bar{y}_{st}) = 0.01(20.4 + 1.3)^2 = 4.71$$

만약 층화하는데 드는 비용을 무시할 수 있다면

$$V_{\min}(\bar{y}_{st}) = 0.01(20.4)^2 = 4.16$$

$\frac{c'}{c} = \frac{1}{100}$일 때는 (12.7)로부터

$$v_h = \frac{S_h}{133}\ ;\ v_1 = 0.133,\ v_2 = 0.229$$

$\sum W_h v_h = 0.1535$이므로 (12.7)로부터 $n' = 612$이다. 그러면

$$n_1 = 612(0.786)(0.133) = 64,\ n_2 = 30$$

따라서, 분류비용으로 전체 비용에 6%만 사용된다.

③ $v_1 = 0.266$, $v_2 = 0.458$이라면, $\sum W_h v_h = 0.307$이다. (12.6)로 부터 $n' = 315$이다. 따라서, $n_1 = 66$, $n_2 = 31$이다. (12.3)으로 부터 $V(\bar{y}_{st}) = 4.85$이므로 최적값 4.71보다 3%의 증가를 보인다.

12.4 이중추출에서 분산의 추정

만일 $\frac{1}{n'}$과 $\frac{1}{N}$을 무시할 수 있다면(즉, < 0.02), $V(\bar{y}_{st})$의 불편추정치는

$$v(\bar{y}_{st}) = \sum_h^L w_h s_h^2\left(\frac{1}{n' v_h} - \frac{1}{N}\right) + \frac{g'}{n'}\sum_h^L w_h(\bar{y}_h - \bar{y}_{st})^2$$

$$= \sum_h^L \frac{w_h^2 s_h^2}{n_h} - \sum_h^L \frac{w_h s_h^2}{N} + \frac{g'}{n'}\sum_h^L w_h(\bar{y}_h - \bar{y}_{st})^2 \quad (12.9)$$

여기서, $g' = \frac{(N-n')}{N-1}$이다.

정리 12.3 *Theorem*

이중 표본추출에서 $V(\bar{y}_{st})$의 불편 표본추정치는

$$v(\bar{y}_{st}) = \frac{n'(N-1)}{(n'-1)N}\left[\sum_h w_h s_h^2\left(\frac{1}{n'v_h} - \frac{1}{N}\right) + \frac{g'}{n'}\sum_h s_h^2\left(\frac{w_h}{N} - \frac{1}{n'v_h}\right) + \frac{g'}{n'}\sum_h w_h(\bar{y}_h - \bar{y}_{st})^2\right] \qquad (12.10)$$

증명 식 (12.10)의 마지막 항은

$$\sum w_h(\bar{y}_h - \bar{y}_{st})^2 = \sum w_h \bar{y}_h^2 - \bar{y}_{st}^2$$

고정된 w_h에 대하여

$$E(\sum w_h \bar{y}_h^2) = \sum w_h \bar{Y}_h^2 + \sum w_h S_h^2\left(\frac{1}{v_h w_h n'} - \frac{1}{w_h N}\right)$$

또한,

$$E_w E(\sum w_h \bar{y}_h^2) = \sum W_h \bar{Y}_h^2 + \sum S_h^2\left(\frac{1}{v_h n'} - \frac{1}{N}\right) \qquad (12.11)$$

또한,

$$E(\bar{y}_{st}^2) = \bar{Y}^2 + V(\bar{y}_{st}) \qquad (12.12)$$

식 (12.11)에서 (12.12)를 빼고, $\frac{g'}{n'}$을 곱하므로서

$$\frac{g'}{n'}[E\sum w_h(\bar{y}_h - \bar{y}_{st})^2] = \frac{g'}{n'}\left[\sum W_h(\bar{Y}_h - \bar{Y})^2 + \sum S_h^2\left(\frac{1}{v_h n'} - \frac{1}{N}\right) - V(\bar{y}_{st})\right]$$

그러면,

$$\frac{(n'-1)N}{n'(N-1)} Ev(\bar{y}_{st}) = \left(1 - \frac{g'}{n'}\right)V(\bar{y}_{st}) = \frac{(n'-1)N}{n'(N-1)} V(\bar{y}_{st})$$

보조 정리 *Theorem*

비율의 추정에서 (12.9)를 사용하기 위해서는, $\bar{y}_h$ 대신에 p_h, 그리고 s_h^2 대신에 $\frac{n_h p_h q_h}{(n_h - 1)}$을 대입시킨다.

예제 12.3 어떤 도시에서 374 가구를 단순랜덤추출한 결과, 292가구는 백인 가구이고, 82 가구는 비 백인 가구였다. 전체의 약 25%의 표본을 추출한 결과는 다음과 같았다. 세를 든 가구의 비율을 추정하고, 그 표준오차를 구하라.

	자가	전세	합계
백인(층 1)	31	43	74
비 백인(층 2)	4	14	18

풀이

$$w_1 = \frac{292}{374} = 0.78,\ \ w_2 = \frac{82}{374} = 0.22$$

$$p_1 = \frac{43}{74} = 0.58,\ \ p_2 = \frac{14}{18} = 0.78$$

$$p_{st} = w_1 p_1 + w_2 p_2 = 0.624$$

$$n' = 374,\ \ n_1 = 74,\ \ n_2 = 18$$

그러므로 식 (12.9)에 의하여, 첫 항이 매우 중요하므로 첫 항만 생각하면

$$v(p_{st}) = \sum_h \frac{n_h}{(n_h - 1)} \frac{w_h p_h q_h}{v_h n'} = \sum_h \frac{w_h^2 p_h q_h}{(n_h - 1)}$$

$$= \frac{(0.78)^2 (0.2436)}{73} + \frac{(0.22)^2 (0.1716)}{17} = 0.00252$$

$$s(p_{st}) = 0.05$$

12.5 회귀추정량

이중표본추출의 응용으로 보조변량 x_i는 $\overline{Y}$의 회귀추정치를 구하는데 사용된다. n'개의 1단계 표본으로 x_i만을 측정하고, 2단계 표본은 n개의 랜덤부차표본으로 x_i와 y_i를 모두 측정한다. 여기서 $n = vn'$으로 v는 미리 선정된다. $\overline{Y}$의 추정치는

$$\overline{y}_{lr} = \overline{y} + b(\overline{x}' - \overline{x}) \tag{12.13}$$

이다. 여기서 $\bar{x}'$은 1단계 표본의 평균이고, $\bar{x}$는 2단계 표본의 평균이다. 그리고 b는 x_i에 대한 y_i의 최소자승 회귀계수로 2단계 표본에서 계산된다.

정리 12.4 *Theorem*

$\bar{y}_{lr}$의 분산은 근사적으로

$$V(\bar{y}_{lr}) = \frac{S_y^2(1-\rho^2)}{n} + \frac{\rho^2 S_y^2}{n'} - \frac{S_y^2}{N} \tag{12.14}$$

이다. 여기서, 랜덤 표본추출을 가정한다.

증명 식 (12.13)의 b 대신에 유한 모집단 회귀계수 $B = \dfrac{S_{yx}}{S_x^2}$을 써서 분산을 구하자. 즉,

$\tilde{y}_{lr} = \bar{y} + B(\bar{x}' - \bar{x})$

로 놓고, $u_i = y_i - Bx_i$라 하자. 그러면, 소표본(n)은 대표본(n')에서 추출된 랜덤 표본이므로 $E_w(\tilde{y}_{lr}) = \bar{y}'$, 그리고 7.2절에서

$$\begin{aligned} V_2(\tilde{y}_{lr}) &= V_2\left[\frac{\sum[y_i - B(x_i - \bar{x}')]}{n}\right] = V_2\left[\frac{\sum(y_i - Bx_i)}{n}\right] \\ &= V_2\left(\frac{\sum u_i}{n}\right) = V_2(\bar{u}) \\ &= \left(\frac{1}{n} - \frac{1}{n'}\right)s'^2_u \end{aligned}$$

이다. 여기서, s'^2_u은 대표본 내에서 u의 분산이다. $\bar{y}_{lr}$의 분산은 2단 추출의 분산 공식으로부터

$$\begin{aligned} V(\bar{y}_{lr}) \doteq V(\tilde{y}_{lr}) &= V_1 E_2(\tilde{y}_{lr}) + E_1 V_2(\tilde{y}_{lr}) \\ &= V_1(\bar{y}') + E_1\left[\left(\frac{1}{n} - \frac{1}{n'}\right)s'^2_u\right] \\ &= \left(\frac{1}{n'} - \frac{1}{N}\right)S_y^2 + \left(\frac{1}{n} - \frac{1}{n'}\right)S_y^2(1-\rho^2) \end{aligned}$$

이다. 왜냐하면 s'^2_u은 $S_u^2 = S_y^2(1-\rho^2)$의 불편추정치이기 때문이다.

여기서, $\rho^2 = \dfrac{S_{yx}^2}{S_y^2 S_x^2}$이다.

12.6 최적 배정(n'과 n의 결정)

회귀추정치를 갖는 이중추출과 단순랜덤표본을 비교한다. 그러면 식 (12.14)로부터

$$V+\frac{S_y^2}{N}=\frac{S_y^2(1-\rho^2)}{n}+\frac{\rho^2 S_y^2}{n'}$$

이고, 비용함수는

$$C=cn+c'n'$$

이다. Cauchy-Schwarz 부등식에 의하여, V와 C의 곱 VC가 최소가 되는 것은

$$\frac{cn^2}{S_y^2(1-\rho^2)}=\frac{c'n'^2}{\rho^2 S_y^2}$$

이므로, $n=n'\sqrt{\frac{c'}{c}\frac{(1-\rho^2)}{\rho^2}}$ 일 때이다. n을 비용함수에 대입하면

$$n'=\frac{C}{c'}\left[1+\sqrt{\frac{c'}{c}\frac{(1-\rho^2)}{\rho^2}}\right]^{-1}$$

이다. VC에 대치하여

$$(VC)_{\min}=S_y^2(\sqrt{c(1-\rho^2)}+\sqrt{c'\rho^2})^2-\frac{CS_y^2}{N} \tag{12.15}$$

이다. 그러면, 주어진 비용 C에 대하여 식 (12.15)로부터

$$V_{\min}=S_y^2\frac{(\sqrt{c(1-\rho^2)}+\sqrt{c'\rho^2})^2}{C}-\frac{S_y^2}{N}$$

이다. 만일 단순랜덤 추출을 한다면, 표본의 크기는 $n=\frac{C}{c}$이다. 따라서 $\bar{y}$의 분산은

$$V(\bar{y})=\frac{cS_y^2}{C}-\frac{S_y^2}{N}$$

이다. 그러므로 단순랜덤 추출보다 이중추출의 분산이 작게 되는 조건은

$$c>(\sqrt{c(1-\rho^2)}+\sqrt{c'\rho^2})^2$$

이다. 이 부등식은 다음과 같이 쓸 수 있다.

$$\frac{c}{c'} > \frac{(1+\sqrt{1-\rho^2})^2}{\rho^2} \tag{12.16}$$

또는,

$$\rho^2 > \frac{4\left(\frac{c}{c'}\right)}{\left(1+\frac{c}{c'}\right)^2} \tag{12.17}$$

식 (12.16)은 주어진 ρ값에 대한 이중추출이 단순랜덤추출보다 더 효율이 높은 $\frac{c}{c'}$값의 범위를 나타낸 것이다. 식 (12.17)은 주어진 $\frac{c}{c'}$ 값에 대한 이중추출이 단순랜덤추출보다 더 효율이 높은 ρ값의 범위를 나타낸 것이다.

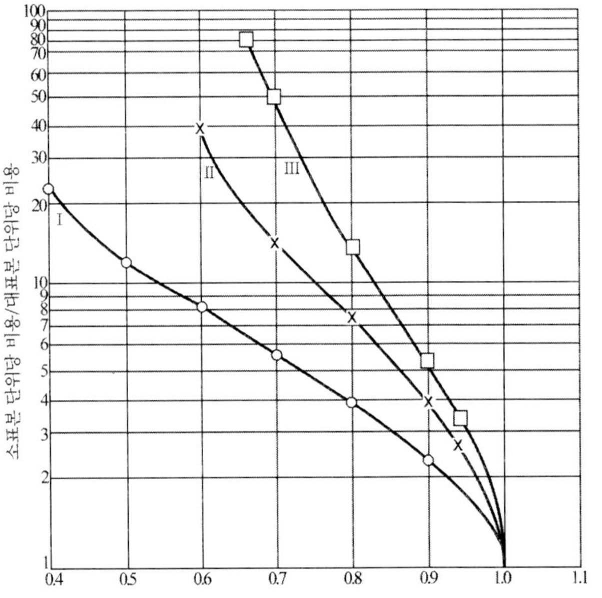

$\rho = x_i$와 y_i의 상관

곡선 I : 단일추출에 대한 중복추출의 상대효율 RE=100

곡선 II : 상대효율 RE+1.25

곡선 III : 상대효율 RE=1.50

〈그림 12.1〉 ρ와 c/c'

<그림 12.1>은 ρ값에 대한 비 $\frac{c}{c'}$의 값을 대수눈목에 그린 것이다. 곡선 I위의 값은 이중추출과 단순랜덤추출의 정밀도가 같은 경우이다. 곡선 Ⅱ는 $V_{opt}=0.8V(\overline{y})$인 경우이다. 즉, 이중추출의 정밀도가 25% 증가한 경우이다. 곡선 Ⅲ은 정밀도가 50% 증가한 경우이다. 예컨대, 곡선 I에서 $\rho=0.8$일 때는 $\frac{c}{c'}$이 4이라면 이중추출과 일회 추출의 정밀도가 같다. $\rho=0.8$이고, $\frac{c}{c'}=7.5$일 때는 정밀도가 25% 증가하고, $\frac{c}{c'}=13$일 때는 50% 증가한다.

실제적으로 <그림 12.1>로부터 이중추출의 효율성을 쉽게 예측할 수 있다. 왜냐하면, 이미 조사된 자료로부터 n과 n'의 최적값은 구할 수 있기 때문이다. 허용오차는 이중추출을 수용하기 전에 구해내야 된다. 임의의 ρ에 대하여, 이중추출로부터 얻은 정밀도의 증가의 상한(upper limit)은 주어진다. 이것은 $c'=0$일 때에 일어난다. 상대정밀도의 상한은 $\frac{1}{(1-\rho^2)}$이다.

12.7 회귀에 대한 이중 샘플링에서 분산의 추정

식 (12.14)에 의하여

$$V(\overline{y}_{lr})=\frac{S_y^2(1-\rho^2)}{n}+\frac{\rho^2S_y^2}{n'}-\frac{S_y^2}{N}$$

이다. 7.4절의 회귀모형에서

$s_{y\cdot x}^2=\frac{1}{n-2}\left[\sum_i^n(y_i-\overline{y})^2-b^2\sum_i^n(x_i-\overline{x})^2\right]$은 $S_y^2(1-\rho^2)$의 불편추정치이다. 표본 분산

$$s_y^2=\frac{\sum(y_i-\overline{y})^2}{n-1}$$

은 S_y^2의 불편추정치이므로

$$s_y^2-s_{y\cdot x}^2$$

은 $\rho^2 S_y^2$의 불편추정치이다. 왜냐하면,

$$E(s_y^2 - s_{y\cdot x}^2) = S_y^2 - S_y^2(1-\rho^2) = \rho^2 S_y^2$$

그러므로 $V(\overline{y}_{lr})$의 표본추정치는

$$v(\overline{y}_{lr}) = \frac{s_{y\cdot x}^2}{n} + \frac{s_y^2 - s_{y\cdot x}^2}{n'} - \frac{s_y^2}{N}$$

이다. 만일 2차 표본의 크기가 작고, $\frac{1}{n}$을 무시할 수 없다면, 분산의 추정치는

$$v(\overline{y}_{lr}) = s_{y\cdot x}^2\left[\frac{1}{n} + \frac{(\overline{x}' - \overline{x})^2}{\sum(x_i - \overline{x})^2}\right] + \frac{s_y^2 - s_{y\cdot x}^2}{n'} - \frac{s_y^2}{N}$$

이다.

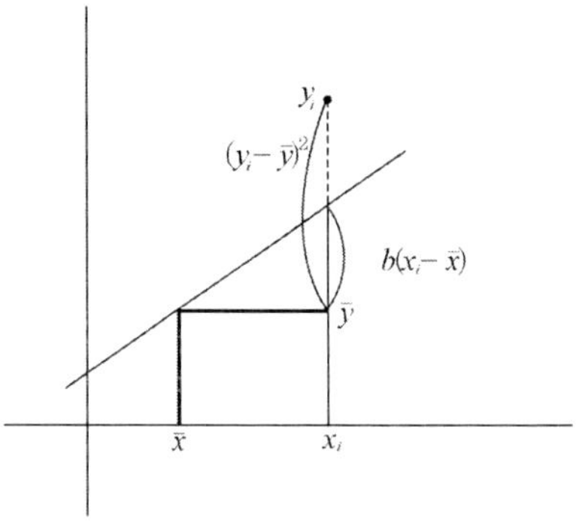

〈그림 12.2〉 $s_{y\cdot x}^2$의 표시

12.8 비추정량(ratio estimators)

모평균 $\overline{Y}$를 비추정할 때에, $\overline{X}$의 추정치로서 $\overline{x}'$를 1단계 표본에서 구한다면, $\overline{Y}$의 비추정량은 다음과 같다.

$$\overline{y}_R = \frac{\overline{y}}{\overline{x}}\overline{x}'$$

정리 12.4 *Theorem*

$\overline{Y}$의 비추정량

$$\overline{y}_R = \frac{\overline{y}}{\overline{x}}\overline{x}',$$

의 분산은

$$V(\overline{y}_R) = \frac{S_y^2 - 2RS_{yx} + R^2 S_x^2}{n} + \frac{2RS_{yx} - R^2 S_x^2}{n'} - \frac{S_y^2}{N}$$

이다.

증명

$$\begin{aligned} \overline{y}_R - \overline{Y} &= \frac{\overline{y}}{\overline{x}}\overline{x}' - \overline{Y} \\ &= \left(\frac{\overline{y}}{\overline{x}}\overline{X} - \overline{Y}\right) + \frac{\overline{y}}{\overline{x}}(\overline{x}' - \overline{X}) \\ &= \frac{\overline{X}}{\overline{x}}(\overline{y} - R\overline{x}) + \frac{\overline{y}}{\overline{x}}(\overline{x}' - \overline{X}) \end{aligned}$$

위 식의 첫 성분 $(\overline{y} - R\overline{x})$는 비추정치의 오차이다. 적절한 오차 분산을 얻기 위하여 $\dfrac{\overline{X}}{\overline{x}} = 1$로 놓는다. 두 번째 성분에서 $\dfrac{\overline{y}}{\overline{x}}$는 $R = \dfrac{\overline{Y}}{\overline{X}}$로 대치시킨다. 이와 같이 하여

$$\overline{y}_R - \overline{Y} = (\overline{y} - R\overline{x}) + R(\overline{x}' - \overline{X}) \tag{12.18}$$

이다. 만일 2단계 표본이 1단계 표본의 랜덤 부차표본이면,

$$E_2(\overline{y}_R - \overline{Y}) = \overline{y}' - \overline{Y}$$

식 (12.18)에서

$$V_2(\overline{y}_R - \overline{Y}) = \left(\frac{1}{n} - \frac{1}{n'}\right)s_d'^2$$

단, $s_d'^2$은 변량 $d_i = y_i - Rx_i$의 2단계 표본안에서의 분산이다. 1단계 표본을 반복 랜덤추출하므로서

$$\begin{aligned} V(\overline{y}_R) &= V_1 E_2(\overline{y}_R) + E_1 V_2(\overline{y}_R) = V_1(\overline{y}' - \overline{Y}) + \left(\frac{1}{n} - \frac{1}{n'}\right)E_1 s_d'^2 \\ &= \left(\frac{1}{n'} - \frac{1}{N}\right)S_y^2 + \left(\frac{1}{n} - \frac{1}{n'}\right)(S_y^2 - 2RS_{yx} + R^2 S_x^2) \end{aligned} \tag{12.19}$$

왜냐하면 $s_d'^2$은 $S_d^2 = S_y^2 - 2RS_{yx} + R^2 S_x^2$의 불편 추정치이기 때문이다. 식 (12.19)

를 다시 정리하면

$$V(\bar{y}_R) = \frac{S_y^2 - 2RS_{yx} + R^2 S_x^2}{n} + \frac{2RS_{yx} - R^2 S_x^2}{n'} - \frac{S_y^2}{N}$$

12.9 동일 모집단에서 반복 표본추출(repeated sampling)

일정한 간격으로 발행되는 중요한 통계자료를 표본조사로 얻는 경우가 많다. 상당히 긴 간격으로 조사되는 센서스는 사용에 제한성을 갖기 때문에 오히려 짧은 간격으로 조사되는 작은 표본조사가 더 유용하게 정보를 제공하는 경우가 많다.

같은 모집단에서 반복적으로 표본을 추출할 때에 효율성을 높이는 표본추출기법이 필요하다. 즉, "얼마나 자주 표본을 추출할 것인가" 또 시간의 경과에 따라 "표본을 어떻게 변화시킬 것인가" 등의 문제가 대두된다.

반복해서 얻은 일련의 표본들이 있을 때에 우리는 다음을 추정하고자 한다.

① 한 시기(occasion)에서 다른 시기로의 $\overline{Y}$의 변화

② 모든 시기에 대한 $\overline{Y}$의 평균 값

③ 가장 최근 시기에 대한 $\overline{Y}$의 평균 값

시간에 따라 급격히 변화할 때에는 현재 시점에서의 평균에 관심이 있다. 만일 시간에 따른 변화가 천천히 일어날 때에는 모든 시기에 대한 $\overline{Y}$의 평균에 관심이 있게 된다.

표본의 크기는 모든 조사 시기에 같고, 표본설계는 자유롭게 할 수 있다고 가정한다. 정밀도를 최대로 높이기 위해서는 다음과 같은 표본의 대체(replacement)가 있다.

① 변화를 추정하기 위해서는 모든 시기에서 동일 표본을 유지하는게 최선이다.

② 전체 조사시기에 대한 평균을 추정하는데 대하여, 각 시기마다 새로운 표본을

추출하는 것이 최선이다.

③ 현 시점의 추정치에 대해서는 동일한 표본을 유지하거나, 매 시기마다 표본을 변경하므로서 동일한 정밀도가 얻어진다. 그러나 조사시기마다 표본의 일부를 대체하는 것이 더 좋다.

①과 ②가 성립하는 것은 계속 조사에 있어서 동일 단위에 대한 측정사이에 양의 상관이 있기 때문이다. 두 시점간의 차의 분산은 동일 단위일 때에

$$V(y_1 - y_2) = S_1^2 + S_2^2 - 2\rho S_1 S_2 \quad \left(\rho = \frac{S_{xy}}{S_x S_y}\right)$$

이다. 여기서 첨자 ①, ②는 조사시기를 의미한다. 만약 동일 단위가 아니고, 다른 두 단위일 때에 분산은 $S_1^2 + S_2^2$이다. 동일 단위일 때에 두 조사 시점의 평균의 분산은

$$V\left(\frac{y_1 + y_2}{2}\right) = \frac{S_1^2 + S_2^2 + 2\rho S_1 S_2}{4}$$

이다. 조사단위가 다를 때에는 $\dfrac{(S_1^2 + S_2^2)}{4}$이다.

12.10 2회 계속 조사(sampling on two occasion)

통계청에서는 물가, 실업자수, 인구이동 같은 통계는 월별 또는 년도별로 계속 조사하고 있다. 두 조사 시기에 표본의 크기는 모두 n이라고 하자. 그리고 현 시점의 추정치에 더 관심을 둔다. 계속 조사에 있어서 Jensen(1942)이 처음으로 표본의 대체(replacement)를 연구하였다. 표본 추출방법은 단순랜덤추출을 생각한다.

두 조사 시기 중에서 첫 번째 표본의 평균은 분산이 $\dfrac{S_1^2}{n}$이다. 두 번째 표본을 추출하는 방법은 n개 단위 중에서 m개 단위는 잔유시키고 나머지 u개 단위는 표본에서 제외시킨다.

(m은 matched를 u는 unmatched를 의미한다.) 여기서 $n = m + u$이다. 그리고, 이미 추출되지 않은 단위들로부터 u개의 새로운 표본을 추출하여 대치시킨다.

▌기호

$\overline{y}_{hu}$= 조사시점 h에서 중복되지 않는 u개 단위의 평균

$\overline{y}_{hm}$= 조사시점 h에서 중복되는 m개 단위의 평균

$\overline{y}_{h}$= 조사시점 h에서 표본의 평균

$\overline{Y}_{1}$= 첫 번째 조사시점에서 모평균

$\overline{Y}_{2}$= 두 번째 조사시점에서 모평균

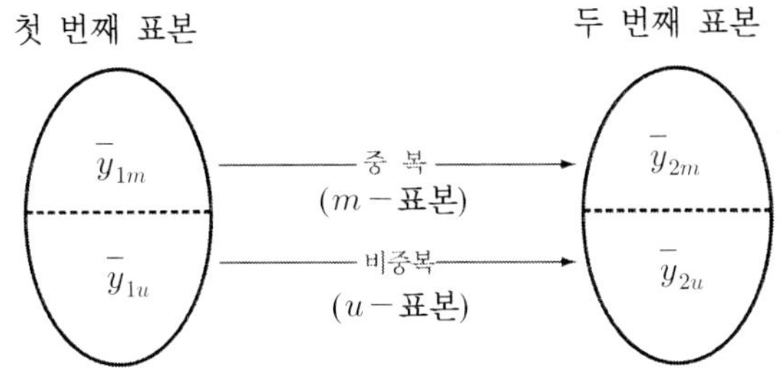

〈그림 12.3〉

〈표 12.1〉 중복과 중복되지 않는 부분으로부터의 추정치

	추정치	분산
u-표본	$\overline{y}'_{2u} = \overline{y}_{2u}$	$V(\overline{y}_{2u}) = \frac{S_2^2}{u} = \frac{1}{W_{2u}}$
m-표본	$\overline{y}'_{2m} = \overline{y}_{2m} + b(\overline{y}_1 - \overline{y}_{1m})$	$V(\overline{y}'_{2m}) = \frac{S_2^2(1-\rho^2)}{m} + \rho^2 \frac{S_2^2}{n} = \frac{1}{W_{2m}}$

<표 12.1>에서 $V(\overline{y}'_{2m})$은 (12.14)식으로부터 구한다. 즉, $n'=n$이고, $n=m$인 경우로 복원추출이므로 S_2^2/N항이 없어진다.

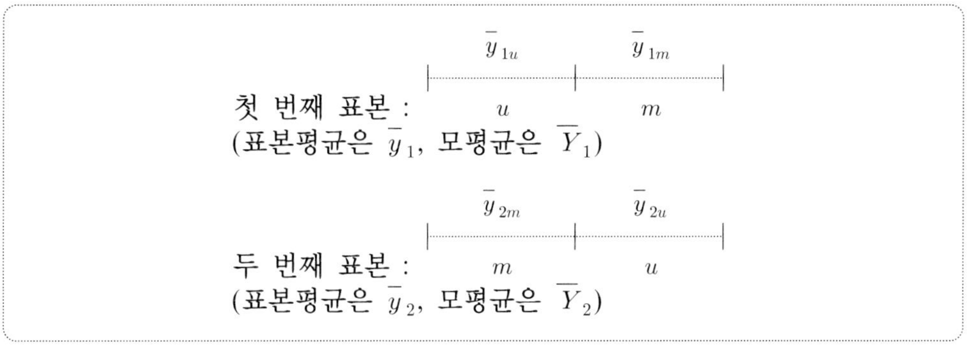

〈그림 12.4〉

<그림 12.4>에서 보는 바와 같이 두 번째 표본에서 중복되는 부분과 중복되지 않는 부분은 $\overline{Y}_2$의 독립적 추정치 $\overline{y}'_{2u}$과 $\overline{y}'_{2m}$을 제공한다.

중복되는 부분에 대해서는 이중 샘플링에 의한 회귀추정치를 구하는 방법을 사용한다. 즉 대표본은 첫 번째 표본(first occasion)의 n개 단위이고, 보조변량 x_i는 제 1 조사시기의 y_i의 값이다. $\overline{y}'_{2m}$의 분산은 (12.18)로부터 구한다. m과 n은 각각 n과 n'에 대응한다. 여기서, fpc는 무시한다.

$\overline{Y}_2$의 최선의 결합추정치 $\overline{y}'_2$는 두 추정치 $\overline{y}'_{2u}$과 $\overline{y}'_{2m}$을 가중하여 얻는다. 만일 가중값 W_{2u}와 W_{2m}이 역분산(inverse variance)이라면

$$\overline{y}'_2 = \phi_2 \overline{y}'_{2u} + (1-\phi_2)\overline{y}'_{2m}$$

이다. 여기서

$$\phi_2 = \frac{W_{2u}}{W_{2u}+W_{2m}} = \frac{\dfrac{1}{V(\overline{y}'_{2u})}}{\dfrac{1}{V(\overline{y}'_{2u})}+\dfrac{1}{V(\overline{y}'_{2m})}}$$

이다. 최소 제곱 이론에 의하여 $\overline{y}_2'$의 분산은 다음과 같다.

$$V(\overline{y}_2') = \frac{1}{W_{2u}+W_{2m}}$$

<표 12.1>로부터 W_{2u}와 W_{2m}을 대치시키면

$$V(\bar{y}_2') = \frac{S_2^2(n - u\rho^2)}{n^2 - u^2\rho^2} \tag{12.20}$$

이다. 만일 $u = 0$(complete matching)이거나 $u = n$(no matching)이면, 이 분산은 $\frac{S_2^2}{n}$과 같게 된다.

식 (12.20)을 u에 관하여 최소화 시킴으로써 u의 최적값을 구한다. 즉

$$\frac{u}{n} = \frac{1}{1 + \sqrt{1-\rho^2}}, \quad \frac{m}{n} = \frac{\sqrt{1-\rho^2}}{1 + \sqrt{1-\rho^2}}$$

식 (12.20)에 최적값 u를 대입하므로서, 최소분산은

$$V_{\min}(\bar{y}_2') = \frac{S_2^2}{2n}(1 + \sqrt{1-\rho^2})$$

이다. <표 12.2>는 ρ값에 대한 최적의 중복비율 $\left(= \frac{m}{n}\right)$와 정밀도의 증가율을 나타냈다.

〈표 12.2〉 최적의 중복비율

ρ	$\frac{m}{n}$의 최적값(%)	상대효율(%)	상대효율 $\left(\frac{m}{n} = \frac{1}{3}\right)$	$\left(\frac{m}{n} = \frac{1}{4}\right)$
0.5	46	7	7	6
0.6	44	11	11	9
0.7	42	17	17	15
0.8	38	25	25	23
0.9	30	39	39	39
0.95	24	52	50	52
1.0	0	100	67	75

이 표에서 중복비율($\frac{m}{n}$)의 최적값은 50%를 넘지 않는다. ρ값이 커짐에 따라 $\frac{m}{n}$의 값은 천천히 작아진다. $\rho = 1$일 때는 $m = 0$이다. 즉 $\rho = 1$일 때에는 두 조사 시기에는 독립표본을 사용하여야 한다.

12.11 2회 이상 계속 조사(more than two occasions)

2회 이상 계속 조사할 때에 h번째 조사 시기의 평균 $\overline{Y}_h$를 추정하는 문제를 공부한다. h번째 조사 시기의 표본의 일부는 $h-1$번째, $h-2$번째 등등과 공통되는(matched) 부분이 있다. h번째 추정치를 구하기 위해서는 전 조사 시기의 공통 부분을 포함하는 다중 회귀분석을 이용한다. 또한 $h-1$번째 시기의 추정치를 h번째 시기의 자료를 얻은 후에는 개정(revise)할 수 있다.

〈표 12.3〉 h번째 조사 시기의 $\overline{Y}_h$의 추정치

	추정치
u-표본	$\overline{y}'_{hu} = \overline{y}_{hu}$
m-표본	$\overline{y}'_{hm} = \overline{y}_{hm} + b(\overline{y}_{h-1}{}' - \overline{y}_{h-1,m})$
	분산
u-표본	$V(\overline{y}'_{hu}) = \dfrac{S^2}{u} = \dfrac{1}{W_{hu}}$
m-표본	$V(\overline{y}'_{hm}) = \dfrac{S^2(1-\rho^2)}{m} + \rho^2 V(\overline{y}_{h-1}{}') = \dfrac{1}{W_{hu}}$

ρ는 같은 조사 단위들이 계속되는 두 조사시기에 따라 관찰값들이 변할 때에 이들 자료의 두 조사 시기간의 상관계수이다. 상관계수 ρ는 조사 간격이 길수록 작아진다. 분산 S^2과 상관계수 ρ가 계속되는 두 조사시기에 있어서 같다고 가정한다.

h번째 조사에 있어서, $h-1$번째 조사와 공통된 조사단위의 개수를 m_h개, 비공통된(unmatched) 조사단위 개수를 u_h개라 하자. $\overline{Y}_h$의 두 추정치인 $\overline{y}'_{hu}$와 $\overline{y}'_{hm}$가 <표 12.3>에 나와 있다.

$\overline{y}'_{hu}$와 $\overline{y}'_{hm}$의 분산은

$$V(\bar{y}'_{hu}) = \frac{S^2}{u}$$

$$V(\bar{y}'_{hm}) = \frac{S^2(1-\rho^2)}{m} + \rho^2 V(\bar{y}'_{h-1})$$

이다.

$\overline{Y_u}$의 최선의 추정치는

$$\bar{y}'_u = \phi_h \bar{y}'_{hu} + (1-\phi_h)\bar{y}'_{hm}$$

이다. 여기서, $\phi_h = W_{hu}/(W_{hu} + W_{hm})$이다.

그러면

$$V(\bar{y}'_h) = \frac{1}{W_{hu} + W_{hm}} = \frac{g_h S^2}{n}$$

이다. 여기서, $g_h = \dfrac{S^2/n}{V(\bar{y}'_h)}$이다.

연습 문제

12.1 회귀추정을 하기 위하여, 이중추출을 적용한다. 소표본의 크기는 87이고, 대표본의 크기는 300이다. 다음은 소표본으로부터 계산된 값이다.

$\sum(y_i - \hat{y})^2 = 17.283$

$\sum(y_i - \overline{y})(x_i - \overline{x}) = 5.114$

$\sum(x_i - \overline{x})^2 = 3.248$

$\hat{Y}$의 회귀추정값의 표준오차를 구하라.

답 $s.e = 1.25(1/N$은 무시한다.)

12.2 비용이 $c = c'n' + cn$으로 주어졌을 때 $v(\hat{Y}_R)$을 최소가 되게하는 n'과 n을 구하라.

(이 문제는 Lagrange 방법으로 푼다. $f(n', n) = v(\hat{Y}_R)$라 놓고, $g(n', n) = c'm' + c_n - c$라 하자. 그러면 $H(n, n, \lambda) = f - \lambda g$를 n'과 n에 관하여 편미분하여 푼다.)

답 $\dfrac{n}{n'} = \sqrt{\dfrac{c'}{c}\left(\dfrac{\sigma_Y^2}{\sigma^2 - \sigma_Y^2}\right)}$

❖ 메모

Chapter

13 무응답

표본조사에서 응답자가 응답 자체를 안하거나 어떤 질문항목에 대하여 응답을 하지 않는 경우가 있다. 이러한 문제를 무응답이라고 부른다. 무응답 문제는 표본설계나 분석에 큰 영향을 준다. 무응답을 미리 막고, 무응답을 측정하고 그 영향을 줄이는 것은 매우 중요한 일이다.

무응답(nonresponse)을 다루는 가장 좋은 방법은 무응답이 일어나지 않게 미리 예방 수단을 쓰는 것이다. 무응답이 발생하면, 결측자료(missing data)를 예측하지만, 결측치에 대한 예측값은 관찰값만큼 좋지는 않다. 무응답자는 응답자들과 본질적으로 다를 수 있다. 만일 무응답율을 무시할 수 없다면 응답자들만을 근거로 하는 추론은 심각한 결점이 될 수 있다.

이 장에서는 무응답에 대한 두가지 형태를 다루고자 한다. 단위 무응답(unit nonresponse)은 관찰 단위가 결측된 경우이고, 항목 무응답(item nonresponse)은 적어도 한 항목이 결측된 경우이다. 사람을 대상으로 하는 설문조사에서, 단위 무응답은 응답자가 설문조사에 대해서 아무런 정보를 주지 않는 경우이고 항목 무응답은 응답자가 설문지의 특정 항목에 응답을 하지 않음을 의미한다.

CPS(Current Population Survey)와 NCVS(National Crime Victimization Survey)에서는 단위 무응답이 다음과 같이 다양한 이유로 발생한다. 조사자가 가구와 접촉하지 않았을 때, 응답자가 아프거나 설문에 응답할 수 없을 때, 응답자가 설문을 거부했을 때 등이 있다. 이러한 설문조사에서 조사자는 무응답자에 대한 나이, 성별, 인종이나 거주단위의 형태(시골/도시)와 같은 인구통계학적 정보를 얻고자 노력한다. 이러한 정보는 후에 무응답에 대해서 보정(adjust)할 때 사용될 수 있다. 항목 무응답은 대부분 응답거부 때문에 발생한다.

이 장에서는 무응답을 다루는 네 가지 접근방법에 대해서 논의하고자 한다.

① 무응답을 방지한다. 무응답율이 낮아지도록 조사·설계한다. 이 방법이 가장 좋은 방법이다.

② 무응답들을 대표할 수 있는 부표본(subsample)을 취하여 무응답자에 대한 추론을 하는데 이용한다.

③ 모형을 이용하여 무응답자에 대한 값을 예측한다. 대체법(imputation)은 항목 무응답에 대해서 보정한다.

④ 무응답을 무시한다(이 방법은 권장하지는 않지만, 실제적으로 많이 사용된다.)

13.1 무응답을 무시했을 때의 효과

예제 13.1 Thomsen과 Siring(1983)는 1969년에 노르웨이의 통계조사국(Central Bureau of Statistics)에 의해 시행된 투표 경향 조사의 결과를 보고했다. 이 조사에서는 우편 조사에 이어 세 번의 방문으로 이루어졌다. 마지막 무응답율은 9.9%로 비교적 낮은 무응답률을 나타냈다. 무응답자와 응답자는 다른가? 선택된 표본과 선택된 표본 중 무응답자들간의 투표율의 차이는 젊은 층에서 크게 나타난다. 무응답자들간에는, 투표율이 무응답 형태에 따라 다르게 나타난다. 조사를 거부한 사람들의 전체적인 투표율은 81%, 조사시 집에 없던 사람들의 투표율은 65%, 그리고 장애가 있는 사람들의 투표율은 55%로 부재나 질병은 무응답 편의(nonresponse bias)의 기본적인 원인이 됨을 의미한다.

〈표 13.1〉 투표율

	나이					
	All	20-24	25-29	30-49	50-69	70-79
선택된 표본 중 무응답자	71	59	56	72	78	74
선택된 표본	88	81	84	90	91	84

자료 : 표 8(Thomsen and Siring(1983))

조사결과에서 무응답에 대한 영향이 크다는 것은 계속적으로 설명되어 왔다. (예제 13.1)에서도 노르웨이에서 10% 이하의 무응답률이 투표율을 과추정(overestimate)하는 결과를 초래했다. Holt와 Elliot은 영국에서 무응답 연구결과에 대해 다음과 같이 지적했다. "낮은 응답률은 다음과 같은 특징들과 관련되어 있다. 런던 거주자, 차 없는 가구, 미혼, 자녀 없는 부부, 이혼이나 배우자가 사망한 경우, 낮은 교육수준, 자영업 등이다."

무응답을 줄이려 하지 않고 표본의 수를 늘리는 것은 무응답 편의를 줄이는 것이 아니다. 표본의 수를 늘리는 것은 단지 조사에 응답할 사람들 중에서 더 많이 관측할 뿐이다. 표본 크기를 크게 하는 것은 실제적으로 무응답 편의를 더 심하게 할 수도 있고, 또는 자료 수집에 대한 관리를 소홀하게 하는 결과를 초래할 수 있다.

대부분의 소규모 조사에서는 재방문과 추적조사가 필요한 무응답이 무시되고 단지 완전한 기록을 기초로 결과가 보고되거나 많은 신문사에서 시행하는 조사의 경우 또한 무응답은 무시되는 경우가 많다.

완전히 응답한 자료만을 가지고 분석하는 것은 무응답자는 응답자와 비슷하고, 결측 항목을 갖는 개체는 각 질문의 응답한 개체와 비슷하다는 가정을 하고 있다. 그러나 많은 경우, 이러한 가정이 실제적으로 만족하지 않는다.

예를 들어, 만일 NCVS에서 무응답을 무시했다면 희생율(victimizations rate)은 과소 추정될 것이다. Biderman과 Cantor(1984)는 3번의 연속된 인터뷰에 응답한 사람들은 3번의 인터뷰 중 적어도 한 개에 대해 무응답을 한 사람들 보다 낮은 희생율을 보인다는 것을 발견했다.

완전한 자료들을 가지고 분석한 결과들은 조사에 응답한 사람들이 목표 모집단과 같은 경우는 드물지만, 모집단을 대표할 수 있어야 한다. 만일 완전한 자료만을 사용해서 무응답자에 대한 보정 없이 모집단의 평균과 합계를 추정한다면 적어도 무응답율을 제시해야 한다.

무응답으로 야기되는 주된 문제는 모집단 추정의 편의이다. 모집단이 응답자와 무응답자로 이루어진 두 개의 층으로 나누어졌다고 가정하자. 모집단 응답자들(population respondents)은 응답하는 개체들이 되고, 모집단의 응답자들의 수 N_R은 모른다. 이와 유사하게 N_M(M은 Missing을 의미함)은 응답을 하지 않은 개체들이 된다. 그러면 다음과 같은 모집단이 형성된다.

층	크기	합계	평균	분산
응답자	N_R	Y_R	$\overline{Y}_R$	S_R^2
무응답자	N_M	Y_M	$\overline{Y}_M$	S_M^2
전체모집단	N	Y	$\overline{Y}$	S^2

모집단의 분산은 $S^2 = \sum_{i=1}^{N}(y_i - \overline{Y})^2/(N-1)$, 평균은 $\overline{Y}$, 그리고 Y는 합계를 나타낸다. 모집단으로부터의 확률 표본은 응답자와 무응답자를 포함한다. 무응답자 층에 있는 어떤 개체에 대해서도 첫 방문에서 y_i를 관측하지 못한다. 만일 무응답자 층의 평균이 응답자 층에서의 평균과 다르다면 응답자만을 사용하여 추정한 모평균은 편의가 발생하게 될 것이다.[1)]

1) 분산 또한 낮아진다. 예를 들어, 수입 조사에서 부자인 사람과 가탄한 사람은 수입에 관한 질문에 무응답할 수 있다. 이 경우, 응답자 층에 대한 분산 S_R^2은 S^2 보다 작게된다. 평균에 대한 점추정도 편의가 발생하며 분산 추정치도 편의가 발생할 수 있다.

$\bar{y}_R$을 응답자 층에서의 근사 불편 평균 추정량이라 하자.

$$\bar{Y}=\frac{N_R}{N}\bar{Y}_R+\frac{N_M}{N}\bar{Y}_M$$

이므로 편의는 근사적으로 다음과 같다.

$$E[\bar{y}_R]-\bar{Y}\approx\frac{N_M}{N}(\bar{Y}_R-\bar{Y}_M)$$

편의는 ① 무응답자에 대한 평균이 응답자에 대한 평균과 비슷할 때, ② N_M/N이 작을 때 즉, 무응답이 거의 없을 때 작아진다. 그러나 일반적으로 무응답자들에 대한 자료가 없기 때문에 ①의 경우는 결코 확신할 수 없다. 무응답률을 최소화하는 것이 무응답 편의를 조절할 수 있는 유일하게 확실한 방법이다.

13.2 비표본 오차를 줄이기 위한 조사 설계

잘못된 표본 설계의 공통 특징은 표본설계를 하는 시간과 무응답을 추적조사하는데 드는 시간이 부족하다는 것이다. 조사를 처음하는 많은 사람들은 단순히 자료 수집과정에서 야기될 수 있는 잠재적인 문제들을 고려하지 않고 바로 자료수집부터 시작한다. 보통 우편 설문지를 발송하고 회수된 자료를 분석한다. 이러한 조사는 낮은 응답률을 보인다는 것은 당연하다. 예를 들어, 학술 저널에 보고된 구매에 관한 많은 조사들의 응답률은 10%에서 15% 사이이다. 이러한 조사에서는 모집단에 관한 결론을 내리기는 어렵다.

목표모집단을 잘 알고 있는 조사자는 무응답의 이유를 알기 때문에 이를 다소나마 방지할 수 있다. 하지만 대부분의 연구자는 그들이 생각하는 만큼 무응답의 이유를 알고 있지 않다. 그들은 왜 무응답이 발생하는지 알 필요가 있고 또 조사를 시행하기 전에 가능한 많은 문제를 발견해야 할 필요가 있다.

설계된 실험이나 자료수집과 처리과정을 통하여 위의 문제들을 발견할 수 있다. 이전의 조사가 왜 낮은 응답률을 보이는지 알지 못한다면 실험을 설계하여 이를 발견하라. 자료의 기록이나 처리에서 오차가 나타난다고 생각하는가? 설계된 실험이나 품질 관리(quality control)에 관한 책에는 자료수집 방법이 나타나있다.

물론 비표본 오차를 줄이기 위해서 이 전의 연구자들의 실험에 의존할 수도 있다. Hidoroglou 외(1993)에서는 무응답에 관하여 일반적인 구조를 설명한다.

예제 13.2 1990년 U.S 센서스는 미국의 1억 가구에 대해 조사를 시도하였다. 우편조사에 대한 응답률은 65%였다. 조사에서 우편으로 발송하지 않은 가구에 대해서는 개별적으로 접촉하는데 1천 2백만 달러의 추가비용이 소요되었다. 센서스에서 우편 조사 응답률의 증가는 엄청난 비용이 절감될 것임을 보여주었다. Dillman 외(1995a)는 Census Implementation Test(1992)에서 응답률에 관한 개별적인 효과와 세가지 실험 요인들의 교호작용을 살펴보기 위해 요인 실험 계획(factorial experiment)을 이용하여 결과를 보고했다. 세가지 요인으로는 (1) 인구조사가 빨리 이루어지도록 가구에 미리 보낸 통지서(letter), (2) 조사 양식을 보낼 수 있도록 한 우편발송이 가능한 회수용 봉투(envelope)와 (3) 조사 양식을 보낸 몇일 후에 보내는 엽서(postcard)이다. 결과는 <그림 13.1>에 나타났다. 세가지 요인들이 모두 응답률에 영향을 미치지만 통지서(letter)와 엽서가 동봉된 회수용 봉투(envelope)보다는 응답율을 높이는 역할을 하였다.

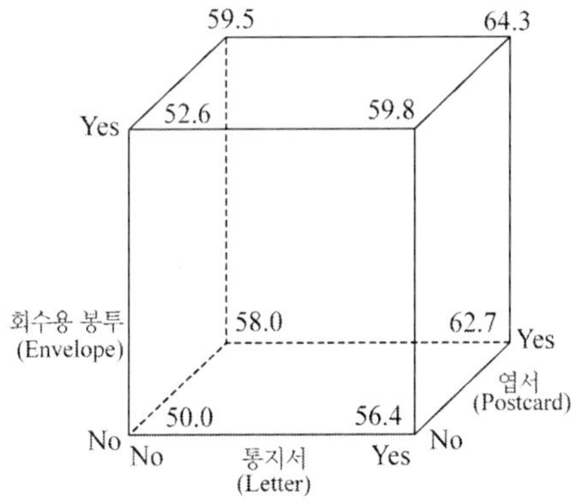

〈그림 13.1〉

무응답에는 여러 가지 다른 이유들이 있다. 따라서 조사마다 권유되는 방법이 다르다. Platek(1977)는 무응답에 대한 이유를 ① 조사내용, ② 자료수집 방법 ③ 응답자들의 특성에 따라 분류하였다. Groves(1989)와 Dillman(1978)은 무응답에 관한 원인을 추가적으로 논의하였다. 다음은 응답률과 자료의 정확성에 영향을 줄 수 있는 요인들이다.

조사내용

약물사용이나 경제관련 문제에 대한 조사는 거부하는 경우가 많다. 때로는 임의응답 기술(randomized response technique)을 이용하여 민감한 항목에 대한 응답률을 증가시킬 수도 있다.

조사시점

다른 때보다 응답률이 높은 시기가 있다. 예를 들어, 독일의 8월 휴가 기간에는 가구조사가 좋지 않은 시기이다.

조사자(interviewer)

Gower(1979)는 조사자에 따라 응답률간에 변이가 크다는 것을 발견하였다.

자료-수집 방법

일반적으로, 전화와 우편조사는 면접 조사보다는 응답률이 낮다.(그러나 비용이 적다) 우편, 팩스와 인터넷 조사는 종종 응답률이 낮다. 우편 조사에서는 무응답에 관한 가능한 이유를 설문지가 보내지기 전에 살펴보아야 한다. 주소가 잘못되지는 않았는가? 응답자가 설문지를 열어보기 전에 우편물을 버리지는 않는가? 조사하고자 하는 응답자에게 설문지가 도착했는가? 응답자가 조사에 응답할 가치가 있다고 생각하는가?

설문지 설계

앞에서 설문지(question wording)가 응답률에 큰 영향을 미치는 것을 설명했다. 이것은 또한 설문지의 각 항목에 대한 응답여부에 영향을 미친다. 우편조사에서 응답자에게 잘 설계된 설문지는 자료의 정확도를 높일 수 있다.

❁ 조사 소개

조사 소개(Survey introduction)는 조사자와 잠재적 응답자들간의 첫 대면이다. 응답자들에게 응답에 대한 동기를 부여할 수 있는 좋은 소개는 응답률을 증가시킨다. 응답자들은 자료가 어떤 목적으로 사용되는지를 알아야 하고 신뢰감을 가져야 한다.

❁ 보상

경제적인 것이든 아니든, 보상(incentives)은 응답률을 증가시킬 수도 있다.

❁ 추적조사(follow-up)

표본으로 추출된 사람을 조사하는 것이 무응답한 사람들을 추적조사하는 것 보다 각 개체당 드는 비용이 덜 든다. 모든 응답자들이 추적조사에 응답하지는 않는다. 어떤 사람들은 어떻게 접촉을 하던지 조사에 거부한다.

나중에 무응답에 관하여 조정할 수 있도록 무응답에 관한 어떠한 정보라도 얻도록 노력하여야 한다. 사실상, 자료가 없는 경우에 부분적인 정보가 없는 것보다는 있는 것이 낫다. 무응답자에 대한 인종, 성별이나 나이와 관련된 정보는 후에 무응답을 조정하는 데 사용한다. 수입에 관련된 질문은 거부하기 쉽지만, 자동차나, 고용상태 또는 교육에 관한 질문은 대답할 수도 있고 이 자료는 수입을 예측하는 데 사용된다.

만일 사전조사에서 이를 방지할 수 있는 방법을 알지 못하는 무응답의 문제가 나오면 적어도 각 관찰 개체에 대해 어떤 정보를 얻기 위한 조사설계를 시도하여야 한다.

"조사 자료의 질은 대부분 설계단계에서 결정된다."는 Fisher(1938)의 실험에 관한 말은 표본 조사 설계에 잘 적용된다. 조사예산은 조사설계나 무응답의 추적조사에 대해 충분히 소스(source)로 할당되는 것이 필요하다.

13.3 재방문(Callback)

실질적으로 훌륭한 조사는 처음에 조사되지 못한 사람들로부터 응답을 얻기 위하여 다시 전화를 걸거나 재방문(callback)에 의존한다. 재방문 자료의 분석으로부터 무응답자들로부터 나올 수 있는 편의에 관한 정보를 얻을 수 있다.

예제 13.3 Traugott(1987)은 1984년 대통령 선거 출마자에 대한 선호도를 Michigan에 있는 두 개의 선거장에서 조사하여 재방문 자료를 분석하였다. 조사에 대한 전반적인 응답률은 약 65%로, 전형적인 대규모 정치 선거장에서 나오는 수치였다. 표본 중 약 21%는 처음 전화 조사때에 응답하였다. 30번의 시도를 한 후에야 비로소 전화조사에 모두 응답하였다. Traugott는 나중에 응답한 사람들은 대개 남성, 장년층, 초기에 응답한 사람에 비해서 공화당 지지자가 많았다는 것을 발견했다. 처음 응답자 중에서 48%가 Reagan을, 45%가 Mondale을 지지한다고 응답하고, 전체 표본 중에서는 59%가 Reagan을 지지하고 39%가 Mondale을 지지하였다.

만일 무응답자가 후반기 응답자와 비슷하다면 Reagan을 더 선호한다고 할 수 있을 것이다. 하지만 무응답자들은 접촉이 힘든 사람(hard-to-reach)과 비슷할 필요는 없다. 즉, 참여를 거부한 사람은 제때에 접촉이 안된 사람들과는 다르다. 그리고 무응답자들은 아프거나 참여하기 힘든 다른 환경에 있기가 쉽다. 또한 설문조사에 응답하지 않은 사람들이 얼마나 투표를 하는가도 알지 못한다. 그들이 Reagan을 선호할 것이라고 고려되더라도 그들은 Reagan에게 더 많은 표를 줄 것이라 생각되지 않는다.

재방문이 사용되는 조사가 설계 될 때에, 초기 조사는 대부분 우편조사에 의해 행해진다. 그러나 추적조사는 개인 면접법과 같이 비용이 많이 드는 조사법을 이용한다.

Hansen과 Hurwitz(1946)는 모집단 평균과 합계를 추정하기 위해 층화를 위한 이중 추출법(two-phase sampling, double sampling)을 제안하였다.

모집단은 두 개의 층으로 나뉜다. 두 개의 층은 응답자들과 처음 전화때 응답하지 않은 무응답자들이다.

이단계 추출법(two-phase sampling)의 가장 간단한 형태는 모집단에서 n개의 개체를 임의로 선택하는 것이다. 이들 중 n_R명은 응답자들이고, n_M명은 무응답자들이다. 하지만 n_R과 n_M값들은 확률변수로 만일 다른 단순랜덤추출법(SRS)을 선택한다면 이들 값들은 변할 것이다. 그러면 이 표본의 n_M명의 무응답자들 중에서 100%의 랜덤 부표본 추출하여 두 번째 조사를 실시한다. 이때, 부표본 추출인자 v는 수집된 자료에 의존하지 않는다.

$\bar{y}_R$을 응답자들에 대한 표본 평균이고, $\bar{y}_M$(M은 "missing"을 나타낸다)은 무응답자들의 부표본(subsample)의 평균이라 하자. 평균과 합계에 대한 이단계 표본 추출 추정치는

$$\hat{\bar{y}} = \frac{n_R}{n}\bar{y}_R + \frac{n_M}{n}\bar{y}_M$$

이고

$$\hat{Y} = N\hat{\bar{y}} = \frac{N}{n}\sum_{i \in S_R} y_i + \frac{N}{n}\frac{1}{v}\sum_{i \in S_M} y_i$$

이다. 여기서 S_R은 응답자 층에서 추출된 단위(unit)들을 나타내고, S_M은 무응답자 층에서 추출된 단위를 나타낸다. $\hat{Y}$는 관찰된 개체들의 가중합이다. 가중치는 응답자에 대해서는 N/n이고, 무응답자의 부표본에 대해서는 $N/(nv)$이다.

$\hat{t}$가 근사적으로 가중 불균등 확률 추정량(wieghted unequal - probability estimator)이기 때문에 $E[\hat{Y}] = Y$를 의미한다. 만일 유한 모집단 수정(finite population correction)이 무시된다면 다음과 같은 분산 추정량을 얻을 수 있다.

$$\hat{V}(\hat{\bar{y}}) = \frac{n_R - 1}{n-1}\frac{s_R^2}{n} + \frac{n_M - 1}{n-1}\frac{s_M^2}{vn} + \frac{1}{n-1}\left[\frac{n_R}{n}(\bar{y}_R - \hat{\bar{y}})^2 + \frac{n_M}{n}(\bar{y}_M - \hat{\bar{y}})^2\right]$$

13.4 무응답에 대한 체계(Mechanism)

대부분의 조사에서는 설계를 주의 깊게 하고 무응답에 대하여 추적조사를 하더라도 무응답이 남기 마련이다. 만일 무응답자에 관한 추론을 한다면, 무응답자가 응답자와 어떠한 방식으로든 관련이 있다고 가정하여야 한다. 무응답을 다루는 방법에 관한 참고문헌으로는 Groves(1989)가 있다. Madow 등(1983)에 의해 세 권의 문헌으로 편집된 이 책에는 최근 무응답에 관한 통계적인 연구들을 다룬 정보가 많이 포함되어 있다.

확률변수를 다음과 같이 정의하자.

$$R_i = \begin{cases} 1 & i\text{번째 개체가 응답} \\ 0 & 0\text{번째 개체가 무응답} \end{cases}$$

만일 R_i의 실현값인 r_i가 1이면, y_i의 값이 관찰된다. 표본으로 선택된 개체가 응답할 확률

$$\phi_i = P(R_i = 1)$$

은 알려져 있지 않으나, 양의 값을 갖는다고 가정한다. Rosenbaum과 Rubin(1983)은 ϕ_i를 i번째 개체에 대한 propensity score라고 부른다.

y_i가 관심있는 응답값이고 x_i가 i번째 개체에 대한 알려진 정보를 나타내는 벡터라 하자. 표본설계에 사용된 정보는 x_i에 포함된다.

▌MCAR (Missing Completely at Random)

만일 ϕ_i가 x_i(vector), y_i 또는 표본 설계에 의존하지 않으면 결측자료를 MCAR(missing completely at random)이라고 한다.

만일 NCVS에서 무응답 확률이 미국의 지역과 인종, 성별, 나이 또는 표본에서 관측된 다른 변수들과 상관되어 있지 않고 또한 무응답의 확률이 희생상태와 관련된 변수들과 상관관계가 없다면 이 경우의 결측자료는 MCAR이다. 무응답자는 기본적으로 표본에서 랜덤하게 선택됨을 의미한다.

MAR (Missing at Random)

만일 ϕ_i가 x_i(vector)에 의존하지만 y_i에는 의존하지 않을 때에 그 자료를 MAR(missing at random)이라고 한다.

모든 표본개체에 대해서 x_i의 값들을 알 수 있기 때문에 무응답을 모형화 할 수 있다. MAR은 종종 무시될 수 있는 무응답(ignorable nonresponse)이라고 부른다. '무시할 수 있다(ignorable)'는 것은 모형이 무응답 체계(mechanism)를 설명할 수 있고 무응답을 고려하는 모형을 만든 후 무응답을 무시할 수 있다는 의미이지만, 무응답이 완전히 무시되서 완전한 자료(complete-data)의 방법으로 사용된다는 의미는 아니다.

❁ 무시못할 무응답(Nonignorable Nonresponse)

만일 무응답 확률이 응답 변수 y_i의 값에 의존이 되고 x들의 값에 의해 완전히 설명될 수 없다면, 무응답은 무시할 수 없다(nonignorable)고 한다. 범죄에 희생된 사람들은 희생되지 않은 사람들보다 조사에 응답하지 않으려는 경향이 있다. 범죄 희생자는 범죄 후에 계속적인 NCVS 인터뷰를 피하므로 조사되지 않는 경향이 있다.

13.5 무응답에 대한 가중방법

표본추출 가중치(sampling weight)는 추출될 확률의 역수이다. 층화추출에서 단위 i가 h층에 속한다면 가중치는 $w_i = N_h/n_h$이므로 모총계의 추정치는 $\sum_{i \in S} w_i y_i$이다.

가중치는 무응답을 조정하는데 사용될 수 있다. Z_i를 선택된 표본에서 나타나는지를 나타내는 지시변수로 $P(Z_i = 1) = \pi_i$라 하자. 만일 R_i가 Z_i와 독립이라면 i번째 개체가 측정될 확률은 다음과 같다.

P(개체 i가 표본으로 추출되고 응답)$= \pi_i \phi_i$

응답확률 ϕ_i는 표본의 모든 개체에 대해 알려진 보조정보를 이용하여 표본의 각 개체에 대해 추정된다. 그러면 응답자에 대한 최종 가중치는 $1/(\pi_i \hat{\phi}_i)$이다. 가중 방법은 응답확률이 모든 개체에 대하여 알려진 변수들로부터 추정된다는 가정을 한다. 즉, MAR 자료를 가정한다.

13.5.1 가중-크래스(Weighting-class) 조정

w_i는 표본의 i개체에 의해 대표되는 모집단의 개체수로 해석된다. 가중-크래스(weighting-class) 방법은 이러한 접근방법으로 비표본 오차를 보정하려고 확장한 방법이다. 선택된 표본에 있는 모든 개체에 대하여 알려진 변수들은 가중-조정크래스(weighting-adjustment class)들을 형성하는 데 사용되고, 같은 가중-크래스 내에서는 무응답자와 응답자가 비슷할 것이라고 기대한다. 가중-조정 크래스에 있는 응답자들의 가중치들은 무응답자들의 몫까지 나타내므로 그 가중치가 증가한다.

예제 13.4 표본으로 선택된 각 사람들의 나이가 알려져 있고 표본의 i번째 사람은 표본추출 가중치 $w_i = 1/\pi_i$를 갖는다고 가정하자. 그러면 가중-크래스(weighting-class)는 <표 13.2>처럼 연령별로 나누어 만들 수 있다. 각 크래스에 대한 응답 확률은 다음과 같이 추정된다.

$$\hat{\phi}_c = \frac{c\text{클래스의 응답자들에 대한 가중치의 합}}{c\text{클래스에서 표본에 있는 사람들에 대한 가중치 합}}$$

c층에 있는 각 응답자에 대한 표본추출 가중치는 $\frac{1}{\hat{\phi}_c}$를 곱해서 얻어진다. 예를 들어, 15세에서 24세의 각 응답자에 대한 가중치는 1.622이다. 65세 이상 그룹에서는 무응답자가 없기 때문에 가중치는 변하지 않는다.

〈표 13.2〉 가중-크래스 조정 인자

	15−24	25−34	35−44	45−64	64+	계
표본크기	202	220	180	195	203	1,000
응답자수	124	187	162	187	203	862
표본에 대한 가중치 합	30,322	33,013	27,046	29,272	30,451	150,104
응답자에 대한 가중치 합	18,693	28,143	24,371	28,138	30,451	
$\hat{\phi}_c$	0.6165	0.8525	0.9011	0.9613	1.0000	
가중 인자	1.622	1.173	1.110	1.040	1.000	

각각의 가중 크래스 내에서 응답 확률은 같다고 가정하는데 이는 하나의 가중-크래스 내에서는 응답확률이 y에 의존하지 않음을 의미한다. 앞에서도 언급했듯이, 가중-크래스 방법은 MAR자료임을 가정한다. 가중-크래스 c에서 응답자에 대한 가중치는 $1/(\pi_i\hat{\phi}_c)$이다.

가중-크래스 조정을 사용하여 모총계를 추정하기 위해, i번째 개체가 c크래스에 있을 때 $x_{ci}=1$이고 그 외의 경우를 0이라 하자. i번째 응답자에 대한 새로운 가중치를 다음과 같다고 하자.

$$\widetilde{w}_i = \sum_c \frac{w_i x_{ci}}{\hat{\phi}_c}$$

여기서 w_i는 i번째 개체에 대한 가중치이고, i번째 개체가 c크래스에 있다면 $\widetilde{w}_i = w_i/\hat{\phi}_c$이다. 만일 i번째 개체가 무응답이라면 $\widetilde{w}_i = 0$으로 할당하라. 그러면,

$$\hat{Y}_{wc} = \sum_{i\in S}\widetilde{w}_i y_i$$

이고

$$\hat{\bar{Y}}_{wc} = \frac{\hat{Y}_{wc}}{\sum_{i\in S}\widetilde{w}_i}$$

이다.(여기서, wc는 weighting chass를 의미한다.)

예를 들어 SRS에서 n_c를 c크래스에 있는 표본 개체의 수라 하고, n_{cR}을 c크래스에 있는 응답자들의 수, $\bar{y}_{cR}$을 c크래스에 있는 응답자들에 대한 평균이라고 하면 $\hat{\phi}_c = n_{cR}/n_c$이고, 또

$$\hat{Y}_{wc} = \sum_{i \in S} \sum_{c} \frac{N}{n} \frac{n_c}{n_{cR}} x_{ci} y_i = N \sum_{c} \frac{n_c}{n} \bar{y}_{cR}$$

이다.

▌가중-크래스(weighting-class)의 형성

가중-조정 크래스들은 층으로 간주하여 형성되어야 한다. 다음 절에서 보듯이, 가중 조정은 사후 층화와 비슷하다. 크래스들은 각 크래스내에 있는 개체들이 관심있는 주요 변수들에 관해서 가능한 유사하고 각 크래스간의 응답율이 크래스마다 다르게 나타나도록 크래스가 형성되어야 한다.

Little(1986)은 알려진 변수들의 함수로서 응답확률 ϕ_i를 추정하고 $\hat{\phi}_i$를 기초로 관측치들을 크래스로 그룹화하였다.

13.5.2 사후층화

사후층화(poststratification)는 N_h가 가중치를 조정한다는 것을 제외하면 가중-크래스 조정과 유사하다. SRS로 표본을 추출한다고 가정하자. 표본이 수집된 후 개체들은 대개 성별과 인종같은 인구통계학 변수를 기초로 H개의 다른 사후층으로 분류된다. 모집단은 h 사후층에 N_h개의 개체를 갖는다. 이 중, n_h개의 표본이 선택되고 n_{hR}명이 응답하였다. $\bar{Y}$에 대한 사후층화 추정량은

$$\bar{y}_{post} = \sum_{h=1}^{H} \frac{N_h}{N} \bar{y}_{hR}$$

이다. 만일 가중 크래스들이 사후층이라면, $\bar{Y}$에 대한 가중크래스 추정량은

$$\bar{y}_{wc} = \sum_{h=1}^{H} \frac{n_h}{n} \bar{y}_{hR}$$

이다. 두 추정량들은 형태가 비슷하다. 단지 사후층화인 경우 N_h가 알려져 있고, 가중-크래스 조정에서는 N_h가 알려져 있지 않고 Nn_h/n로 추정한다. 사후층화된 추정량에 대해서는 가끔 n_{hR}이 주어진 상태에서 조건부 분산이 사용된다. SRS에 대해서

$$V(\bar{y}_{post}|n_{hR},\ h=1,\ \cdots,\ H) = \sum_{h=1}^{H} \left(\frac{N_h}{N}\right)^2 \left(1 - \frac{n_{hR}}{N_h}\right)\left(\frac{S_h^2}{n_{hR}}\right)$$

이다. $\bar{y}_{post}$의 비조건부 분산은 Oh와 Scheuren(1983)에 의하면, 차수가 $1/n_{hR}^2$인 항이 추가된다.

(1) 가중을 이용한 사후층화

만일 i개체가 사후층 h에서의 응답이라면 $x_{hi} = 1$이라 하고 그렇지 않은 경우 0이라 하자. 그러면

$$w_i^* = \sum_{h=1}^{H} w_i x_{hi} \frac{N_h}{\sum_{j \in S} w_j x_{hj}}$$

라 하자. 수정된 가중치들을 이용하면

$$\sum_{i \in S} w_i^* x_{hi} = N_h$$

이고, 모총계의 사후층화 추정량은 다음과 같다.

$$\hat{Y}_{post} = \sum_{i \in S} w_i^* y_i$$

사후층화는 다음과 같이 세가지를 가정한다. ① 각 사후층내에서 표본으로 선택된 각 개체들은 응답할 확률이 동일하다. ② 개체의 응답 또는 무응답 할 확률은 다른 모든 개체들의 행위와는 독립이다. ③ 사후층에 있는 무응답자들은 응답자와 유사하다. 자료들은 각 사후 층 내에서는 MCAR이다.

(2) 갈퀴 조정법(Raking 조정)

갈퀴조정법은 사후층화 방법으로 사후층들을 하나 이상의 변수를 사용하여 형성

된다. 그런데 갈퀴조정법은 주변 모 총계(marginal population total)만이 알려진 경우에 사용되는 사후층화 방법이다.

갈퀴조정법은 처음 1940년도 센서스에서 완전한 인구조사 자료와 그로부터 얻은 표본이 일치된 결과를 보이는 것을 확인하는데 사용되었으며 Deming과 Stephan(1940)에 의해 소개되었다.

다음과 같이 한 표본의 가중치 합에 대한 표를 고려하자. 표의 각 칸은 해당칸에 속하는 사람들에 대한 가중치의 합이다.(예를 들어 흑인 여성의 가중치는 300이다.)

	흑인	백인	아시아계	미국계	기타	가중치 합
여성	300	1200	60	30	30	1620
남성	150	1080	90	30	30	1380
가중치 합	450	2280	150	60	60	3000

주변 합들을 안다고 가정하자. 즉, 각 모집단은 여성 1510명, 남성 1490명, 흑인 600명, 백인 2120명, 아시아인 150명, 미국계 100명, 기타 30명이다. 하지만, 표에서 각 칸에 대한 개수는 알려져 있지 않다. 이 모집단에서 흑인여성의 수를 알 수 없고 독립이 아닐 수도 있다. 갈퀴조정법은 각 주변에 있는 가중치의 합을 모집단 수와 같도록 가중치를 조정할 수 있다.(즉, 흑인 450명이 600명으로 조정된다.)

우선, 행을 조정한다. 각 칸에 (참 행 모집단)/(추정된 행 모집단)을 곱한다. 여성 행에 있는 칸들에 1510/1620을 곱하고 남성 행에 대해서 1490/1380을 곱한 결과는 다음 표와 같다.

	흑인	백인	아시아계	미국계	기타	가중치 합
여성	279.63	1118.52	55.93	27.96	27.96	1510
남성	161.96	1166.09	97.17	32.39	32.39	1490
가중치 합	441.59	2284.61	153.10	60.35	60.35	3000

행에 대한 합은 조정되었지만 열 총계는 모 총계와 같지 않다. 새로운 표에서 열들에 대해서 같은 과정을 반복하자. 첫 열에 있는 칸들에 600/441.59를 곱하면 결과는 다음 표와 같이 된다.

	흑인	백인	아시아계	미국계	기타	가중치 합
여성	379.94	1037.93	54.79	46.35	13.90	1532.90
남성	220.06	1082.07	95.21	53.67	16.10	1467.10
가중치 합	600.00	2120.00	150.00	100.00	30.00	3000.00

그러나 위 표는 행 합에 대한 결과가 맞지 않는다. 행과 열의 합이 모집단 합과 같아질 때까지 위의 과정을 반복하자. 모든 칸이 양의 수를 취하는 한 위 과정결과는 수렴한다. 이 예에서 최종적인 표의 결과는 다음과 같다.

	흑인	백인	아시아계	미국계	기타	가중치 합
여성	357.59	1021.47	53.72	45.56	13.67	1510
남성	224.41	1098.53	96.28	54.44	16.33	1490
가중치 합	600.00	2120.00	150.00	100.00	30.00	3000

마지막 표의 각 칸들은 모집단에 대한 정보를 더 많이 사용하기 때문에 원래 가중 추정량보다 더 좋은 모집단에 대한 추정량이다(즉, 분산이 작다). 표본의 백인 남자에 대한 가중-조정 인자는 1098.53/1080이다.

갈퀴조정법에 대한 가정은 응답률이 특정 칸에 의존하지 않고 행과 열에 대해 의존된다는 점 외에는 사후층화에 대한 가정과 같다. 만일 각 칸의 표본크기가 충분히 크다면, 갈퀴조정법 추정량은 근사적으로 불편이다.

갈퀴조정법은 어려운 점들이 있다. 칸 추정량에 0이 있으면 그 알고리즘이 수렴하지 않는다.

13.5.3 응답률 추정 : 다른 방법들

어떤 가중-크래스 방법들은 추정 응답률의 역수를 가중값으로 사용한다. 모든 전화가 월요일에서 금요일 저녁에 걸려온다고 하자. 각 응답자들은 집에 있었는지, 조사할 때의 시간이 언제인지, 그전 4주 주말 저녁에 대해서 질문을 받는다. 여성 응답자가 4번의 주말 저녁중 k번 집에 있었다고 응답하였다. 응답률은 조사시간 동안 몇 번이나 집에 있었는지에 비례한다고 가정하고 $\hat{\phi}_i = (k_i + 1)/5$로 추정된다. 각 응답자에 대한 가중값 w_i는 $5/(k_i + 1)$이 곱해진다. $k = 0$에 대한 응답자는 5일 밤 중 하루만 집에 있었다. 거의 집에 있는 응답자는 $k = 4$이다. 매일 밤 집에 있는 사람들은 선택되어서 가중치는 변하지 않는다. 모평균의 추정값은 다음과 같다.

$$\hat{y} = \frac{\sum_{i \in S} \frac{5w_i y_i}{k_i + 1}}{\sum_{i \in S} \frac{5w_i}{k_i + 1}}$$

13.5.4 가중에 대한 유의

무응답을 가중 조정하는 모형은 매우 강력하다. 각 가중 칸에서 응답자와 무응답자들은 비슷하다고 가정한다. 한 가중 크래스에 속하는 각 개인들은 거의 비슷하게 조사에 응답한다고 가정한다. 가중조정은 대개 개체 무응답에 대해 사용하고, 항목 무응답에 대해서는 사용하지 않는다(각 항목에 대해서는 다른 가중이 요구된다).

13.6 대체법

조사에서 결측 항목들은 여러 가지 이유로 나타난다. 조사자가 항목을 빼먹을 수 있다. 응답자가 질문에 대한 응답을 거절하거나 정보를 제공하지 않을 수도 있다. 자료 입력원이 빼먹을 수 있다. 때로는 자료를 편집, 수정하면서 응답한 항목을 결측으로 바꾸는 경우도 있다. 선거 투표 자료에서 세 살짜리 투표자인 경우 자료 편집자는 그에 대해 수정할 수 없고 그 값들을 결측으로 설정할 수 있다.

대체법(imputation)은 결측 항목에 대치값을 할당한다. 대체값은 무응답자와 비슷한 응답자의 값으로 대체시킨다.

예제 13.5 CPS (Current Population Survey)는 전반적으로 가구 응답자의 응답률이 높지만(전형적으로 90%가 넘는다), 어떤 가구들은 특정 질문에 대해 거부한다. 수입에 대한 무응답률은 약 20% 정도이다. 이 무응답은 수정 가능한 조치를 취하지 않으면 많은 분석에서 중요한 편의를 나타낼 수 있다. 많은 연구에서 수입항목에 대한 항목 무응답은 가구 수입이 아주 높거나 낮은 경우에 발생한다고 제시하고 있다.

CPS는 인터뷰에 응하지 않는 단위 무응답의 경우는 가중을 사용하고 항목 무응답에 대해서는 핫텍 대체법을 사용한다. 표본은 성별, 나이, 인종, 다른 인구학적 변수들을 사용하여 크래스로 나눈다. 만일 항목이 결측되면, 같은 크래스의 다른 개체로부터 대응되는 항목이 대치된다. 대개의 경우, 핫텍 대치법은 결측 항목을 갖는 가구와 다른 설명변수가 비슷한 가구로부터 결측 항목의 값을 취하는 것이다.

대체법에 대한 다른 방법들을 설명하기 위해서 <표 13.3>의 자료를 사용하도록 하자. 실제로는 대치법을 사용하기 위해서는 더 큰 자료 집합이 필요하다. "1"은 질문에 "예"라고 응답한 사람을 의미한다.

13.6.1 연연적 대체

어떤 값들은 자료를 편집할 때 변수들의 논리적인 관계를 이용하여 대치된다. <표 13.3>에서 9번 여자는 폭력 범죄의 희생자인지를 알 수 없다. 하지만 그녀는 어떠한 범죄에 희생되지 않았기 때문에, 폭력 범죄에 대한 응답은 0으로 바뀌어야 한다.

연연적 대체(deductive imputation)는 때로 반복적인 조사에서 사용될 수 있다. 만일

한 여성이 1년차 때 두명의 자녀를 가졌고 3년차 때 두명의 자녀를 가졌지만 2년차 때 결측이라면 그 값은 논리상 2가 된다.

〈표 13.1〉 대체법을 설명하기 위한 자료

사람	나이	성별	교육기간	범죄 피해자?	폭력범죄 피해자?
1	47	M	16	0	0
2	45	F	?	1	1
3	19	M	11	0	0
4	21	F	?	1	1
5	24	M	12	1	1
6	41	4	?	0	0
7	36	M	20	1	?
8	50	M	12	0	0
9	53	4	13	0	?
10	17	M	10	?	?
11	53	4	12	0	0
12	21	4	12	0	0
13	18	4	11	1	?
14	34	M	16	1	0
15	44	M	14	0	0
16	45	M	11	0	0
17	54	F	14	0	0
18	55	F	10	0	0
19	29	F	12	?	0
20	32	F	10	0	0

13.6.2 칸 평균 대체(cell mean imputation)

응답자들은 가중-크래스 조정에서와 같이 알려져 있는 변수를 근거로, 여러 크래스(칸)으로 나뉜다. 그러면, 칸 c에 있는 응답 개체들에 대한 평균값 $\bar{y}_{cR}$은 각 결측값에 대치된다. 칸 평균 대체(cell mean imputation)는 결측되는 항목들은 칸들 내에서 MCAR(Missing Completely at Random)이라고 가정한다.

예제 13.6 다음은 나이와 성별 변수를 이용하여 만든 네 칸으로 이루어진 표이다(실제로, 각 칸에는 더 많은 개체들이 있어야 한다).

		나이	
		≤ 34	≥ 35
성별	남	3, 5, 10, 14번 사람들	1, 7, 8, 15, 16번 사람들
	여	4, 12, 13, 19, 20번 사람들	2, 6, 9, 11, 17, 18번 사람들

교육 기간에 대해 결측인 2번과 6번 사람은 <표 13.3> 35세 이상 네 명 여성의 평균기간인 12.25를 할당한다. 대치를 하고 난 후의 각 층에 대한 평균은 응답자들의 평균과 같다. 하지만 대치된 값은 교육 기간의 질문에 대해 응답 가능한 답은 아니다.

평균 대체는 가중-크래스 조정과 같이 평균, 총합, 비율에 대해 같은 점추정값을 제시한다. 하지만 평균대체방법은 그 층에 있는 모든 결측값들이 같은 개치값을 갖기 때문에 무응답자들에 대한 변동성을 반영하지는 않는다. 응답자들의 표본평균값에서 "스파이크"가 되기 때문에 y의 분포는 뒤틀어질 것이다.(spike는 그래프의 삐죽한 끝)

이러한 스파이크를 피하기 위해서는 확률적인 칸 평균 대치가 사용될 수 있다. 만일 반응변수가 근사적으로 정규분포를 따른다면, 결측값들은 평균이 $\bar{y}_{cR}$이고, 표준편차가 s_{cR}인 정규분포에서 랜덤하게 생성된 값으로 대치될 수 있다.

13.6.3 핫텍 대체법

핫텍 대체법에서는 평균 대치법이나 가중-조정 방법에서와 같이 표본 개체들을 크래스들로 구분한다. 각 결측 응답에 대해서 같은 클래스에 속하는 응답 개체 값이 대치된다. 핫텍이라는 명칭은 컴퓨터 프로그램과 자료 집합들을 카드에 구멍을 낼때부터 비롯된다. 분석하고자 하는 자료 집합들을 포함하는 카드들의 데크(deck)는 카드 판독자들에 의해 다루어진다. 따라서 핫텍이라는 용어는 같은 자료 집합에 있는 자료로 대치됨을 의미한다. Fellegi와 Holt(1976)은 자료 편집과 규모가 큰 조사에서의 핫텍 대체법에 대해 논의하였다.

대체하는 개체는 어떻게 선택할 것인가? 이에 대해 여러 가지 방법이 가능하다.

✿ 랜덤 핫텍 대체법

대치되는 개체(donor)는 모든 결측 항목들과 관련된 정보를 갖고있는 칸의 사람들로부터 랜덤하게 선택된다.

10번 사람은 희생 여부에 대한 두 개의 변수 모두 결측이다. <표 13.3> 같은 칸에 있는 3번, 5번, 그리고 14번 사람들은 두 개의 범죄에 대한 질문에 응답을 하였기 때문에 이들 셋 중 한 사람을 선택한다. 이 경우, 14번 사람이 선택되었고, 그의 값들이 두 개의 결측 변수에 모두 대치된다.

✿ 가장 가까운 이웃 핫텍 대체법

관측값들 사이의 거리 측도를 정의하고 결측항목을 갖는 사람과 가장 가까운 응답자의 값으로 대치하는 방법이다. 이때 가까움(closeness)은 거리함수를 사용하여 정의한다.

만일 나이와 성별변수가 거리 함수에 대해 사용된다면, 같은 성을 갖는 그룹에서 나이가 가장 가까운 사람이 대치된다. 즉, 3번 사람이 10번 사람의 희생 변수에 대해 대치될 것이다. (<표 13.3> 참조)

13.6.4 회귀 대체법

회귀 대체법(regression imputation)은 모든 경우에 관찰된 변수들에서 관심있는 항목에 회귀분석을 이용하여 결측값을 예측하는 방법이다. 확률적 회귀 대체법(stochastic regression imputation)이 있는데, 결측값이 회귀모형에서 예측된 값에다 랜덤하게 생성된 오차 항이 추가되어 대치된다.

범죄희생에 대한 응답은 18개의 관측값 밖에 없지만 (자료를 모형에 적합하기에는 충분하지 않다), 설명변수 나이에 대한 응답여부를 로지스틱 회귀분석을 이용하여 희생에 대해 예측 확률 $\hat{p}$에 대한 모형은 다음과 같다.

$$\log\frac{\hat{p}}{1-\hat{p}} = 2.5643 - 0.0896 \times \text{age}$$

17세일 때 범죄 희생에 대한 예측 확률은 0.74로 미리 정해진 기준확률 0.5 보다 크기 때문에 10번 사람에게 1을 대치한다.

예제 13.7 Paulin과 Ferraro(1994)는 미국 소비자 지출 비용 조사(U.S. Consumer Expenditure Survey)에서 수입을 대체하는데 회귀모형에 관해 논의하였다. 조사단위로 선택된 가구들에 대해 1/4분기씩 연속해서 5번 조사되었다. 각 조사에서, 지난 34개월간 지출비용을 회상하는 질문이었다. 자료는 소비자의 지출비용과 가구 크기나 수입과 같은 특성들을 관련짓기 위해 사용된다. 또한 이 자료들은 특정 수입 층에서 지출비용이 수입을 초과하는지에 대한 보고자료가 된다.

NCVS 60,000건에 반하여 해마다 소비자 지출비용 조사는 약 5000건의 조사가 이루어진다. 적은 표본에서는 무응답에 대해서 적절한 대치할 수 있는 사람들이 발견되기 쉽지 않기 때문에 핫텍 대체법을 사용하기에는 표본크기가 너무 작다. 대치가 이루어진다면 모수적인 모형을 채택하는 것이 필요하다. Paulin과 Feeraro는 인구학적 변수들과 총 지출비용을 포함한 설명변수들로부터 가구 수입의 로그값(수입에 대한 분포가 치우쳤기 때문에 로그를 취한다)을 예측하기 위해서 다중회귀 모형을 사용하였다. 이러한 모형들은 공변량이 주어졌을 때, 수입 항목들이 MAR임을 가정한다.

13.6.5 Cold-Deck 대체법

Cold-deck 대체법에서는 대치되는 값들은 예전의 조사나 다른 정보들로부터 얻어진다. (대치되는 근거로 사용되는 자료 집합은 현재 컴퓨터에서 작업되지 않기 때문에 "cold"라는 용어를 사용한다)

13.6.6 교체(Substitution)

교체(substitution) 방법은 cold-deck 대치와 유사하다. 때때로 조사자들은 필드에 있는 동안 대체를 선택할 수 있도록 허용된다. 즉, 만일 표본에서 선택된 가구가 집에 있지 않는다면 그 다음 집을 선택해도 좋다. 옆 가구가 모집단에서 임의로 선택된 가구들보다 더 유사할 때에 대체는 무응답 편의를 줄이는데 도움이 되기도 한다. 만일 무응답이 관심있는 특징과 관련된 것이라면 무응답 편의가 발생한다.

13.6.7 다중 대체법

다중 대체법(multiple imputation)에서는 각 결측값이 $m(\geq 2)$번 대치된다. 일반적으로 각 대치에서는 같은 확률 모형이 사용된다. 결측이 없는 m개 서로 다른 "자료"집합들을 만든다. 다중 대치에 대한 자세한 내용은 Rubin(1987, 1996)에 있다.

13.6.8 대체법의 장점과 단점

대치법은 소프트웨어로 분석가능하게끔 자료를 정방형으로 만든다. 만일 무응답이 MAR이라면, 대치는 항목 무응답으로 인한 편의를 상당히 줄이게 된다. 자료 수집가는 일반대중(예를들어, 자료 수집가는 각 표본 개체에 대한 정확한 주소를 알 수도 있다)에게 유포되는 것보다 표본과 모집단에 대한 정보를 더 많이 가지고 있고 그 정보를 바탕으로 좀 더 좋은 대체를 수행할 수 있게 된다.

대체된 값들을 사용하여 계산된 분산은 항상 작다. 왜냐하면 인위적으로 표본의 크기가 증가되고 대치되는 값들이 실제 수집된 자료처럼 사용되기 때문이다. 참 분산은 소프트웨어 팩키지로부터 추정된 값보다 클 것이다. Rao(1996)과 Fay(1996)은 대치 후 분산 추정에 관한 방법에 대해 논의하였다.

13.7 무응답에 관한 모수 모형들*

무응답을 다루는 대부분의 방법들은 무응답이 무시할 수 있다(ignorable)고 가정한다. 즉, 무응답은 관심있는 변수들과 독립이다. 이러한 상황에서는 단순히 서로 다른 부그룹으로 나누고 가중을 조정하기보다는 초모집단(superpopulation)모형을 적합할 수 있다.

예제 13.8 많은 사람들은 Washington, Oregon, California에 있는 점박이 올빼미가 멸종의 위기에 있다고 믿었다. 왜냐하면 무성한 침엽수림에 있는 수확 가능한 목재들이 줄어들기 때문이다. 점박이 올빼미 모집단의 크기를 추정하는 좋은 추정량이 요구된다.

표본추출 방법은 Azuma 등(1990)에 의해 계획되었다. 관심있는 지역을 N개의 표본지역(psu)으로 나눈 후 SRS를 실시하여 n개의 psu를 선택한다. 만일 psu i가 한 쌍의 올빼미에 의하여 점거되었으면 $Y_i = 1$, 그렇지 않으면 0으로 하자. Y_i들은 서로 독립이고 $P(Y_i = 1) = p$라 가정하자. 만일, 점거지가 각 psu에 대하여 분명히 결정될 수 있다면, psu들의 점거율은 표본 비율인 $\bar{y}$로 추정될 수 있다. 방문의 고정된 횟수가 psu가 점유되었다고 판단을 할 수 있는 근거가 된다. -어떤 올빼미쌍은 무응답자이고 무응답을 무시하는 것은 매우 낮은 점유율로 추정하기 쉽기 때문이다.

Azuma 등(1990)은 한 개체를 발견하기 위해 필요한 관찰 수에 대해 기하분포를 사용하는 것을 제안하여 무응답에 대한 모형화를 제안하였다. 모형에 대한 가정은 ① 첫 번째 관찰시 점유할 확률 η는 모든 psu에 대해 같다. ② 한 psu를 방문하는 것은 서로 독립이고, ③ 관찰은 올빼미가 보일 때까지 계속적으로 할 수 있다. 기하분포는 사람들을 대상으로 조사할 때에 필요한 재조사의 수를 나타낼 때 사용된다(Potthoff 등 1993).

X_i를 psu i가 점유되는지를 결정하는데 필요한 관찰수라 하자. 기하분포 모형 하에서

$$P(X_i = x | Y_i = 1) = \eta(1-\eta)^{x-1} \qquad x = 1,\ 2,\ \cdots$$

이다.

하지만, 미국 산림청 (U.S. Forest Service)의 예산은 무한번 관찰하는 것을 허용하지 않는다. 각 psu에 대해서 최대 s번 방문한다고 가정하자. 확률변수 Y_i는 관찰되지 않는다. 즉, 관찰 가능한 확률변수는

$$V_i = \begin{cases} k & \text{만약 } Y_i = 1,\ X_i = k,\ X_i \le s \\ 0 & \text{그렇지 않으면} \end{cases}$$

$$U_i = \begin{cases} 1 & \text{만약 } Y_i = 1,\ X_i \le s \\ 0 & \text{그렇지 않으면} \end{cases}$$

여기서, $\sum_{i \in S} U_i$는 점유되었다고 관찰된 psu들의 수를 나타내고, $\sum_{i \in S} V_i$는 총 방문 횟수를 나타낸다. 기하모형을 사용하여 올빼미가 $k(\le s)$번 방문하였을 때 psu i에서 처음 발견될 확률은

$$P(V_i = k) = \eta(1-\eta)^{k-1}p$$

이고, 한 올빼미가 s번 방문 중 psu i에서 발견될 확률은

$$P(U_i - 1) = E[U_i] = [1-(1-\eta)^s]p$$

이다. 따라서 점유된 개체들의 표본비율의 기댓값 $E[\overline{U}]$는 $[1-(1-\eta)^s]p$이고, 만일 $\eta < 1$이면 관심있는 비율 p 보다 작게된다. 기하모형은 직관적으로 올빼미들이 s번 관찰할 때에 결측된다는 것에 직관적으로 동의한다. 모든 psu들이 독립이라는 가정하에 p와 η의 최대우도추정량을 구할 수 있다.

우도함수

$$(\eta p)^{\sum_i u_i}(1-\eta)^{\sum_i (v_i - u_i)}[1-p+p(1-\eta)^s]^{n-\sum_i u_i}$$

는 다음과 같은 조건일 때 최대화된다.

$$\hat{p} = \frac{\overline{u}}{1-(1-\hat{\eta})^s}$$

또한, $\hat{\eta}$는 다음 식의 해가 된다.

$$\frac{\bar{v}}{\bar{u}} = \frac{1}{\eta} - \frac{s(1-\eta)^s}{1-(1-\eta)^s}$$

즉, $\hat{\eta}$를 계산하기 위해서는 수식적인 방법이 필요하다. 최대우도 이론은 또한 모수 추정량들의 점근적 공분산 행렬을 구하는데 필요하다.

California에 있는 240개의 거주지 psu 중 SRS를 이용하여 다음과 같은 결과를 얻었다.

방문 횟수	1	2	3	4	5	6
점유된 psu의 수	33	17	12	7	7	5

위 표에서 $\bar{u} = 72/240 = 0.3375$이다. 점유된 개체들에 의해 설명되는 평균 방문 회수는 $\bar{v}/\bar{u} = 196/81 = 2.42$이다. 따라서 최대우도 추정량은 $\hat{\eta} = 0.334$와 $\hat{p} = 0.370$이다. 최대우도 이론으로부터 점근적 공분산 행렬을 사용하여 $\hat{p}$의 분산을 추정하면 0.00137이다. 따라서 개체들의 점유비율에 대한 95% 신뢰구간은 0.370 ± 0.072이다.

방문 회수에 대해 기하모형을 사용하는 것은 점유 개체 비율에 대해 더 큰 추정량을 제공한다. 하지만, 만일 모형이 자료를 설명하지 못하면 추정량 $\hat{p}$는 편의될 것이다. 만일 모형이 좋지 않다면 $\hat{p}$은 $\bar{u}$ 보다 점유율이 더 좋지 않게 추정될 수 있다. 예를 들어, 필드에 있는 연구자는 후반부 방문에서 올빼미들을 더 잘 찾을 수 있다. 왜냐하면, 찾는 장소에 대해 누적되는 추가정보로 기하모형은 적절하지 않게 된다.

기하모형이 점유를 결정하는데 필요한 방문 수를 적절하게 설명하는지를 살펴볼 필요가 있다. 불행하게도 자료가 결측되었을 때와 같이, 여섯 번 방문에서도 올빼미가 발견되지 않는 상황에서도 모형이 개체들에 대한 설명을 할 것인지를 결정할 수 없다. 하지만 여섯 번 방문에 의한 자료들이 모형에 의해 적합되는지는 χ^2적합도 검정을 이용해서 살펴볼 수 있다.

모형하에서 psu들 중 $n\eta(1-\eta)^{k-1}$은 k번 방문때 올빼미들을 관찰 할 수 있다고 기대되는 수이고, p와 η의 추정치들을 다음과 같은 기대도수를 계산하는데 사용할 수 있다.

방문	관찰도수	기대도수
1	33	29.66
2	17	19.74
3	12	13.14
4	7	8.75
5,6	12	9.71
계	81	30.99

방문 5와 6은 기대도수를 5가 넘게 하기 위해서 하나의 범주로 결합하였다. χ^2검정 통계량은 1.75로, p-값은 > 0.05이다. 이것은 모형이 자료를 설명하는데 적합함을 의미한다. 하지만 결측 자료에 대한 적절성을 살펴볼 수 없다. 기하모형은 관찰값들이 독립이라고 가정한다. 모형에 대한 이런 가정들이 합당한지를 살펴볼 수 없다. 만일 야생 올빼미들이 방문 수를 많이 한다고 하더라도 발견되지 않는다면 $\hat{p}$는 여전히 아주 작을 것이다.

무응답에 대한 모형을 사용하기 위하여 ① 수리 통계학적 전반적인 지식, ② 강력한 컴퓨터, ③ 최적화를 위한 수리적 방법에 대한 지식이 필요하다. 상식적으로, 최대우도 방법은 모수들을 추정하는데 사용된다.

13.8 수용할 수 있는 응답율은 어느 정도인가?

연구자들이 종종, "이 조사에서는 60%의 응답률을 기대한다"고 말한다. 그것을 받아들일 수 있는가, 또 그 결과가 타당한가? 이 장에서 보았듯이, 그 질문에 대한 답변은 무응답의 특성에 의존한다. 만일 무응답자가 MCAR이면 무응답을 무시하고 응답자들을 모집단 표본을 대표하는 것으로 사용할 수 있다. 만일 무응답자들이 응답자들과 다른 경향을 보인다면 응답자들만을 사용해서 얻은 결과로 인한 편의는 조사 전체를 가치없게 할 수 있다. 많은 문헌들에는 응답률의 수용성에 관한 조언들이 있다. 예를 들어, Babbie는 다음과 같이 말했다. "나는 적어도 50%의 응답률이 분석이나 보고에 적절하다고 생각한다. 적어도 60%의 응답률은 좋다. 그리고 70%의 응답률은 매우 좋다"(1973, 165). 이러한 절대적인 가이드 라인은 위험하며 많은 조사 연구자들을 무응답에 대해서 자기만족에 그치게 할 수 있다. 70%의 응답률을 보인 조사의 많은 경우, 그 결과에 오점이 있을 수 있다. NCVS에서는 95%의 응답률을 보일지라도 무응답 편의에 관한 수정이 필요하다.

사용되는 응답률이 어떻게 정의되는 가에 따라 응답률에 대한 매우 다른 결과들이 생긴다. 다음은 조사에서 사용되는 응답률이다.

① $\dfrac{\text{완전히 조사된 수}}{\text{표본에 있는 개체 수}}$

② $\dfrac{\text{완전히 조사된 수}}{\text{접촉한 개체 수}}$

③ $\dfrac{\text{완전히 조사된 수} + \text{부적격 개체}}{\text{접촉한 개체 수}}$

④ $\dfrac{\text{완전히 조사된 수}}{\text{접촉한 개체 수} - (\text{부적격 개체})}$

⑤ $\dfrac{\text{완전히 조사된 수}}{\text{접촉한 개체 수} - (\text{부적격 개체}) - \text{거부자수}}$

처음 식을 사용하여 응답률을 계산하는 것보다 마지막 식을 이용하여 계산하는 것이 분모가 더 작기 때문에 "응답률"이 훨씬 커진다.

Statistics Canada(1993)과 Hidiroglou 등(1993)은 응답률을 보고하는데 가이드라인을 제공하였다. 그들은 다음 사항이 포함되는 조사에서 여러 다른 응답률을 보고하도록 제안하였다.

- 비접촉률(no-contact rate) : 접촉되지 않은(no-contacts) 개체수의 비
- 거부율(refusal rate) : 범위-내 개체 수에 대한 거부한 개체 수의 비
- 무응답률(nonresponse rate) : 무응답을 한 개체 수의 비

다음 조언들은 Genzalez 등(1994)이 기록한 것으로, U.S. Office of Management and Budget's Federal Committee on Statistical Methodology에 의한 것인데 도움이 된다.

- **조언** 1. 조사 스탭들은 시간에 따라 일정한 형식으로 응답률을 계산하여야 한다.
- **조언** 2. 반복적인 조사를 하는데 있어 표본설계의 변경이나 비용등을 서류화할 때에 조사 스탭들은 응답률 요소들(거부, 집에 없음, 범위-밖, 주소불명, post-master returns 등)을 시간에 따라 모니터(monitor) 해야 한다.
- **조언** 3. 응답률 요소들은 조사 보고서에 실어야 한다.

연습 문제

13.1 어떤 고등학교는 2000명의 학생으로 이루어졌다. 이 중 200명을 SRS로 추출하여 일주일 간에 TV시청 시간을 조사한 결과는 다음 표와 같다.

GPA	표본의 크기	응답자 수	$\bar{y}$	s_y	N_h
3.00-4.00	75	66	32	15	700
2.00-2.99	72	58	41	19	800
2.00 이하	53	26	54	25	500

(a) 응답자만 조사했을 때에 평균 시청 시간은 얼마인가?
그 추정치의 표준오차는 얼마인가?

(b) 세 개의 GPA 그룹이 같은 응답률을 갖는다는 가설을 x^2-검정으로 판단하여라. 결측자료는 MCAR, MAR, Nonignorable이라고 생각하는가?

(c) ANOVA 분석으로 GPA는 weighting cells을 구성하는데 좋은 변수인가?

(d) 표본의 응답자의 weight을 조정하기 위하여 GPA 분류를 사용하여라. 평균시청시간의 weighting-class 추정치는 얼마인가?

(e) 평균시청시간의 사후층화 추정치를 N_h을 이용하여 구하라.

❖ 메모

Chapter 14

교체표본

14.1 교체표본(Sample Rotatin)이란?

지금까지의 표본추출방법은 주어진 시점에서 모집단의 특성을 추정하는 조사에 적합한 방법들이었다. 그러나 모집단의 시간적 변화를 특성으로 분석하고자 하면 한 시점의 조사로는 불가능하게 된다. 즉 시계열 분석용 표본추출이 필요하게 된다. 예를 들면 정부기관에서 작성하고 있는 물가, 경제활동인구, 가계조사 등이 그 대표가 된다. 이는 정기적·반복적으로 조사를 하게 되며, 일반적으로 대규모 표본조사가 된다. 이 때 현재의 표본에서 일부를 제거하고 새로운 표본을 첨가시키는 표본의 부분적 갱신(partial replacement)을 하는 표본추출방법으로 Wilks에 의해 교체표본이란 단어가 등장했다.

교체표본(rotation sampling)은 조사를 실시할 때마다 표본을 일정비율로 일정기간마다 바꾸어 조사함으로써, 응답자들의 부담을 줄임과 동시에 과거와 현재의 중복되는 표본에서 얻을 수 있는 상관관계를 이용하여 추정치들의 분산도 줄이고자 하는 표본설계에 기초한다.

14.2 교체표본추출방법(Rotation Sampling)

교체표본추출방법은 부분적으로 갱신되는, 즉 교체되는 표본을 보고하는 형태에 따라 크게 2가지로 나뉜다. 우선 일부분이 교체되고 모든 표본은 현 시점의 응답자료만을 이용하는 1수준 교체표본추출(one-level rotation sampling)이 있다. 대표적인 예로는 1수준 추출방법으로는 미국의 노동력 조사(CPS : Current Population Survey)와 2수준 추출방법으로는 미국의 도소매업 조사(RTS : Retail Trade Survey)가 있다. 여기에서는 1수준 교체표본추출방법만 다루기로 한다.

교체표본을 적용하고자 하면 얼마만큼의 표본이 첨가되고 제거되어야 적당한가는 조사의 성격과 빈도에 따라 결정된다. 그러므로 시점 간의 중복비율에 의해 표본추출방법이 결정된다. 즉, 조사의 성격으로 각각의 달의 수준, 전월대비변화와 전년대비변화에 관심있다면 시점의 중복률을 달과 년 모두 고려해야 한다.

그럼 여기서 교체표본을 기본개념을 이해해 보자.

교체표본을 설명하면 <그림 14.1>과 같이 시점 1의 표본수, n_1과 시점 2의 표본수, n_2 그리고 양시점에 중복된 표본수를 n_0라고 하자.

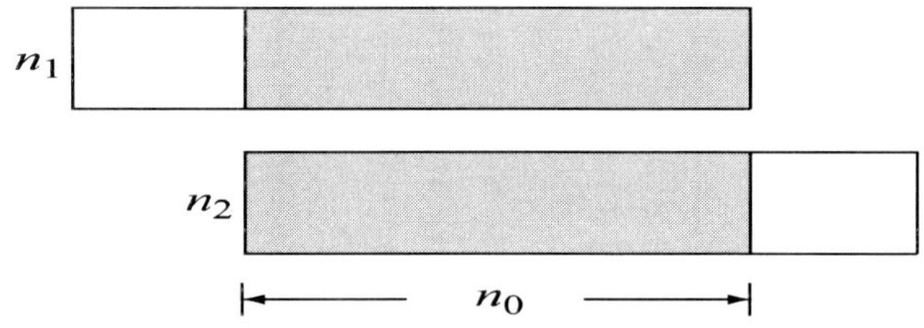

〈그림 14.1〉

<그림 14.1>의 시점을 기준으로 다시 보기로 하자. 중복된 부분을 P라 하면, $P=2/3$일 때 다음과 같이 표본을 추출할 수 있다.

시점 1 $X_1X_2X_3$

시점 2 $X_2X_3X_4$

시점 3 $X_3X_4X_5$

이와 같이 각 시점의 표본의 2/3가 전 시점과 중복됨을 말한다. 또한 각 시점마다 3개의 표본을 추출했으며 제거된 표본수와 첨가되는 표본수가 같게 된다. 또한 5개의 표본으로 3번 표본추출이 가능하게 됨을 알 수 있다.

여기서, 시점 4를 위해 새로운 표본이 필요하게 되며 이와 같이 시점이 무한으로 조사하게 되는 경우에는 언젠가는 모든 표본의 자료를 다 써버리게 된다. 이러한 경우를 고려하여 교체표본의 추출방법을 결정하게 되며 이를 교체표본설계라 한다.

교체표본설계시 고려사항은 다음과 같다.

① 부표본을 설정한다.

② 모든 부표본의 특성이 매번 조사되도록 설계한다.

③ 시계열을 유지하기 위해 동일표본조사가 일정 기간 유지한다.

여기서 부표본이란 급격한 표본의 교체를 방지하기 위해, 각 층을 독립인 표본으로 그룹화 시켜준 것을 말한다. <그림 14.2>의 부표본 도표에서 y_{ij}를 표본추출단위라고 하면 전체표본의 수, $N_s = nB$를 B개의 부표본으로 나누었으며 각각의 부표본은 n개의 표본으로 이루어져 있다. B개의 부표본 각각은 이질성을 갖도록 설정하며 각 부표본내 n개의 표본들은 서로 동질성을 갖게 한다. 그러므로 B개의 각각의 부표본에서 일부씩 모아진 집합은 전체표본을 대표할 수 있게 된다.

여기서 부표본의 특성을 그림으로 이해해 보기로 하자.

$A_i = y_{i1}, y_{i2}, \cdots, y_{i(B-1)}, y_{iB}$는 각각의 부표본에서 i번째 표본들의 집합이다. 즉 $A_1, A_2, \cdots, A_n$, n개의 모집단과 같은 특성을 갖은 집단들이며, A_i들 각각은 모두 전체표본을 대표할 수 있게 된다.

	1	2	⋯	j	⋯	B
1	y_{11}	y_{12}	⋯	y_{1j}	⋯	y_{1B}
2	y_{21}	y_{22}	⋯	y_{2j}	⋯	y_{2B}
⋮	⋮	⋮	⋯	⋮	⋯	⋮
i	y_{i1}	y_{i2}	⋯	y_{ij}	⋯	y_{iB}
⋮	⋮	⋮	⋯	⋮	⋯	⋮
n−1	$y_{(n-1)1}$	$y_{(n-1)2}$	⋯	⋮	⋯	$y_{(n-1)B}$
n	y_{n1}	y_{n2}	⋯	y_{nj}	⋯	y_{nB}

〈그림 14.2〉

예제 14.1 교체표본의 대표적인 4-8-4와 6-6-6 시스템을 보기로 하자.

① 미국 노동력 조사의 4-8-4 교체표본설계는 다음과 같다.

미국의 노동력 조사는 가장 대표적인 4-8-4 시스템 교체표본설계이다. 이는 미국 상무성에서 매월 실시하는 가구표본조사이며 이는 주로 미국의 노동력 자료(즉: 실업률, 임금, 성별, 교육수준 등)에 대한 시계열 추정치를 제공해주기 위해 표본설계 되어졌다. 1953년부터 4-8-4 시스템을 사용하고 있다. 이의 기본 개념은 추출된 가구를 4개월 조사하고 나머지 8개월은 조사하지 않고 다시 4개월간 조사하는 시스템이다.

여기서 표본의 대표성을 유지하기 위해 전체 모집단을 일정개의 부표본으로 나누고 모든 부표본이 매월 조사되도록 한다. 부표본의 개수는 조사되어지는 달수와 조사가 반복되어지는 횟수의 곱으로 나타난다. 즉, 4-8-4 시스템은 2번 조사하게 된다. 그러므로 부표본은 8(4×2)이 된다.

4-8-4 시스템 표본설계는 8개의 부표본이 필요함을 알았으며 <표 14.1>에서 전월표본과 중복률은 75%이며 전년 표본과의 중복률은 50%임을 쉽게 알 수 있다. 즉 1월과 2월을 비교하면 표본의 6/8가 중복이 되며 1월과 같은 방법으로 다음해 1월을 예측해보면 4/8이 중복이 된다.

〈표 14.1〉 4-8-4 시스템

조사구 \ 월	A1								A2								A3								A4							
	1	2	3	4	5	6	7	8	1	2	3	4	5	6	7	8	1	2	3	4	5	6	7	8	1	2	3	4	5	6	7	8
1	1	2	3	4									5	6	7	8																
2		2	3	4	5									6	7	8	1															
3			3	4	5	6									7	8	1	2														
4				4	5	6	7									8	1	2	3													
5					5	6	7	8									1	2	3	4												
6						6	7	8	1									2	3	4	5											
7							7	8	1	2									3	4	5	6										
8								8	1	2	3	4								4	5	6	7									
9										2	3	4	5								5	6	7	8								
10											3	4	5	6								6	7	8	1							
11												4	5	6	7								7	8	1	2						
12																								8	1	2	3					

여기서 A1, A2, A3, A4는 8개의 부표본을 갖는 집단이다. 위의 표에서 보는 것과 같이 매월 8개의 부표본을 대표하는 표본이 추출되며 조사를 4개월하고 8개월 후 다시 4개월의 조사가 이루어져 전년대비변화를 볼 수 있다.

② 6-6-6 시스템의 예를 보기로 하자.

이는 4-8-4와 같은 개념으로 추출된 가구를 6개월 조사하고 나머지 6개월은 조사하지 않고 표본으로 조사하다 이듬해 같은 달부터 6개월간 다시 조사하는 시스템이다. 부표본은 12(6×2)이 필요하게 된다. <표 14.2>와 같이 12개의 부표본이 필요하며 매월 83.3%, 매년 50%가 중복이 된다.

〈표 14.2〉 6-6-6 시스템

조사구 / 월	A1												A2												A3											
	1	2	3	4	5	6	7	8	9	10	11	12	7	8	9	10	11	12	1	2	3	4	5	6	1	2	3	4	5	6	7	8	9	10	11	12
1	1	2	3	4	5	6							7	8	9	10	11	12																		
2		2	3	4	5	6	7							8	9	10	11	12	1																	
3			3	4	5	6	7	8							9	10	11	12	1	2																
4				4	5	6	7	8	9							10	11	12	1	2	3															
5					5	6	7	8	9	10							11	12	1	2	3	4														
6						6	7	8	9	10	11							12	1	2	3	4	5													
7							7	8	9	10	11	12							1	2	3	4	5	6												
8								8	9	10	11	12	7							2	3	4	5	6	1											
9									9	10	11	12	7	8							3	4	5	6	1	2										
10										10	11	12	7	8	9							4	5	6	1	2	3									
11											11	12	7	8	9	10							5	6	1	2	3	4								
12												12	7	8	9	10	11							6	1	2	3	4	5							

14.3 추정법과 추출분산

계속 같은 조사를 반복적으로 해야하는 조사에서 가장 문제가 되는 것은, 두 시점 간의 변화를 추정하는 것이다. 여기서는 가장 보편적으로 사용하는 두 조사의 평균치를 추정, 그 차이로 변동을 추정하기로 한다.

여기서, 교체표본시 가장 기본적인 추정방법인 단순평균법을 보기로 하자.

지금 표본수 n 중에서 n_0는 계속되고, n_r를 교체시킬 때, $n = n_0 + n_r$가 되는데, 총 표본수에 대한 중복표본의 비율을 w_0라 하면

$$w_0 = \frac{n_0}{n}$$

$$w_r = \frac{(n - n_0)}{n} = \frac{n_r}{n} = 1 - w_0$$

그리고

표본수	평균치	
	시점 1	시점 2
n_0	$\bar{x}_{01}$	$\bar{x}_{02}$
n_r	$\bar{x}_{r1}$	$\bar{x}_{r2}$
계	$\bar{x}_1$	$\bar{x}_2$

시점 1과 시점 2의 차이를 단순 평균법을 사용하여 추정하면 다음과 같다.

$$d = \bar{x}_2 - \bar{x}_1 = \left(\frac{n_0\bar{x}_{02} + n_r\bar{x}_{r2}}{n}\right) - \left(\frac{n_0\bar{x}_{01} + n_r\bar{x}_{r1}}{n}\right) = w_0(\bar{x}_{02} - \bar{x}_{01}) + w_r(\bar{x}_{r2} - \bar{x}_{r1})$$

$$\sigma_d^2 = w_0^2\sigma^2(\overline{x}_{02} - x_{02}) + w_r^2\sigma^2(\overline{x}_{r2} - \overline{x}_{r1})$$
$$= w_0^2\frac{(\sigma_1^2 + \sigma_2^2 - 2\rho_{12}\sigma_1\sigma_2)}{n_0} + w_r^2\frac{(\sigma_1^2 + \sigma_2^2)}{n_r}$$
$$= \frac{(\sigma_1^2 + \sigma_2^2 - 2w_0\rho_{13}\sigma_1\sigma_2)}{n}$$

만약 $\sigma_1^2 = \sigma_2^2 = \sigma^2$일 때는

$$\sigma_d^2 = \frac{2\sigma^2}{n}(1 - w_0\rho_{12}) \tag{14.1}$$

위의 식 (14.1)에서 보면 분산이 가장 많이 감소되는 경우는 $w_0 = 1$인 경우이며 표본이 부분적으로 중복되는 경우 ρ가 증가함에 따라 감소하게 된다.

일반적으로 교체표본시 추정의 관심대상은 월간변동(monthly change)에 있으며 월별 추정치의 신뢰도를 증가하기 위해 월별중복을 고려하게 되고, 또한 연간 추정치의 신뢰도 증가를 위해 연간 중복 또한 고려되어진다.

표본을 추정할 때의 주 목적은 표본간의 상관관계를 이용하여 표본오차를 최소화하는 것이며 이는 식 (14.1)에서 보듯이 표본간의 상관관계가 결정한다.

교체표본시 추정방법으로는 단순평균법 이외에 비추정방식과 복합추정방식 등이 있다.

14.4 cut-off method

M. A. Hidiroglou(1986년)는 절사법추출(cut-off sampling)로 대규모 사업체 이외에 소규모의 사업체들을 하나의 층으로 고려 그 층에서 SRS로 표본을 추출하였다.

14.5 표본추출방법과 추정방법

우선 표본을 추출하기 위해 표본틀에서 추출단위들을 올림차 순위로 다음과 같이 늘어놓는다.

$$y_{(1)},\ y_{(2)},\ \cdots,\ y_{(N)} \text{ 즉, } y_{(i)} \le y_{(i+1)},\ i=1,2,3,4,5,\ \cdots,\ N-1$$

또한 t는 전수조사 하는 층의 표본수, n는 전체의 모집단에서 뽑은 표본수라 하자. 그러므로 n는 전수조사 하는 층의 표본수, t와 SRS로 추출한 표본수, $n-t$의 합이 된다. 그러므로 총량은 다음과 같다.

$$Y=\sum_{i=1}^{N-t} y_{(i)} + \sum_{i=N-t+1}^{N} y_{(i)}$$

정리 14.1 *Theorem*

총계의 추정치와 분산은

$$\hat{Y}=\frac{N-t}{n-t}\sum_{i=1}^{n-t} z_{(i)} + \sum_{i=N-t+1}^{N} y_{(i)}$$

$$Var(\hat{Y})=\frac{(N-t)(N-n)}{n-t}S^2_{[N-t]}$$

이다. 여기서,

$$y_{(i)} \le z_{(i)} \le y_{(N-t)},\ i=1,\ 2,\ 3,\ \cdots,\ n-t$$

$$S^2_{[N-t]}=\frac{1}{N-t-1}\sum_{i=1}^{N-t}(y_{(i)}-\mu_{[N-t]})^2$$

$$\mu_{[N-t]}=\frac{1}{N-t}\sum_{i=1}^{N-t} y_{(i)}$$

증명 $$Var(\hat{Y})=Var\left(\frac{N-t}{n-t}\sum_{i=1}^{n-t} z_{(i)}\right)=(N-t)^2\,Var\left(\frac{\sum z_{(i)}}{n-t}\right)$$

$$=(N-t)^2\frac{[(N-t)-(n-t)]}{N-t}S^2[N-t]=\frac{(N-t)(N-n)}{n-t}S^2[N-t]$$

14.6 표본규모의 계산

지금까지 절사법을 활용하여 표본을 추출하고 추정하는 문제를 다루었다. 그러나 절사법에서는 전수조사의 표본수 즉, t를 결정하는 문제가 대두된다. 즉, 절사점(cut-off point)을 정하는 문제이다. 절사점이란 모집단을 순위화 했을 때 전수로 조사하는 층과 표본을 추출하게 되는 층이 결정되어지는 지점을 말한다. 물론 순위화된 표본틀에서 전체의 90%를 차지하는 곳을 절사점으로 하는 것도 한 방법일 수 있다. 그러나 허용오차를 활용 최적 표본규모를 산출해야 한다.

그러면 최적규모산출에 대해 알아보자.

정리 14.2 *Theorem*

추정치에 대한 정도를 d라 하자.

$$d = z\sigma_{\hat{y}},\ \sigma_{\hat{y}} = \sqrt{Var(\hat{Y})}$$

그러면

$$n - t = \frac{z^2(N-t)^2 S^2_{[N-t]}}{E^2\hat{Y}^2 + z^2(N-t)S^2_{[n-t]}}$$

여기서, $\dfrac{d}{\hat{Y}} = E$이다.

증명 $\dfrac{E^2\hat{Y}^2}{z^2} = \sigma^2_{\hat{y}}$이 되며,

$$\frac{E^2\hat{Y}^2}{z^2} = \frac{(N-t)\{N-n\}}{n-t} S^2_{[N-t]}$$

$$\frac{E^2\hat{Y}^2}{z^2(N-t)^2 S^2_{[N-t]}} = \left(1 - \frac{n-t}{(N-t)}\right)\frac{1}{n-t}$$

$$= \frac{1}{n-t} - \frac{1}{N-t}$$

$$\frac{E^2\hat{Y}^2}{z^2(N-t)^2 S^2_{[N-t]}} + \frac{1}{N-t} = \frac{1}{n-t}$$

$$\frac{E^2\hat{Y}^2 + z^2(N-t)S^2_{[N-t]}}{z^2(N-t)^2 S^2_{[N-t]}} = \frac{1}{n-t} \tag{14.2}$$

이 된다.

식 (14.2)를 $n-t$에 관해 정리하면 증명이 된다.

표본설계에서 표본규모의 결정시 변이계수의 활용은 표본조사의 신뢰성의 척도로 이용된다. 그러므로 식 (14.2)를 변이계수를 활용한 계산식으로 전환하기로 한다.

여기서 CV(변이계수), P(특성치 총계 중 전수조사층이 차지하는 비율),

$Q=1-P$라 하면

$$CV=\frac{(N-t)^2 S_{[N-t]}^2}{\hat{Y}^2}, \quad P=\frac{\sum_{i=N-t+1}^{N} y_{(i)}}{\sum_{i=1}^{N} y_i}$$

가 된다. 이를 식 (14.2)에 활용하면

$$n-t=\frac{\dfrac{z^{2(N-t)^2}S_{[N-t]}^2}{Y_s^2}}{\dfrac{E^2\hat{Y}^2}{Y_s^2}+\dfrac{z^2(N-t)S_{[n-t]}^2}{Y_s^2}} \tag{14.3}$$

$$Y_s=\sum_{i=1}^{N-t} y_{(i)}$$

이 되며, 식 (14.3)에 CV, P와 Q를 적용하면

$$\begin{aligned} n-t &= \frac{z^2(CV)^2}{1+\dfrac{z^2(CV)^2Q^2}{(N-t)E^2}\dfrac{E^2}{Q^2}} \\ &= \frac{(z^2(CV)^2Q^2)/E^2}{1+\dfrac{z^2(CV)^2Q^2}{(N-t)E^2}} \\ &= \frac{\dfrac{(zQ)^2(CV)^2}{E^2}}{1+\dfrac{(zQ)^2(CV)^2}{(N-t)E^2}} \end{aligned} \tag{14.4}$$

이 된다. 다음의 예제에서는 최적표본규모 산정과 그에 따른 표본추출방법을 보기로 하자.

예제 14.2 다음의 30개의 기업의 매출액으로 기준으로 절사법을 응용하여 표본 추출을 하기로 하자.

기업	01	02	03	04	05	06	07	08	09	10	11	12	13	14	15
매출액	80	63	72	21	15	100	54	49	34	55	53	53	42	31	75
기업	16	17	18	19	20	21	22	23	24	25	26	27	28	29	30
매출액	110	63	31	61	75	45	93	72	44	32	35	65	99	69	72

절사법을 응용한 표본규모 결정을 SAS 프로그램을 이용하여 구했다.

❁ SAS 프로그램

```
DATA A;  INPUT UNIT$ X;
         CARDS;
         UNIT01   80
         UNIT02   63
             ⋮
         UNIT29   69
         UNIT30   72
             ;
PROC SORT DATA=A OUT=B;
      BY DESCENDING X;
DATA C;SET B ENDLAST;
      RETAIN SUMX 0 SUMX2 0;
      SUMX=SUMX+X;
      X2=X**2
      IF LAST THEN
         DO; CALL SYSPUT ('TOTALX',SUMX);
             CALL SYSPUT ('TOTALX2',SUMX2);
             CALL SYSPUT ('N',_N_);
         END;
DATA D; SET C;
      M=_N_;
```

```
CN=N - 1;
SN=&N - CN;
MEAN=(&TOTAL-LAG1(SUMX))/SN;
VAR=(&TOTALX2-LAG1(SUMX2)-(&TOTALX-LAG(SUMX))**2/SN-1)
      ;
      P=LAG(SUMX)/&TOTALX;
      Q=1-P;
      IF M=1 THEN
         DO; MEAN=&TOTALX/SN;
VAR=(&TOTALX2-&TOTALX**2/SN)/(SN-1);
Q=1,P=0;
         END;
STD=VAR**(0,5);
CV=STD/MEAN;
Z=1.00 ; /* CONFIDENCE LEVEL 68% */
DO I=3,5;
E=I/100;
OVER=(Z**2 * CV**2 * Q**2) / E**2;
UNDER=(1+(OVER/SN));
T=OVER/UNDER;
SELECT(I);
WHEN(3) SN3=T;
WHEN(5) SN5=T;
OTHERWISE;
END;
END;
     P=P*100; Q=1*100; CV=CV*100;
     N3=SN3+CN; N5=SN5+CN;
PROC PRINT NOOBS;
      VAR M X X2 SUMX SUMX2 P Q MEAN STD CV CN SN SN3
N3 SN5 N5;
     FORMAT SN3 N3 SN5 N5 3.
            STD MEAN CV 5.2
            P Q 4.1;
```

프로그램 결과표는 다음과 같다.

〈표 14.1〉

m	x	x^2	SY (2)	SY^2 (2)	P (3)	Q (3)	MEAN (4)	STD (5)	CV (6)	t (7)	$N-t$ (8)	3% $n(t)-$ (9)	3% $n(t)$ (10)	5% $n(t)-$ (9)	5% t (10)
1	110	12100	110	12100	0.0	100	58.77	23.83	40.55	0	30	26	26	21	21
2	100	10000	210	22100	6.2	93.8	57.00	22.16	38.88	1	29	24	25	19	20
3	99	9801	309	31901	11.9	88.1	55.46	20.94	37.75	2	28	23	25	17	19
4	93	8649	402	40550	17.5	82.5	53.85	19.49	36.19	3	27	21	24	15	18
5	80	6400	482	46950	22.8	77.2	52.35	18.20	34.77	4	26	20	24	14	18
6	75	5625	557	52575	27.3	72.7	51.24	17.66	34.47	#5	25	18	23	*13	**18
7	75	5625	632	58200	31.6	68.4	50.25	17.32	34.46	6	24	17	23	12	18
8	72	5184	704	63384	35.8	64.2	49.17	16.87	34.30	7	23	16	23	11	18
9	72	5184	776	68568	39.9	60.1	48.14	16.50	34.27	8	22	15	23	10	18
10	72	5184	848	73752	44.0	56.0	47.00	16.00	34.04	9	21	14	23	9	18
11	69	4761	917	78513	48.1	51.9	45.75	15.32	33.50	10	20	13	23	8	18
12	65	4225	982	82738	52.0	48.0	44.53	14.71	33.03	11	19	11	22	7	18
13	63	3969	1045	86707	55.7	44.3	43.39	14.25	32.83	12	18	10	22	6	18
14	63	3969	1108	90676	59.3	40.7	42.24	13.79	32.65	13	17	9	22	5	18
15	61	3721	1169	94397	62.8	37.2	40.94	13.13	32.07	14	16	8	22	4	18
16	55	3025	1224	97422	66.3	33.7	37.60	12.41	31.33	#15	15	*7	**22	3	18
17	54	2916	1278	100338	69.4	30.6	38.50	12.09	31.41	16	14	6	22	3	19
18	53	2809	1331	103147	72.5	27.5	37.31	11.70	31.36	17	13	5	22	2	19
19	53	2809	1384	105956	75.5	24.5	36.00	11.18	31.07	18	12	4	22	2	20
20	49	2401	1433	108357	78.5	21.5	34.45	10.30	29.89	19	11	3	22	1	20
21	45	2025	1478	110382	81.3	18.7	33.00	9.59	29.07	20	10	2	22	1	21
22	44	1936	1522	112318	83.8	16.2	31.67	9.14	28.86	21	9	2	23	1	22
23	42	1764	1564	114082	86.3	13.7	30.13	8.43	27.97	22	8	1	23	1	23
24	35	1225	1599	115307	88.7	11.3	28.43	7.48	26.31	23	7	1	24	0	23
25	34	1156	1633	116463	90.7	9.3	27.33	7.55	27.64	24	6	1	25	0	24
26	32	1024	1665	117487	92.6	7.4	26.00	7.62	29.29	25	5	0	25	0	25
27	31	961	1696	118448	94.4	5.6	24.50	7.90	32.23	26	4	0	26	0	26
28	31	961	1727	119409	96.2	3.8	22.33	8.08	36.19	27	3	0	27	0	27
29	21	441	1748	119850	98.0	2.0	18.00	4.24	23.57	28	2	0	28	0	28
30	15	225	1763	120075	99.1	0.9	15.00			29	1				
			TOTALY (1)	TOTALX^2 (1)											

**18은 허용오차 5%일 때 최소 총 표본규모
*13은 허용오차 5%일 때 표본층의 표본수
**22은 허용오차 3%일 때 최소 총 표본규모
*7은 허용오차 3%일 때 표본층의 표본수

절사점 5% : #5 3% : #15

결과표에서의 $t=5$인 경우의 계산 절차를 살펴보도록 하자.

$$SY=\sum_{i=1}^{m-1} y_{(i)}=(110+100+99+93+80)=482$$

$$SY^2=\sum_{i=1}^{m-1} (y_{(i)})^2=(110^2+100^2+99^2+93^2+80^2)=482$$

$$Total\,Y=\sum_{i=1}^{N} y_{(i)}=(110+100+99+\cdots+21+15)=1763$$

$$Total\,Y^2=\sum_{i=1}^{N} (y_{(i)})^2=(110^2+100^2+99^2+\cdots+21^2+15^2)=120075$$

$$P=\frac{SY}{Total\,Y}=\frac{482}{1763}=0.273$$

$$Q=1-P=1-0.273=0.727$$

$$mean=\frac{\sum_{i=m}^{N} y_{(i)}}{N-t}$$

$$=\frac{(75+75+72+\cdots+31+21+15)}{25}$$

$$=\frac{1281}{25}=51.24$$

여기서

$$Var=\frac{1}{n-t}\left[\sum_{i=m}^{N}(Y_{(i)})^2-\frac{\left(\sum_{i=m}^{N} y_{(i)}\right)^2}{N-t}\right]$$

$$=\frac{1}{25-1}\left[(75^2+75^2+\cdots+21^2+15^2)-\frac{(75+75+\cdots+21+15)^2}{25}\right]$$

$$=\frac{1}{24}\left[73125-\frac{1281^2}{25}\right]=311.9392$$

$$STD=\sqrt{311.8756}=17.6618$$

$$CV=\frac{STD}{mean}=\frac{17.66}{51.24}=0.3447$$

$$t=m-1=6-1=5$$

$$N-t=30-5=25$$

그러므로 신뢰수준을 68%($z=1.0$), 허용상대오차를 3%($E=0.03$)로 하면 표본규모는 식 (15.4)에 따라

$$n-t=\frac{\dfrac{1.0^2\times(0.727\times0.3447)^2}{0.03^2}}{1+\dfrac{1.0^2\times(0.727\times0.3447)^2}{25\times0.03^2}}=18.4$$

$$\Rightarrow 18$$

이 된다.

그러므로 총 표본규모는 n는 $n=5+18=23$이 된다.

만약 허용상대오차를 5%로 하면

$$n-t=\frac{\dfrac{1.0^2\times(0.727\times0.3447)^2}{0.05^2}}{1+\dfrac{1.0^2\times(0.727\times0.3447)^2}{25\times0.05^2}}=12.5$$

$$\Rightarrow 13$$

이 된다.

그러므로 총 표본수는 $n=5+13=18$이 된다.

이와 같이 절사점의 결정은 표본수가 최소인 점에 준해서 허용상대오차를 3%로 했을 경우 가능한 표본수는 칼럼(10)의 수치들 중 22가 최소 값이 된다. <표 15.1>에서 보면 최소값의 22는 $m=12$부터 $m=21$까지 동일한 것으로 나타났다. 이때 소수점 이하까지 고려한다면 $m=16$번째가 최소값이 된다.

전체의 표본규모가 결정이 났으므로 15.2에서 언급한 공식을 이용하면 총량의 추정공식은 다음과 같다.

$$\hat{Y}=\sum_{i=1}^{5}y_{(i)}+\frac{30-5}{23-5}\sum_{i=6}^{18}z_{(i)}$$

여기서 $z_{(i)}$는 표본층에서 추출된 18개 사업체의 생산량이 된다. 이때 표본층에서 표본을 추출하는 방법에 따라 추정치가 달라지게 된다.

연습 문제

14.1 2-10-2 교체표본시스템 설계를 설명하시오.

(a) 부표본의 개수는?

(b) <표 14.1>과 <표 14.2>와 같은 2-10-2 시스템 표를 작성하시오.

(c) 중복비율은 매년 매월 몇 %가 되는가?

14.2 3-9-3 교체표본시스템 설계를 설명하시오.

(a) 부표본의 개수는?

(b) <표 14.1>과 <표 14.2>와 같은 3-9-3 시스템 표를 작성하시오.

(c) 중복비율은 매년 매월 몇 %가 되는가?

14.3 다음은 20개 사업체의 생산량 자료이다.

사업체	A	B	C	D	E	F	G	H	I	J
생산량	82	100	36	30	95	28	27	14	10	10

사업체	K	L	M	N	O	P	Q	R	S	T	계
생산량	88	85	9	12	20	16	16	15	23	34	750

(a) 절사표본을 이용하여 표본규모를 산출하시오.($z=1$, $E=0.1$)

(b) (a)의 결과에 따라 표본층에서 단순임의추출과 계통추출을 통해 표본을 추출하시오.

(c) 단순임의추출과 계통추출에서 얻은 표본의 추정치를 서로 비교하시오.

❖ 메모

참고 문헌

1. Cochran, W.G.(1977) : 「Sampling Techniques」, John Wiley & Sons, New York.
2. Levy, P. S.(2008) : Sampling of populations, wiley.
3. Knottnesus(2002) : Sampling survey tlieory, Springer.
4. Lohr, S.L.(1999) : 「Sampling : Design and Analysis」, Duxbury Press.
5. Rubin, D.B(1987) : 「Multiple Imputation of nonresponse in Surveys」, John Wiley & Sons, New York.
6. Thompson, S.K.(1992), 「Sampling」, John Wiley & Sons, New York.
7. 김재광(2008) : 표본조사론, 자유아카데미
8. 박홍래(2000), 「통계 조사론」, 영지문화사.
9. 「절사법, 표본설계응용」, 통계청(1991)
10. 「표본 개편 연구회 보고서」, 통계청(1996).

Appendix

부록

1. 난수표
2. 표준정규분포표
3. t분포표

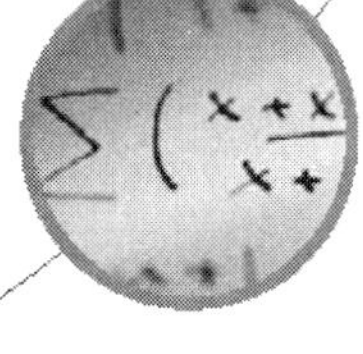

부표 1. 난수표

	1	2	3	4	5	6	7	8	9	10
	03991	10461	93716	16894	98953	73231	39528	72484	82474	25593
	38555	95554	32886	59780	09958	18065	81616	18711	53342	44276
1	17546	73704	92052	46215	15917	06253	07586	16120	82641	22820
	32643	52861	95819	06831	19640	99413	90767	04235	13574	17200
	69572	68777	39510	35905	85244	3515	40188	28193	29593	88627
	24122	66591	27699	06494	03152	19121	34434	82159	6887	55087
	61966	30231	92962	61773	22109	78508	63439	75363	44989	16822
2	30532	21704	10274	12203	94205	20080	67049	09070	93399	45547
	03788	97599	75867	20717	82037	10268	79495	04146	52162	90286
	48228	63379	85783	47619	87461	37220	91704	30552	04737	21031
	88618	19161	41290	67312	71857	15957	48545	35247	18619	13674
	71299	23853	05870	01119	92784	26340	75122	11724	74627	73707
3	27954	58909	82444	99005	01921	73701	92904	13141	32392	19763
	80863	00514	20247	81759	45197	25332	69902	63742	78464	22501
	33564	60780	48460	85558	15191	18782	94972	11598	62095	36787
	90899	75754	60833	25983	01291	41349	19152	00023	12302	80783
	78038	70267	43529	06318	38384	74761	36024	00867	76378	41605
4	55985	66485	88722	56736	66164	49431	94458	74284	05041	49807
	87539	08823	94813	31900	54155	83436	54158	34243	46978	35482
	16818	60311	74457	90561	72848	11834	75051	93029	47665	64382
	34677	58300	74910	64345	19325	81549	60365	94653	35075	33349
	45305	07521	61318	31855	14413	70951	83799	42402	56623	34442
5	59747	67277	76503	34513	39663	77544	32960	07405	36409	83232
	16520	69676	11654	99893	02181	68161	19322	53845	57620	52606
	68652	27376	92852	55866	88448	03584	11220	94747	07399	37408
	79375	95220	01159	63267	01622	48391	31751	57260	68980	05339
	33521	26665	55823	47641	86225	31704	88495	99382	14454	04504
6	59589	49067	66821	41575	49767	04037	30934	47744	07481	83828
	20554	91409	96277	48257	50816	97616	22888	48893	27499	98748
	59404	72059	43947	51680	43852	59693	78212	16993	68*05	91386
	42614	29297	01918	28316	25163	01889	70014	15021	68971	11403
	34994	41374	70071	14736	65251	07629	37239	33295	19477	65622
7	99385	41600	11133	07586	36815	43625	18638	37509	14707	93997
	66497	68646	78138	66559	64397	11692	05327	82162	83745	22567
	48509	23929	27482	45479	14515	25624	95096	67946	16930	33361
	15470	48355	88651	52596	83761	60873	43253	84145	20368	07126
	20094	98977	74843	93413	14387	06345	80854	09279	41197	37480
8	73788	06533	28597	20405	51321	92246	80088	77071	66919	31678
	60530	45128	74022	84617	72472	00008	80890	18002	68685	54131
	44372	15486	65741	1401	05466	55306	93128	18464	79982	68416
	18611	19241	66093	24653	84609	58232	41849	84547	46850	52326
	58319	15997	08355	60860	29735	47762	46352	33049	69248	93460
9	61199	67940	55121	29281	59076	07936	11087	96294	14013	31792
	18627	90872	00911	98936	76355	93779	52701	08337	56303	87315
	00441	58997	14060	40619	29549	69616	57275	36898	81304	48585
	32624	68691	14845	46672	61958	77100	20857	73156	70284	24326
	65961	73448	41839	55382	17267	70943	15633	84924	90415	93614
10	20288	34060	39685	23309	10061	68829	92694	48297	39904	02115
	59362	95938	74416	53166	35208	33374	77613	19019	88152	00080
	99782	93478	53152	67433	35663	52972	38688	32486	45134	63545

❁ 부표 2. 표준정규분포표

z	0.0000	0.0100	0.0200	0.0300	0.0400	0.0500	0.0600	0.0700	0.0800	0.0900
0.0	0.5000	0.4960	0.4920	0.4880	0.4840	0.4801	0.4761	0.4721	0.4681	0.4641
0.1	0.4602	0.4562	0.4522	0.4483	0.4443	0.4404	0.4364	0.4325	0.4286	0.4247
0.2	0.4207	0.4168	0.4129	0.4090	0.4052	0.4013	0.3974	0.3936	0.3897	0.3859
0.3	0.3821	0.3783	0.3745	0.3707	0.3669	0.3632	0.3594	0.3557	0.3520	0.3483
0.4	0.3446	0.3409	0.3372	0.3336	0.3300	0.3264	0.3228	0.3192	0.3156	0.3121
0.5	0.3085	0.3050	0.3015	0.2981	0.2946	0.2912	0.2877	0.2843	0.2810	0.2776
0.6	0.2743	0.2709	0.2676	0.2643	0.2611	0.2578	0.2546	0.2514	0.2483	0.2451
0.7	0.2420	0.2389	0.2358	0.2327	0.2296	0.2266	0.2236	0.2206	0.2177	0.2148
0.8	0.2119	0.2090	0.2061	0.2033	0.2005	0.1977	0.1949	0.1922	0.1894	0.1867
0.9	0.1841	0.1814	0.1788	0.1762	0.1736	0.1711	0.1685	0.1660	0.1635	0.1611
1.0	0.1587	0.1562	0.1539	0.1515	0.1492	0.1469	0.1446	0.1423	0.1401	0.1379
1.1	0.1357	0.1335	0.1314	0.1292	0.1271	0.1251	0.1230	0.1210	0.1190	0.1170
1.2	0.1151	0.1131	0.1112	0.1093	0.1075	0.1056	0.1038	0.1020	0.1003	0.0985
1.3	0.0968	0.0951	0.0934	0.0918	0.0901	0.0885	0.0869	0.0853	0.0838	0.0823
1.4	0.0808	0.0793	0.0778	0.0764	0.0749	0.0735	0.0721	0.0708	0.0694	0.0681
1.5	0.0668	0.0655	0.0643	0.0630	0.0618	0.0606	0.0594	0.0582	0.0571	0.0559
1.6	0.0548	0.0537	0.0526	0.0516	0.0505	0.0495	0.0485	0.0475	0.0465	0.0455
1.7	0.0446	0.0436	0.0427	0.0418	0.0409	0.0401	0.0392	0.0384	0.0375	0.0367
1.8	0.0359	0.051	0.0344	0.0336	0.0329	0.0322	0.0314	0.0307	0.0301	0.0294
1.9	0.0287	0.0281	0.0274	0.0268	0.0262	0.0256	0.0250	0.0244	0.0239	0.0233
2.0	0.0228	0.0222	0.0217	0.0212	0.0207	0.0202	0.0197	0.0192	0.0188	0.0183
2.1	0.0179	0.0174	0.0170	0.0166	0.0162	0.0158	0.0154	0.0150	0.0146	0.0143
2.2	0.0139	0.0136	0.0132	0.0129	0.0125	0.0122	0.0119	0.0116	0.0113	0.0110
2.3	0.0107	0.0104	0.0102	0.0099	0.0096	0.0094	0.0091	0.0089	0.0087	0.0084
2.4	0.0082	0.0080	0.0078	0.0075	0.0073	0.0071	0.0069	0.0068	0.0066	0.0064
2.5	0.0062	0.0060	0.0059	0.0057	0.0055	0.0054	0.0052	0.0051	0.0049	0.0048
2.6	0.0047	0.0045	0.0044	0.0043	0.0041	0.0040	0.0039	0.0038	0.0037	0.0036
2.7	0.0035	0.0034	0.0033	0.0032	0.0031	0.0030	0.0029	0.0028	0.0027	0.0026
2.8	0.0026	0.0025	0.0024	0.0023	0.0023	0.0022	0.0021	0.0021	0.0020	0.0019
2.9	0.0019	0.0018	0.0018	0.0017	0.0016	0.0016	0.0015	0.0015	0.0014	0.0014
3.0	0.0013	0.0013	0.0013	0.0012	0.0012	0.0011	0.0011	0.0011	0.0010	0.0010

부표 3. t-분포표

ν	$t_{0.25}$	$t_{0.1}$	$t_{0.05}$	$t_{0.025}$	$t_{0.01}$	$t_{0.005}$
1	1.0000000	3.077684	6.313752	12.706205	31.82056	63.656741
2	0.8164966	1.885618	2.919986	4.302653	6.964557	9.924843
3	0.7648923	1.637744	2.353363	3.182446	4.540703	5.840909
4	0.7406971	1.533206	2.131847	2.776445	3.746947	4.604095
5	0.7266868	1.475884	2.015048	2.570582	3.364930	4.032143
6	0.7175582	1.439756	1.943180	2.446912	3.142668	3.707428
7	0.7111418	1.414924	1.894579	2.364624	2.997952	3.499483
8	0.7063866	1.396815	1.859548	2.306004	2.896459	3.355387
9	0.7027221	1.383029	1.833113	2.262157	2.821438	3.249836
10	0.6998121	1.372184	1.812461	2.228139	2.763769	3.169273
11	0.6974453	1.363430	1.795885	2.200985	2.718079	3.105807
12	0.6954829	1.356217	1.782288	2.178813	2.680998	3.054540
13	0.6938293	1.350171	1.770933	2.160369	2.650309	3.012276
14	0.6924171	1.345030	1.761310	2.144787	2.624494	2.976843
15	0.6911969	1.340606	1.753050	2.131450	2.602480	2.946713
16	0.6901323	1.336757	1.745884	2.119905	2.583487	2.920782
17	0.6891951	1.333379	1.739607	2.109816	2.566934	2.898231
18	0.6883638	1.330391	1.734064	2.100922	2.552380	2.878440
19	0.6876215	1.327728	1.729133	2.093024	2.539483	2.860935
20	0.6869545	1.325341	1.724718	2.085963	2.527977	2.845340
21	0.6863520	1.323188	1.720743	2.079614	2.517648	2.831360
22	0.6858050	1.321237	1.717144	2.073873	2.508325	2.818756
23	0.6853063	1.319460	1.713872	2.068658	2.499867	2.807336
24	0.6848496	1.317836	1.710882	2.063899	2.492159	2.796940
25	0.6844300	1.316345	1.708141	2.059539	2.485107	2.787436
26	0.6840430	1.314972	1.705618	2.055529	2.478630	2.778715
27	0.6836850	1.313703	1.703288	2.051831	2.472660	2.770683
28	0.6833528	1.312527	1.701131	2.048407	2.467140	2.763262
29	0.6830439	1.311434	1.699127	2.045230	2.462021	2.756386
30	0.6827557	1.310415	1.697261	2.042272	2.457262	2.749996
40	0.6806727	1.303077	1.683851	2.021075	2.423257	2.704459
60	0.6786007	1.295821	1.670649	2.000298	2.390119	2.660283
120	0.6765397	1.288646	1.657651	1.979930	2.357825	2.617421
∞	0.6747352	1.282399	1.646379	1.962339	2.330083	2.580755

찾아보기

저자 소개

신민웅

서울대학교 계산통계학과(이학박사)
한국통계학회 조사연구회장 역임
통계청 통계위원회 전문위원 역임
현재 한국외국어대학교 정보통계학과 명예교수

〈저서〉
베이지안 통계학, 자유아카데미 (공저), 2000
통계조사방법, 자유아카데미 (공역저), 1996
의사결정론, 자유아카데미 (공저), 1999
표본설계, 교우사, 2001
기초통계학, 교우사, 2002

신동윤

한국외국어대학교 통계학 박사
한국외국어대학교 통계학과 강사
현재 Iowa State University Visiting Scholar

표본조사방법

2012년 2월 6일 초판 인쇄
2012년 2월 15일 초판 발행

저 자 / 신민웅 · 신동윤
발행자 / 오판근
발행처 / 교우사

주 소 / 서울 동대문구 제기2동 148-19
전 화 / 925-2861~2, 편집부 / 925-2825
팩 스 / 925-2860

E-mail / kyowoo@kyowoo.co.kr
http://www.kyowoo.co.kr

등록 / 1994. 3. 24 제6-0256호

ISBN 978-89-8172-912-7 (93310)

값 16,000 원